빠른시작

빠작

중학 국어 **문학 독해**

1

KB046975

중학 국어 빠작 시리즈

비문학 독해 0, 1, 2, 3 ㅣ 독해력과 어휘력을 함께 키우는 독해 기본서
문학 독해 1, 2, 3 ㅣ 필수 작품을 통해 문학 독해력을 기르는 독해 기본서
문학×비문학 독해 1, 2, 3 ㅣ 문학 독해력과 비문학 독해력을 함께 키우는 독해 기본서
고전 문학 독해 ㅣ 필수 작품을 통해 고전 문학 독해력을 기르는 독해 기본서
어휘 1, 2, 3 ㅣ 내신과 수능의 기초를 마련하는 중학 어휘 기본서
한자 어휘 ㅣ 한자를 통해 중학 국어 필수 어휘를 배우는 한자 어휘 기본서
첫 문법 ㅣ 중학 국어 문법을 쉽게 익히는 문법 입문서
문법 ㅣ 풍부한 문제로 문법 개념을 정리하는 문법서
서술형 쓰기 ㅣ 유형으로 익히는 실전 TIP 중심의 서술형 실전서

이 책을 쓰신 선생님

남궁민(와부고) 박종혁(보성중) 이원영(배명고) 이은정(신천중) 이재찬(수락고) 이창우(중산고) 정철(중산고) 허단비(전 인화여중)

빠른시작

빠작

중학 국어
문학 독해

1

차례 CONTENTS

Ⅰ 소설

기본 개념	**소설 기본 개념**	8
소설 01	현대 소설 ㅣ **소나기** _ 황순원	12
소설 02	현대 소설 ㅣ **자전거 도둑** _ 박완서	22
소설 03	현대 소설 ㅣ **사랑손님과 어머니** _ 주요섭	32
소설 04	현대 소설 ㅣ **하늘은 맑건만** _ 현덕	42
소설 05	현대 소설 ㅣ **수난 이대** _ 하근찬	52
소설 06	현대 소설 ㅣ **오마니별** _ 김원일	62
소설 07	고전 소설 ㅣ **주몽 신화** _ 작자 미상	72
소설 08	고전 소설 ㅣ **홍길동전** _ 허균	82
소설 09	고전 소설 ㅣ **심청전** _ 작자 미상	92
소설 10	외국 소설 ㅣ **나비** _ 헤르만 헤세	102

Ⅱ 시

기본 개념	**시 기본 개념**	114
시 01	현대시 ㅣ **돌담에 속삭이는 햇발** _ 김영랑	118
시 02	현대시 ㅣ **진달래꽃** _ 김소월	122
시 03	현대시 ㅣ **나룻배와 행인** _ 한용운	126
시 04	현대시 ㅣ **엄마 걱정** _ 기형도	130
시 05	현대시 ㅣ **우리가 눈발이라면** _ 안도현	134
시 06	고전 시가 ㅣ **하여가/단심가** _ 이방원/정몽주	138

Ⅲ 수필·극

기본 개념	수필·극 기본 개념	144
수필·극 01	현대 수필 I 하필이면 _ 장영희	146
수필·극 02	현대 수필 I 폭포와 분수 _ 이어령	152
수필·극 03	고전 수필 I 이옥설 _ 이규보	156
수필·극 04	희곡 I 결혼 _ 이강백	160

책 속의 책	정답과 해설	1~32

구성과 특징 STRUCTURES

① 개념 잡기

갈래별 핵심 개념을 한눈에 정리!

* 소설, 시, 수필, 극의 각 갈래별로 꼭 알아야 할 기본 개념을 먼저 익힐 수 있습니다.

* 갈래별 기본 개념을 미리 정리해 두면 앞으로 작품들을 분석하고 이해하는 데 큰 도움이 됩니다.

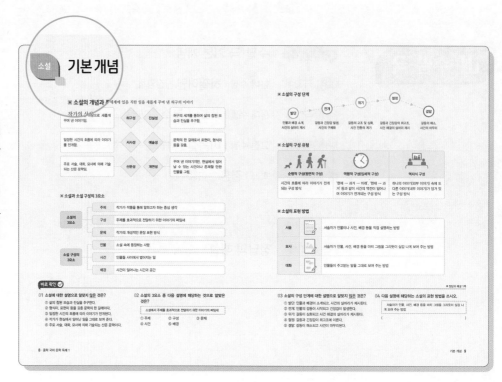

② 작품 미리 보기

소설 전문(全文) 읽기의 부담감 해소!

* 소설의 경우, 각 구성 단계별 중심 내용을 바탕으로 자세한 전체 줄거리를 제시했습니다.

* 시험에 꼭 나오는 핵심 장면을 출제 이유와 함께 제시하여 작품의 핵심 내용을 더욱 쉽게 이해할 수 있습니다.

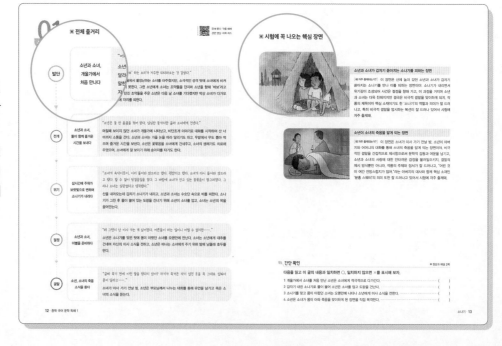

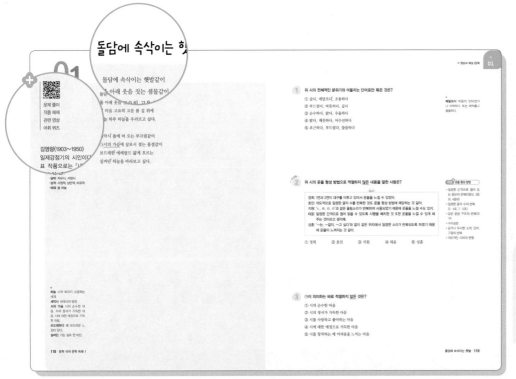

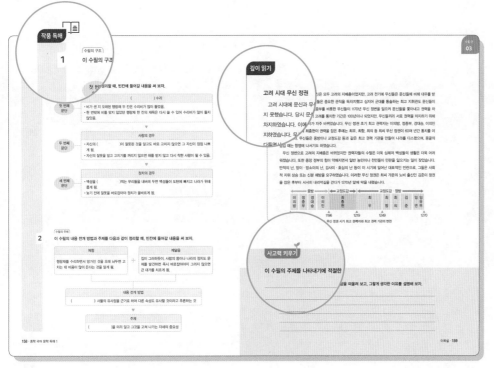

I

소설

기본 개념	소설 기본 개념
소설 01	현대 소설	소나기 _ 황순원
소설 02	현대 소설	자전거 도둑 _ 박완서
소설 03	현대 소설	사랑손님과 어머니 _ 주요섭
소설 04	현대 소설	하늘은 맑건만 _ 현덕
소설 05	현대 소설	수난 이대 _ 하근찬
소설 06	현대 소설	오마니별 _ 김원일
소설 07	고전 소설	주몽 신화 _ 작자 미상
소설 08	고전 소설	홍길동전 _ 허균
소설 09	고전 소설	심청전 _ 작자 미상
소설 10	외국 소설	나비 _ 헤르만 헤세

기본개념

소설의 개념과 특성

작가의 상상력을 바탕으로 현실 세계에 있음 직한 일을 새롭게 꾸며 낸 허구의 이야기

작가의 상상력을 바탕으로 새롭게 꾸며 낸 이야기임. — **허구성** **진실성** — 허구의 세계를 통하여 삶의 참된 모습과 진실을 추구함.

일정한 시간의 흐름에 따라 이야기를 전개함. — **서사성** **예술성** — 문학의 한 갈래로서 표현미, 형식미 등을 갖춤.

주로 서술, 대화, 묘사에 의해 기술되는 산문 문학임. — **산문성** **개연성** — 꾸며 낸 이야기지만, 현실에서 일어날 수 있는 사건이나 존재할 만한 인물을 그림.

소설과 소설 구성의 3요소

소설의 3요소
- 주제 : 작가가 작품을 통해 말하고자 하는 중심 생각
- 구성 : 주제를 효과적으로 전달하기 위한 이야기의 짜임새
- 문체 : 작가의 개성적인 문장 표현 방식

소설 구성의 3요소
- 인물 : 소설 속에 등장하는 사람
- 사건 : 인물들 사이에서 벌어지는 일
- 배경 : 사건이 일어나는 시간과 공간

바로 확인 ✓

01 소설에 대한 설명으로 알맞지 <u>않은</u> 것은?

① 삶의 참된 모습과 진실을 추구한다.
② 형식미, 표현미 등을 갖춘 문학의 한 갈래이다.
③ 일정한 시간의 흐름에 따라 이야기가 전개된다.
④ 작가가 현실에서 일어난 일을 그대로 보여 준다.
⑤ 주로 서술, 대화, 묘사에 의해 기술되는 산문 문학이다.

02 소설의 3요소 중 다음 설명에 해당하는 것으로 알맞은 것은?

> 소설에서 주제를 효과적으로 전달하기 위한 이야기의 짜임새

① 주제　　② 구성　　③ 문체
④ 사건　　⑤ 배경

✿ 소설의 구성 단계

발단	전개	위기	절정	결말
인물과 배경 소개, 사건의 실마리 제시	갈등과 긴장감 발생, 사건의 구체화	갈등의 고조 및 심화, 사건 전환의 계기	갈등과 긴장감의 최고조, 사건 해결의 실마리 제시	갈등의 해소, 사건의 마무리

✿ 소설의 구성 유형

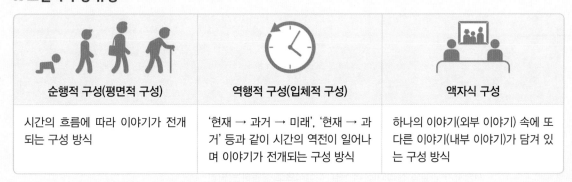

순행적 구성(평면적 구성)	역행적 구성(입체적 구성)	액자식 구성
시간의 흐름에 따라 이야기가 전개되는 구성 방식	'현재 → 과거 → 미래', '현재 → 과거' 등과 같이 시간의 역전이 일어나며 이야기가 전개되는 구성 방식	하나의 이야기(외부 이야기) 속에 또 다른 이야기(내부 이야기)가 담겨 있는 구성 방식

✿ 소설의 표현 방법

서술		서술자가 인물이나 사건, 배경 등을 직접 설명하는 방법
묘사		서술자가 인물, 사건, 배경 등을 마치 그림을 그리듯이 실감 나게 보여 주는 방법
대화		인물들이 주고받는 말을 그대로 보여 주는 방법

■ 정답과 해설 1쪽

03 소설의 구성 단계에 대한 설명으로 알맞지 <u>않은</u> 것은?

① 발단: 인물과 배경이 소개되고, 사건의 실마리가 제시된다.
② 전개: 인물의 갈등이 시작되고 긴장감이 발생한다.
③ 위기: 갈등이 심화되고 사건 해결의 실마리가 제시된다.
④ 절정: 갈등과 긴장감이 최고조에 이른다.
⑤ 결말: 갈등이 해소되고 사건이 마무리된다.

04 다음 설명에 해당하는 소설의 표현 방법을 쓰시오.

> 서술자가 인물, 사건, 배경 등을 마치 그림을 그리듯이 실감 나게 보여 주는 방법

(   )

✿ 소설의 인물

주요 인물
사건을 이끌어 가는 주인공이나 그에 버금가는 인물

중요도에 따라

주변 인물
주요 인물을 돕거나 돋보이게 하는 인물

주동 인물
사건과 행동의 주체가 되는 인물

역할에 따라

반동 인물
주동 인물의 의지와 행동에 맞서 갈등하는 인물

✿ 소설의 인물 제시 방법

직접적 제시	서술자가 인물의 심리와 성격 등을 직접적으로 설명하는 방법 예 처음엔 고향 동네의 쌀을 받아다 파는 정도에 불과했지만, 다음 해에는 연탄 배달까지 일을 벌일 만큼 내외간이 모두 <u>억척스럽고 성실한</u> 일꾼이었다. 성품 또한 모난 데 없이 두루뭉술하고 어른을 알아볼 줄 알며 <u>노상 웃는 얼굴</u>이어서, 원미동 사람들에게 고루 인정을 받고 있었다. – 양귀자, 「일용할 양식」 ▶ 서술자가 인물의 성격 등과 관련한 정보를 직접적으로 제시함.
간접적 제시	인물의 말과 행동 등을 통해 인물의 심리와 성격 등을 간접적으로 드러내는 방법 예 소녀는 마타리꽃을 양산 받듯이 해 보인다. 약간 상기된 얼굴에 살포시 보조개를 떠올리며. 다시 소녀는 꽃 한 옴큼을 꺾어 왔다. 싱싱한 꽃가지만 골라 소녀에게 건넨다. 그러나 소녀는, / "하나도 버리지 마라." – 황순원, 「소나기」 ▶ 소년과 소녀의 말과 행동을 통해 인물의 심리를 간접적으로 제시함.

바로 확인 ✓

05 다음은 소설의 인물에 대한 설명이다. 빈칸에 들어갈 말을 순서대로 쓰시오.

> 소설의 인물은 [ ][ ][ ]에 따라 주요 인물과 주변 인물로 나눌 수 있다. 이중 [ ][ ] 인물은 주요 인물을 돕거나 돋보이게 하는 인물로, 「춘향전」에서 주인공인 춘향과 몽룡 곁에서 이들을 수발하는 향단이, 방자 등이 이에 해당한다.

( )

06 다음 소설의 내용에서 알 수 있는 인물 제시 방법을 쓰시오.

> 영신은 여간 미안하지가 않아서 하루도 몇 번씩 그런 짓을 하지 말라고 입이 닳도록 타일렀다. 그러나 속으로는 제가 진땀을 흘리며 가르친 아이들이, 하나둘씩 글눈을 떠 가는 것이 여간 대견하지 않았다.
> – 심훈, 「상록수」

( )

✹ 소설의 갈등

개인이나 집단 사이에 일어나는 대립이나 충돌, 또는 한 인물의 마음속에서 서로 대립하는 심리 상태

내적 갈등	한 인물의 마음속에서 일어나는 갈등
외적 갈등	인물과 그를 둘러싼 외부적인 요인 사이의 대립으로 일어나는 갈등 • 인물과 인물의 갈등: 한 인물과 다른 인물 사이에서 일어나는 갈등 • 인물과 사회의 갈등: 인물이 사회적 윤리나 제도 때문에 겪는 갈등 • 인물과 운명의 갈등: 인물이 타고난 운명 때문에 겪는 갈등

✹ 소설의 시점

소설에서 인물이나 사건을 바라보는 서술자의 위치와 시각

서술자가 작품 안에 있는 경우 → 1인칭 시점		서술자가 작품 밖에 있는 경우 → 3인칭 시점	
1인칭 주인공 시점	1인칭 관찰자 시점	전지적 작가 시점	작가 관찰자 시점
작품 속 주인공인 '나'가 자신의 이야기를 하는 시점	작품 속 주변 인물인 '나'가 관찰자의 입장에서 주인공에 대한 이야기를 하는 시점	작품 밖에 위치한 서술자가 전지전능한 위치에서 사건의 내막과 인물의 내면 심리까지 모두 알고 이야기하는 시점	작품 밖에 위치한 서술자가 관찰자의 입장에서 작품 속 인물들의 행동이나 사건을 보이는 대로만 이야기하는 시점

07 다음 중 갈등의 유형이 <u>다른</u> 하나는?

① 인물과 사회와의 갈등
② 인물과 운명과의 갈등
③ 인물과 인물 사이의 갈등
④ 한 인물의 마음속에서 일어나는 갈등
⑤ 인물과 외부 요인 사이의 대립으로 인한 갈등

08 다음 빈칸에 들어갈 말로 알맞은 것은?

> 1인칭 관찰자 시점은 소설에 등장하는 부수적인 인물인 '나'가 (   )에 대한 이야기를 하는 시점을 말한다.

① 작가   ② 독자   ③ 관찰자
④ 주인공   ⑤ 자기 자신

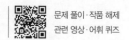
01 소나기 | 황순원

▣ 전체 줄거리

발단

소년과 소녀, 개울가에서 처음 만나다

"어디선가 '바보, 바보' 하는 소리가 자꾸만 뒤따라오는 것 같았다."

소년은 며칠째 개울에서 물장난하는 소녀를 마주쳤지만, 소극적인 성격 탓에 소녀에게 비켜 달라는 말을 하지 못한다. 그런 소년에게 소녀는 조약돌을 던지며 소년을 향해 '바보'라고 말한다. 소녀가 던진 조약돌을 주운 소년은 다음 날 소녀를 기다렸지만 막상 소녀가 다가오 자 부끄러움에 자리를 피한다.

전개

소년과 소녀, 둘이 함께 즐거운 시간을 보내다

"소년은 꽃 한 옴큼을 꺾어 왔다. 싱싱한 꽃가지만 골라 소녀에게 건넨다."

며칠째 보이지 않던 소녀가 개울가에 나타났고, 비단조개 이야기로 대화를 시작하여 산 너 머까지 소풍을 간다. 소년과 소녀는 가을 논을 따라 달리기도 하고, 무밭에서 무도 뽑아 먹 으며 즐거운 시간을 보낸다. 소년은 꽃묶음을 소녀에게 건네주고, 소녀의 생채기도 치료해 주었으며, 소녀에게 잘 보이기 위해 송아지를 타기도 한다.

위기

삽시간에 주위가 보랏빛으로 변하며 소나기가 내리다

"소녀가 속삭이듯이, 이리 들어와 앉으라고 했다. 괜찮다고 했다. 소녀가 다시 들어와 앉으라 고 했다. 할 수 없이 뒷걸음질을 쳤다. 그 바람에 소녀가 안고 있는 꽃묶음이 망그러졌다. 그 러나 소녀는 상관없다고 생각했다."

산을 내려오는데 갑자기 소나기가 내리고, 소년과 소녀는 수숫단 속으로 비를 피한다. 소나 기가 그친 후 물이 불어 있는 도랑을 건너기 위해 소년이 소녀를 업고, 소녀는 소년의 목을 끌어안는다.

절정

소년과 소녀, 이별을 준비하다

"왜 그런지 난 이사 가는 게 싫어졌다. 어른들이 하는 일이니 어쩔 수 없지만……."

소년은 소나기를 맞은 탓에 몸이 아팠던 소녀를 오랜만에 만난다. 소녀는 소년에게 대추를 건네며 자신의 이사 소식을 전하고, 소년은 떠나는 소녀에게 주기 위해 밤에 남몰래 호두를 딴다.

결말

소년, 소녀의 죽음 소식을 듣다

"글쎄 죽기 전에 이런 말을 했다지 않아? 자기가 죽거든 자기 입던 옷을 꼭 그대로 입혀서 묻어 달라고……."

소녀가 이사 가기 전날 밤, 소년은 부모님께서 나누는 대화를 통해 유언을 남기고 죽은 소 녀의 소식을 듣는다.

소년과 소녀가 갑자기 쏟아지는 소나기를 피하는 장면

(왜 자주 출제되는가?) 이 장면은 산에 놀러 갔던 소년과 소녀가 갑자기 쏟아지는 소나기를 만나 이를 피하는 장면이야. 소나기가 내리면서 위기감이 조성되어 사건은 절정을 향해 가고, 이 과정을 거치며 소년과 소녀는 더욱 친해지지만 결국은 비극적 결말을 맞이하게 되지. 작품의 제목이자 핵심 소재이기도 한 '소나기'의 역할과 의미가 잘 드러나고, 특히 비극적 결말을 암시하는 복선이 잘 드러나 있어서 시험에 자주 출제돼.

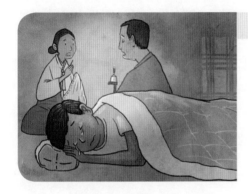

소년이 소녀의 죽음을 알게 되는 장면

(왜 자주 출제되는가?) 이 장면은 소녀가 이사 가기 전날 밤, 소년이 아버지와 어머니의 대화를 통해 소녀의 죽음을 알게 되는 장면이야. 비극적인 결말을 간접적으로 제시함으로써 문학적 감동과 여운을 남기고, 소년과 소녀의 사랑에 대한 안타까운 감정을 불러일으키지. 결말의 제시 방식뿐만 아니라, 작품의 주제와 정서가 잘 드러나고, "어린 것이 여간 잔망스럽지가 않어."라는 아버지의 대사와 함께 핵심 소재인 '분홍 스웨터'의 의미 또한 잘 드러나고 있어서 시험에 자주 출제돼.

〰️ 간단 확인
■ 정답과 해설 2쪽

다음을 읽고 이 글의 내용과 일치하면 ○, 일치하지 않으면 ✕를 표시해 보자.

1 개울가에서 소녀를 처음 만난 소년은 소녀에게 적극적으로 다가간다. ······························ (   )
2 갑자기 내린 소나기로 물이 불어 소년은 소녀를 업고 도랑을 건넌다. ························· (   )
3 소나기를 맞고 몸이 아팠던 소녀는 오랜만에 나타나 소년에게 이사 소식을 전한다. ··········· (   )
4 소년은 소녀가 몸이 아파 죽음을 맞이하게 된 장면을 직접 목격한다. ························· (   )

소나기

발단-전개-위기-절정-결말

서울에서 온 소녀와 시골에서 살던 소년이 개울가에서 처음 만나는 상황이다.

황순원(1915~2000)
해방 이후 주로 활동한 소설가이다. 대표 작품으로는 「학」, 「별」, 「너와 나만의 시간」 등이 있다.

| 작품 개관 |
· 갈래: 현대 소설, 단편 소설
· 성격: 향토적, 서정적, 비극적
· 시점: 작가 관찰자 시점(부분적 전지적 작가 시점)
· 배경: 늦여름~초가을, 농촌

◆
초시 예전에, 한문을 좀 아는 유식한 양반을 높여 이르던 말.
요행 뜻밖에 얻는 행운.
허탕 어떤 일을 시도하였다가 아무 소득이 없이 일을 끝냄.
옴큼 한 손으로 옴켜질 만한 분량을 세는 단위.

소년은 개울가에서 소녀를 보자 곧 윤 초시네 증손녀라는 걸 알 수 있었다. 소녀는 개울에다 손을 잠그고 물장난을 하고 있는 것이다. 서울서는 이런 개울물을 보지 못하기나 한 듯이.

벌써 며칠째 소녀는 학교에서 돌아오는 길에 물장난이었다. 그런데 어제까지는 개울 기슭에서 하더니, 오늘은 징검다리 한가운데 앉아서 하고 있다.

소년은 개울둑에 앉아 버렸다. 소녀가 비키기를 기다리자는 것이다.

요행 지나가는 사람이 있어, 소녀가 길을 비켜 주었다.

다음 날은 좀 늦게 개울가로 나왔다.

이날은 소녀가 징검다리 한가운데 앉아 세수를 하고 있었다. 분홍 스웨터 소매를 걷어 올린 팔과 목덜미가 마냥 희었다.

한참 세수를 하고 나더니, 이번에는 물속을 빤히 들여다본다. 얼굴이라도 비추어 보는 것이리라. 갑자기 물을 움켜 낸다. 고기 새끼라도 지나가는 듯.

소녀는 소년이 개울둑에 앉아 있는 걸 아는지 모르는지 그냥 날쌔게 물만 움켜 낸다. 그러나 번번이 허탕이다. 그대로 재미있는 양, 자꾸 물을 움킨다. 어제처럼 개울을 건너는 사람이 있어야 길을 비킬 모양이다.

그러다가 소녀가 물속에서 무엇을 하나 집어낸다. 하얀 조약돌이었다. 그리고는 벌떡 일어나 팔짝팔짝 징검다리를 뛰어 건너간다.

다 건너가더니만 획 이리로 돌아서며,

"이 바보."

㉠조약돌이 날아왔다.

소년은 저도 모르게 벌떡 일어섰다.

단발머리를 나풀거리며 소녀가 막 달린다. 갈밭 사잇길로 들어섰다. 뒤에는 청량한 가을 햇살 아래 빛나는 갈꽃뿐.

이제 저쯤 갈밭머리로 소녀가 나타나리라. 꽤 오랜 시간이 지났다고 생각했다. 그런데도 소녀는 나타나지 않는다. 발돋움을 했다. 그러고도 상당한 시간이 지났다고 생각됐다.

저쪽 갈밭머리에 갈꽃이 한 옴큼 움직였다. 소녀가 갈꽃을 안고 있었다. 그리고 이제는 천천한 걸음이었다. 유난히 맑은 가을 햇살이 소녀의 갈꽃 머리에서 반짝거렸다. 소녀 아닌 갈꽃이 들길을 걸어가는 것만 같았다.

소년은 이 갈꽃이 아주 뵈지 않게 되기까지 그대로 서 있었다. 문득, 소녀가 던진 조약돌을 내려다보았다. 물기가 걷혀 있었다. 소년은 조약돌을 집어 주머니에 넣었다.

다음 날부터 좀 더 늦게 개울가로 나왔다. 소녀의 그림자가 뵈지 않았다. 다행이었다.

그러나 이상한 일이었다. 소녀의 그림자가 뵈지 않는 날이 계속될수록 소년의 가슴 한구석에는 어딘가 허전함이 자리 잡는 것이었다. 주머니 속 조약돌을 주무르는 버릇이 생겼다.

1 윗글을 읽고 이해한 내용으로 알맞지 <u>않은</u> 것은?

① 주변 사물의 모습 변화를 통해 시간의 경과를 보여 주고 있다.

② 간결한 문장과 시적인 표현을 통해 시를 읽는 것 같은 느낌을 주고 있다.

③ 비유적 표현을 통해 소년의 눈에 비친 소녀의 모습을 인상 깊게 드러내고 있다.

④ 소녀의 모습과 갈꽃의 모습을 조화롭게 묘사하여 서정적 분위기를 형성하고 있다.

⑤ 소년이 자신의 경험을 직접 말하고 있어 인물의 내면을 구체적으로 보여 주고 있다.

2 윗글의 내용을 바탕으로 소년에 대해 이해한 내용으로 적절한 것은?

① 소녀의 마음을 잘 이해하는 것으로 보아 영리한 사람 같아.

② 소녀가 비키기를 기다리는 것으로 보아 성격이 느긋한 사람 같아.

③ 일부러 소녀를 피하는 것으로 보아 이성에게 관심이 없는 사람 같아.

④ 소녀에게 먼저 다가가지 못하는 것으로 보아 성격이 소극적인 사람 같아.

⑤ 자신을 함부로 대하는 소녀를 용서하는 것으로 보아 너그러운 마음을 가진 사람 같아.

3 윗글의 ㉠과 〈보기〉의 ㉡을 비교하여 설명한 내용으로 적절한 것은?

〈보기〉

> 나흘 전 감자 쪼간만 하더라도 나는 저에게 조금도 잘못한 것은 없다.
> 계집애가 나물을 캐러 가면 갔지 남 울타리 엮는 데 쌩이질을 하는 것은 다 뭐냐. 그것도 발소리를 죽여 가지고 등 뒤로 살메시 와서 / "얘! 너 혼자만 일하니?" / 하고 긴치 않은 수작을 하는 것이다. 〈중략〉 게다가 조금 뒤에는 즈집께를 할금할금 돌아다보더니 행주치마의 속으로 꼈던 바른손을 뽑아서 나의 턱 밑으로 불쑥 내미는 것이다. 언제 구웠는지 아직도 더운 김이 확 끼치는 굵은 ㉡감자 세 개가 손에 뿌듯이 쥐었다.
> "느 집엔 이거 없지?" / 하고 생색 있는 큰소리를 하고는 제가 준 것을 남이 알면 큰일 날 테니 여기서 얼른 먹어 버리란다.
> — 김유정, 「동백꽃」

① ㉠은 유년의 추억을, ㉡은 고향에 대한 향수를 불러일으키는 소재이다.

② ㉠에 대한 소년의 태도는 부정적이고, ㉡에 대한 '나'의 태도는 긍정적이다.

③ ㉠은 상대방에 대한 원망을, ㉡은 상대방에 대한 감사를 전하는 기능을 한다.

④ ㉠과 ㉡ 모두 상대방의 기분을 상하게 함으로써 갈등을 불러일으키는 소재이다.

⑤ ㉠과 ㉡ 모두 상대방에 대한 관심을 간접적으로 표현하려는 의도가 담겨 있는 소재이다.

개념 ➕ '말하기'와 '보여 주기'

• **말하기**: 소설에서 서술자가 인물의 특성을 직접적으로 설명하는 방법을 직접적 제시, 혹은 '말하기(telling)'라고 함. 독자가 인물에 대해 직접적이고 구체적인 정보를 얻을 수 있다는 장점이 있으나 독자 나름의 상상과 사고의 폭이 줄어든다는 단점이 있음.

• **보여 주기**: 소설에서 서술자가 인물의 특성을 간접적으로 드러내는 것을 간접적 제시, 혹은 '보여 주기(showing)'라고 함. 인물의 심리나 정서 등을 다양한 방법으로 드러내어 독자의 상상을 풍부하게 한다는 장점이 있으나 인물에 대한 정확한 분석이나 파악이 어려울 수 있다는 단점이 있음.

발단 — 전개 — **위기** — 절정 — 결말

산으로 놀러 가면서 즐거운 시간을 보내던 중 소나기가 내려 사건이 전환되는 상황이다.

"너희 예서 뭣들 하느냐?" / 농부 하나가 억새풀 사이로 올라왔다.

송아지 등에서 뛰어내렸다. 어린 송아지를 타서 허리가 상하면 어쩌느냐고 꾸지람을 들을 것만 같다.

그런데 나룻이 긴 농부는 소녀 편을 한 번 훑어보고는 그저 송아지 고삐를 풀어내면서,

"어서들 집으로 가거라. 소나기가 올라."

참 먹장구름 한 장이 머리 위에 와 있다. 갑자기 사면이 소란스러워진 것 같다. 바람이 우수수 소리를 내며 지나간다. ㉠삼시간에 주위가 보랏빛으로 변했다.

산을 내려오는데 떡갈나무 잎에서 빗방울 @듣는 소리가 난다. 굵은 빗방울이었다. 목덜미가 선뜩선뜩했다. 그러자 대번에 눈앞을 가로막는 빗줄기.

비안개 속에 원두막이 보였다. 그리로 가 비를 그을 수밖에.

그러나 원두막은 기둥이 기울고 지붕도 갈래갈래 찢어져 있었다. 그런대로 비가 덜 새는 곳을 가려 소녀를 들어서게 했다.

㉡소녀의 입술이 파아랗게 질렸다. ㉢어깨를 자꾸 떨었다.

무명 겹저고리를 벗어 소녀의 어깨를 싸 주었다. 소녀는 비에 젖은 눈을 들어 한 번 쳐다보았을 뿐, 소년이 하는 대로 잠자코 있었다. 그러고는 안고 온 꽃묶음 속에서 가지가 꺾이고 꽃이 일그러진 송이를 골라 발밑에 버린다.

소녀가 들어선 곳도 비가 새기 시작했다. 거기서 더 비를 그을 수 없었다.

밖을 내다보던 소년이 무엇을 생각했는지 수수밭 쪽으로 달려간다. 세워 놓은 수숫단 속을 비집어 보더니, 옆의 수숫단을 날라다 덧세운다. 다시 속을 비집어 본다. 그리고는 이쪽을 향해 손짓을 한다.

수숫단 속은 비는 안 새었다. 그저 어둡고 좁은 게 안 됐다. 앞에 나앉은 소년은 그냥 비를 맞아야만 했다. 그런 소년의 어깨에서 김이 올랐다.

소녀가 속삭이듯이, 이리 들어와 앉으라고 했다. 괜찮다고 했다. 소녀가 다시 들어와 앉으라고 했다. 할 수 없이 뒷걸음질을 쳤다. 그 바람에 ㉣소녀가 안고 있는 꽃묶음이 망그러졌다. 그러나 소녀는 상관없다고 생각했다. 비에 젖은 소년의 몸 내음새가 확 코에 끼얹어졌다. 그러나 고개를 돌리지 않았다. 도리어 소년의 몸기운으로 해서 떨리던 몸이 적이 누그러지는 느낌이었다.

㉤소란하던 수숫잎 소리가 뚝 그쳤다. 밖이 멀개졌다.

수숫단 속을 벗어 나왔다. 멀지 않은 앞쪽에 햇빛이 눈부시게 내리붓고 있었다.

도랑 있는 곳까지 와 보니, 엄청나게 물이 불어 있었다. 빛마저 제법 붉은 흙탕물이었다. 뛰어 건널 수가 없었다.

소년이 등을 돌려 댔다. 소녀가 순순히 업히었다. 걷어 올린 소년의 잠방이까지 물이 올라왔다. 소녀는 '어머나' 소리를 지르며 소년의 목을 끌어안았다. / 개울가에 다다르기 전에 가을 하늘은 언제 그랬는가 싶게 구름 한 점 없이 쪽빛으로 개어 있었다.

◆
나룻 수염.
먹장구름 먹빛같이 시꺼먼 구름.
듣다 눈물, 빗물 따위의 액체가 방울져 떨어지다.
선뜩선뜩하다 갑자기 서늘한 느낌이 잇따라 들다.
긋다 비를 잠시 피하여 그치기를 기다리다.
적이 꽤 어지간한 정도로.
잠방이 가랑이가 무릎까지 내려오도록 짧게 만든 홑바지.
쪽빛 짙은 푸른빛.

4 윗글을 읽으며 짐작할 수 있는 인물의 심리로 적절하지 <u>않은</u> 것은?

① 입술이 파랗게 질린 소녀를 보며 소년은 안타까운 마음이 들었을 것이다.

② 덧세운 수숫단 속에서 소녀가 안전하게 비를 피하자 소년은 안심했을 것이다.

③ 수숫단 앞에 앉아 비를 맞는 소년을 본 소녀는 미안하면서도 고마웠을 것이다.

④ 소년이 뒷걸음질로 꽃묶음을 망가뜨렸을 때 소녀는 소년이 원망스러웠을 것이다.

⑤ 소년이 소녀를 업고 물이 분 도랑을 건너면서 둘은 서로에게 친밀함을 느꼈을 것이다.

5 〈보기〉는 윗글을 읽으며 친구들이 나눈 대화이다. ㉠~㉤ 중 〈보기〉의 빈칸에 들어갈 구절로 알맞지 <u>않은</u> 것은?

> **하윤:** 이 글을 읽다 보면 앞으로 나쁜 일이 일어날 것 같은 불길한 예감이 들어. 소년과 소녀의 모습을 순수하게 그리고 있는데 왜 그런 느낌이 드는 걸까?
>
> **재민:** 그건 바로 작품에 깔려 있는 복선 때문이야. 복선은 앞으로 다가올 상황을 암시하기 위해 작가가 의도적으로 만들어 낸 장치인데, 이 글에서는 (   )과 같은 부분이 복선에 해당되지. 이 부분들은 비극적 결말을 암시하고 있기 때문에 독자가 이 부분들을 읽으면 불길한 예감이 드는 거야.

① ㉠   ② ㉡   ③ ㉢   ④ ㉣   ⑤ ㉤

개념＋복선

• **개념:** 앞으로 일어날 사건을 미리 독자에게 넌지시 암시하는 서술로, 작가가 사건에 필연성을 부여하기 위해 의도적으로 만들어 낸 장치임.

• **특징**
  – 독자는 복선을 통해 앞으로 일어날 사건을 예측하며, 작품 속 사건들이 긴밀히 연결되어 필연적으로 발생함을 이해할 수 있음.
  – 복선은 작품의 주제를 효과적으로 드러내고 이야기에 진실성을 부여하는 기능을 함.

6 다음 밑줄 친 부분 중 윗글의 ⓐ와 동일한 의미로 쓰인 것은?

① 내 친구 철수는 엄마 말씀을 참 잘 <u>듣는다</u>.

② 두통에 잘 <u>듣는</u> 약으로 처방해 드리겠습니다.

③ 그녀의 눈엔 어느새 눈물이 뚝뚝 <u>듣고</u> 있었다.

④ 브레이크가 말을 <u>듣지</u> 않아서 사고가 날 뻔했다.

⑤ 선생님께 칭찬을 <u>듣고</u> 싶어서 공부를 열심히 했다.

소설

발단 — 전개 — 위기 — 절정 — **결말**

소나기를 맞아 몸이 아팠던 소녀와 그런 소녀를 그리워하던 소년이 다시 만나는 상황이다.

그날도 소년은 주머니 속 흰 조약돌만 만지작거리며 개울가로 나왔다. 그랬더니 이쪽 개울둑에 소녀가 앉아 있는 게 아닌가. / 소년은 가슴부터 두근거렸다.

"그동안 앓았다."

어쩐지 소녀의 얼굴이 해쓱해져 있었다.

"그날 ㉠소나기 맞은 탓 아냐?" / 소녀가 가만히 고개를 끄덕이었다.

"인제 다 났냐?" / "아직도……."

"그럼 누워 있어야지."

"하도 갑갑해서 나왔다. …… 참, 그날 재밌었다. …… 그런데 그날 어디서 이런 물이 들었는지 잘 지지 않는다."

소녀가 분홍 스웨터 앞자락을 내려다본다. 거기에 검붉은 진흙물 같은 게 들어 있었다.

소녀가 가만히 보조개를 떠올리며,

"그래 이게 무슨 물 같니?"

소년은 스웨터 앞자락만 바라다보고 있었다.

"내, 생각해 냈다. 그날 도랑을 건너면서 내가 업힌 일이 있지? 그때 네 등에서 옮은 물이다." / 소년은 얼굴이 확 달아오름을 느꼈다.

갈림길에서 소녀는,

"저, 오늘 아침에 우리 집에서 대추를 땄다. 낼 제사 지내려고……."

대추 한 줌을 내준다. 소년은 주춤한다.

"맛봐라. 우리 증조할아버지가 심었다는데, 아주 달다."

소년은 두 손을 오그려 내밀며, / "참 알도 굵다!"

"그리고 저, 우리 이번에 제사 지내고 나서 집을 내주게 됐다." 〈중략〉

그날 밤, 소년은 자리에 누워서도 같은 생각뿐이었다. 내일 소녀네가 이사하는 걸 가 보나 어쩌나. 가면 소녀를 보게 될까 어떨까. / 그러다가 까무룩 잠이 들었는가 하는데,

[A]
"허, 참, 세상일도……." / 마을 갔던 아버지가 언제 돌아왔는지,

"윤 초시 댁도 말이 아니야. 그 많던 전답을 다 팔아 버리고, 대대로 살아오던 집마저 남의 손에 넘기더니, 또 악상까지 당하는 걸 보면……."

남폿불 밑에서 바느질감을 안고 있던 어머니가,

"증손(曾孫)이라곤 계집애 그 애 하나뿐이었지요?"

"그렇지. 사내애 둘 있던 건 어려서 잃어버리고……."

"어쩌면 그렇게 자식 복이 없을까."

"글쎄 말이지. 이번 앤 꽤 여러 날 앓는 걸 약도 변변히 못 써 봤다더군. 지금 같아서는 윤 초시네도 대가 끊긴 셈이지…… 그런데 참 이번 계집애는 어린 것이 여간 잔망스럽지가 않아. 글쎄 죽기 전에 이런 말을 했다지 않아? 자기가 죽거든 자기 입던 옷을 꼭 그대로 입혀서 묻어 달라고……."

해쓱하다 얼굴에 핏기나 생기가 없어 파리하다.
까무룩 정신이 갑자기 흐려지는 모양.
전답 논밭.
악상 수명을 다 누리지 못하고 젊어서 죽은 사람의 상사. 흔히 젊어서 부모보다 먼저 자식이 죽는 경우를 이른다.
남폿불 남포등에 켜 놓은 불.
잔망스럽다 얄밉도록 맹랑한 데가 있다.

7 윗글을 읽고 나눈 감상의 내용으로 적절하지 <u>않은</u> 것은?

① 주연: 소년에게 좋아한다는 말을 하지는 못하고 대추를 건네며 자신의 마음을 전하는 소녀의 모습이 애처롭게 느껴졌어.

② 태민: 소년과 소녀가 갈림길에 서서 이야기하는 장면에서 다시는 둘이 만날 수 없을 것 같은 예감이 들어서 안타까웠어.

③ 희진: 여자아이는 어차피 집안의 대를 이을 수 없다는 이유로 약 한번 지어 먹지 못하고 병을 앓다가 죽은 소녀의 운명이 비극적으로 느껴졌어.

④ 주호: 소년이 소녀의 죽음을 간접적으로 전해 듣는 마지막 장면이 긴 여운을 남겼어. 소년의 입장이 되어 슬픔과 안타까움을 깊이 느낄 수 있었거든.

⑤ 예빈: 병약하고 외로운 소녀에게 소년과 산에 놀러갔던 일은 무척 소중한 추억이었을 거야. 그래서 자신이 죽으면 분홍 스웨터를 입혀서 묻어 달라고 말했겠지.

8 〈보기〉의 내용으로 볼 때, 윗글에서 ㉠이 의미하는 바로 가장 적절한 것은?

> **[표준 국어 대사전 검색]**
>
> **소나기** 「명사」
> 「1」 갑자기 세차게 쏟아지다가 곧 그치는 비. 특히 여름에 많으며 번개나 천둥, 강풍 따위를 동반한다.

① 인간과 인간 사이의 거센 갈등

② 짧지만 강한 인상을 남기고 지나간 사랑

③ 인간의 의지로 극복할 수 없는 비극적 운명

④ 사랑에 빠졌다가 금방 식어버리는 인간의 마음

⑤ 올바른 삶을 살지 않는 인간에 대한 하늘의 경고

9 [A]와 같은 상황에 어울리는 속담으로 적절한 것은?

① 눈 위에 서리 친다

② 소도 언덕이 있어야 비빈다

③ 소문난 잔치에 먹을 것 없다

④ 평안 감사도 저 싫으면 그만이다

⑤ 집안이 망하면 집터 잡은 사람만 탓한다

속담·한자 성어 익히기

• **눈 위에 서리 친다** 어려운 일이 공교롭게 계속됨을 비유적으로 이르는 말.

• **소도 언덕이 있어야 비빈다** 누구나 의지할 곳이 있어야 무슨 일이든 시작하거나 이룰 수가 있음을 비유적으로 이르는 말.

• **소문난 잔치에 먹을 것 없다** 떠들썩한 소문이나 큰 기대에 비하여 실속이 없거나 소문이 실제와 일치하지 아니하는 경우를 비유적으로 이르는 말.

• **평안 감사도 저 싫으면 그만이다** 아무리 좋은 일이라도 당사자의 마음이 내키지 않으면 억지로 시킬 수 없음을 비유적으로 이르는 말.

• **집안이 망하면 집터 잡은 사람만 탓한다** 무슨 일이 잘못되면 남의 탓만 한다는 말.

인물의 심리

1 사건의 흐름에 따른 소년의 행동과 심리를 다음과 같이 정리할 때, 빈칸에 들어갈 내용을 써 보자.

사건의 흐름	소년의 행동	소년의 심리
개울가에서 소녀를 처음 봤을 때	• 개울둑에 앉아 소녀가 비키기를 기다림. • 소녀의 행동을 멀리서 바라봄. • 소녀가 던진 ( )을 주머니에 넣음.	• 소녀에게 관심이 있음.
소녀와 같이 산에 놀러 갔을 때	• 무명 겹저고리를 벗어 비를 맞고 떠는 소녀의 어깨를 싸 줌. • 수숫단을 덧세워 소녀가 비를 피하게 함. • 소녀를 업고 ( )을 건넘.	• 비를 맞고 떠는 소녀를 보며 안쓰럽고 미안함. • 소녀와 관계가 좀 더 친밀해졌다고 생각함.
개울가에서 소녀를 다시 만났을 때	• 소녀가 아팠던 것이 그날 소나기를 맞은 탓인지 물어봄. • 소녀의 ( )에 든 물을 보며 얼굴이 달아오름. • 소녀에게 대추를 받음.	• 앓았다는 소녀의 말에 미안하고 걱정됨. • 소녀의 이사 소식을 듣고 안타깝고 서러움.

소재의 의미

2 이 소설의 중심 소재와 상징적 의미를 파악하여 빈칸에 들어갈 내용을 써 보자.

조약돌	소년의 소심한 태도에 대한 소녀의 원망과 ( ), 소녀에 대한 소년의 관심
분홍 스웨터	소년과 소녀의 소중한 추억, 소년과 소녀의 특별한 인연
( )	소년을 생각하는 소녀의 마음

소설의 주제

3 '소나기'의 역할과 의미를 바탕으로 이 소설의 주제를 정리하여 빈칸에 들어갈 내용을 써 보자.

'소나기'의 역할과 의미	주제
• 갑자기 쏟아지며 위기감을 조성함. • 소년과 소녀가 더욱 친해지는 계기를 마련함. • 소녀의 ( )이라는 비극적 결말의 중요한 원인이 됨. 　→ 짧지만 강한 인상을 남기고 끝난 사랑	소년과 소녀의 짧고 순수한 ( )

「소나기」 속 소재의 다양한 기능

「소나기」는 1953년 5월 『신문학(新文學)』지에 처음 발표되어 현재까지 사랑받고 있는 황순원 작가의 단편 소설입니다. 「소나기」는 「별」과 함께 중학교 국어 교과서에 자주 실릴 정도로 황순원 작가의 대표적인 작품이며, 1959년에는 영어로 번역되어 영국 『인카운터(Encounter)』지의 단편 콩쿠르에 입상하여 게재되기도 하였습니다.

이 작품에서는 다양한 소재를 찾아볼 수 있는데, 각 소재들은 작품 속에서 다양한 기능을 합니다. 우선 제목이자 중심 소재인 '소나기'는 주제를 상징하고, '단풍잎', '개울가', '수숫단 속' 등은 작품의 배경이 되는 시간이나 공간적 배경을 제시하는 기능을 합니다. '보랏빛', '파랗게 질린 소녀의 입술', '망그러진 꽃묶음'은 앞으로 일어날 사건을 독자에게 넌지시 암시함으로써 사건 전개에 필연성을 부여하기도 하고, '먹장구름'은 작품 속의 분위기를 조성하는 역할을 합니다. '대추'와 '호두'는 소년과 소녀의 심리 상태를 암시하고, '물이 불어난 도랑'은 앞으로 일어날 사건 전개에 개연성을 드러내기도 합니다. 이뿐만 아니라 '조약돌'은 사건 전개에 계기를 마련하고, 인물의 심리 상태를 드러내기도 하는 것처럼 하나의 소재가 복합적인 기능을 하기도 합니다.

문학 작품 속의 소재는 이러한 기능 외에도 인물에 대한 부가 정보를 전달하거나, 갈등 발생 또는 갈등 해소의 매개가 되기도 하는 등 다양한 기능을 하기 때문에, 문학 작품을 좀 더 깊이 있게 이해하기 위해서는 소재의 의미를 파악하며 문학 작품을 감상하는 것이 효과적입니다.

이 소설은 1950년대에 창작된 작품임에도 불구하고 여전히 많은 사람들에게 감동을 준다. 이처럼 시간을 초월하여 작품이 독자들의 공감을 이끌어 낼 수 있는 이유는 무엇인지 자신의 생각을 써 보자.

_____

_____

_____

_____

_____

02 자전거 도둑 | 박완서

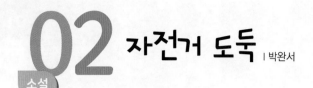

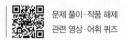

문제 풀이·작품 해제
관련 영상·어휘 퀴즈

✱ 전체 줄거리

발단

수남, 주인과 단골손님들에게 인정받으며 일하다

"얼마나 고마운 주인 영감님인가. 이런 고마운 어른을 위해 그까짓 세 사람이 할 일 혼자 못 할까 하고 양팔의 근육이 팽팽히 긴장한다."

수남이는 청계천 세운 상가 뒷길의 전기용품 점원으로 단골손님들에게 인정을 받으며 일한다. 수남이는 일은 많지만 야학에라도 가서 공부를 하고 싶은 자신의 마음을 알아주는 주인 영감에게 고마움과 육친애를 느낀다.

전개

수남, 장사꾼의 면모를 보이다

"오늘 물건 대금은 꼭 결제해 주셔야 돼요. 은행 막을 돈이란 말예요."

바람이 심하게 불던 날 수남이가 일하던 가게 골목에서 한 아가씨가 다치는 사고가 발생한다. 수남이는 문득 자기도 재수 옴 붙을 것 같은 예감과 함께 고독을 느낀다. 잠시 후 배달을 간 수남이는 ××상회 주인에게서 악착같이 대금을 받아 낸다.

위기

수남, 쾌감을 느끼며 도망치다

"정말이지 조금도 안 무거웠다. 타고 달릴 때보다 더 신나게 달렸다. 달리면서 마치 오래 참 았던 오줌을 시원스럽게 내깔기는 듯한 쾌감까지 느꼈다."

수남이가 가게로 돌아가려고 할 때 어떤 신사가 수남이의 자전거가 바람에 쓰러지면서 자신의 차를 들이받았다며 다그친다. 신사가 수남이에게 차 수리비를 요구하자 수남이는 용서를 빈다. 주변의 구경꾼들이 수남이에게 도망치라고 부추기자 수남이는 쾌감까지 느끼며 자전거를 들고 도망친다.

절정

수남, 자신의 행동을 되돌아보며 고민에 빠지다

"무슨 짓을 하든지 그저 도둑질은 하지 말아라, 알았쟈."

수남이는 도망쳐 온 자신의 행동을 칭찬하는 주인 영감에게 혐오감을 느낀다. 그리고 자신이 낮에 한 일이 도덕적으로 옳은 일이었는지 고민한다. 그리고 가족들에게 줄 물건을 훔친 형이 순경에게 붙잡힌 일을 떠올린다.

결말

수남, 결심을 굳히자 똥빛 얼굴이 소년다운 청순함으로 빛나다

"마침내 결심을 굳힌 수남이의 얼굴은 누런 똥빛이 말끔히 가시고, 소년다운 청순함으로 빛났 다."

양심의 가책을 느낀 수남이는 자신을 도덕적으로 견제해 줄 아버지가 계신 고향으로 돌아 갈 것을 결심한다. 그러자 수남이의 얼굴은 누런 똥빛이 말끔히 가시고, 소년다운 청순함으 로 빛난다.

☒ 시험에 꼭 나오는 핵심 장면

수남이가 갈등 끝에 자전거를 들고 도망가는 장면

(왜 자주 출제되는가?) 이 장면은 수남이가 내적 갈등을 겪다가 자전거를 들고 도망가며 쾌감까지 느끼는 장면이야. 하지만 이후에는 더 큰 내적 갈등을 겪게 되지. 자전거를 들고 도망가기 전에는 단순히 물질적 보상과 관련된 갈등이었다면, 이후에는 자신의 행동이 도덕적인가 그렇지 않은가에 대한 갈등을 겪게 된 거야. 앞으로 일어날 사건의 계기가 될 뿐만 아니라 수남이의 내적 갈등이 가장 잘 드러나 있어서 시험에 자주 출제돼.

수남이가 짐을 꾸리면서 바람이 부는 보리밭을 상상하는 장면

(왜 자주 출제되는가?) 이 장면은 수남이가 자신의 부도덕성을 깨닫고, 이를 견제해 줄 아버지가 계신 고향으로 돌아가기로 마음을 먹은 뒤 모든 갈등이 완전히 해소되는 장면이야. 수남이의 얼굴은 부도덕성을 상징하는 누런 똥빛으로 뒤덮여 있었어. 하지만 양심과 순수성을 회복한 후에는 누런 똥빛이 말끔히 가시고 소년다운 청순함으로 빛나는 얼굴로 바뀌었지. 양심과 순수성을 회복하는 수남이의 모습을 통해 이 소설의 주제를 잘 드러내고 있어서 시험에 자주 출제돼.

🖎 간단 확인

■ 정답과 해설 4쪽

다음을 읽고 이 글의 내용과 일치하면 ○, 일치하지 않으면 ×를 표시해 보자.

1 주인 영감에 대한 수남이의 생각은 사건 진행에 따라 변한다. ···························· (   )

2 ×× 상회에 수금을 하러 간 수남이는 결국 돈을 받지 못한다. ···························· (   )

3 수남이는 차 수리비를 요구하는 신사에게 수리비를 물어 줄 것을 약속한다. ·········· (   )

4 양심의 가책을 느낀 수남이는 아버지가 계신 고향으로 돌아갈 것을 결심한다. ········· (   )

02 자전거 도둑

소설

발단 - 전개 - 위기 - 절정 - 결말

수남이는 어린 나이에 고된 일을 하면서도 공부를 하게 될 수도 있다는 희망 때문에 행복해하는 상황이다.

박완서(1931~2011)
1970년부터 2000년대까지 활동한 여성 소설가이다. 「옥상의 민들레꽃」, 「그 여자네 집」, 「부끄러움을 가르칩니다」 등 다수의 소설과 「꼴찌에게 보내는 갈채」, 「타임머신을 타고 간 여행-하회 마을 기행」 등의 수필을 썼다.

| 작품 개관 |
- **갈래**: 현대 소설, 단편 소설
- **성격**: 교훈적, 비판적
- **시점**: 전지적 작가 시점
- **배경**: 1970년대, 서울 청계천 세운 상가

수남이는 청계천 세운 상가 뒷길의 전기용품 도매상의 꼬마 점원이다.

수남이란 어엿한 이름이 있는데도 꼬마로 통한다. 열여섯 살이라지만 볼은 아직 어린아이처럼 토실하니 붉고, 눈 속이 깨끗하다. 숙성한 건 목소리뿐이다. 〈중략〉

예쁜 아이를 보면 물어뜯어 울려 놓고 마는 사람이 있듯이, 이 사내들은 그런 방법으로 수남이에게 애정 표시를 했다. / "짜아식, 잘 잤냐?"

"짜아식, 요새 제법 컸단 말야. 장가들여야겠는데, 짜아식 좋아서……."

그리곤 알밤이다. 주먹과 팔짓만 허풍스럽게 컸지, 아주 부드러운 알밤이다. 그러니까 수남이는 그만큼 인기 있는 점원인 셈이다.

수남이는 단골손님들에게만 인기가 있는 게 아니라, 주인 영감에게도 ㉠여간 잘 뵌 게 아니다. 누구든지 수남이에게 알밤을 먹이는 걸 들키기만 하면 단박 불호령이 내린다.

"왜 하필 남의 머리를 쥐어박어? 채 굳지도 않은 머리를. 그게 어떤 머린 줄이나 알고들 그래, 응? 공부 많이 해서 대학도 가고 박사도 될 머리란 말야. 임자들 같은 돌대가리가 아니란 말야."

그러면 아무리 막돼먹은 손님이라도 선생님 꾸지람에 떠는 초등학생처럼 풀이 죽어서 수남이에게 진심으로 미안해했다. 그러고는,

"꼬마야, 그럼 너 요새 어디 야학이라도 다니니?"

하며 은근히 부러워하는 눈치까지 보였다. 그러면 영감님은 딱하다는 듯이 ㉡혀를 차며,

"아니, 야학은 아무 때나 들어가나. 똥통 학교라면 또 몰라. 수남이는 내년 봄에 시험 봐서 들어가야 해. 야학이라도 일류로. 그래서 인석이 그저 틈만 있으면 책이라고. 허허……."

수남이는 가슴이 크게 출렁인다. 수남이는 한 번도 주인 영감님에게 하다못해 야학이라도 들어가 공부를 해 보고 싶단 말을 비친 적이 없다. 맨손으로 어린 나이에 서울에 와서 거지도 안 되고 깡패도 안 되고 이런 어엿한 가게의 점원이 된 것만도 수남이로서는 눈부신 성공인데, ㉢벼락 맞을 노릇이지, 어떻게 감히 공부까지를 바라겠는가.

그러면서도 자기 또래의 고등학생만 보면 가슴이 짜릿짜릿하던 수남이다. 처음 전기용품 취급이 서툴러 시험을 하다 툭하면 손끝에 감전이 되어 짜릿하며 화들짝 놀랐던 것처럼, 고등학교 교복은 수남이의 심장에 짜릿한 감전을 일으키며 가슴을 온통 마구 휘젓는 이상한 힘이 있었다.

그런 수남이의 비밀을 주인 영감님은 알고 있었던 것이다. 수남이는 부끄럽고도 기뻤다.

그래서 수남이는 "내년 봄에 시험 봐서 들어가야 해. 야학이라도 일류로……." 할 때의 주인 영감님이 그렇게 좋을 수가 없다. 그 소리를 듣기 위해서라면 그까짓 알밤쯤 하루 골백번을 맞으면 대수랴 싶다. 그런 소리를 자기를 위해 해 주는 주인 영감님을 위해서라면 ㉣뼛골이 부러지게 일을 한들 눈곱만큼도 억울할 것이 없을 것 같다. 월급은 좀 짜게 주지

◆
단박 그 자리에서 바로를 이르는 말.
불호령 몹시 심하게 하는 꾸지람.
야학 야간 학교. 밤에 수업을 받을 수 있도록 시설과 체계적인 교과 과정을 갖추고 있는 교육 기관.
골백번 '여러 번'을 강조하거나 속되게 이르는 말.

만, 그 감미로운 소리를 어찌 후한 월급에 비기겠는가.

수남이의 하루는 ⑩눈코 뜰 새 없이 고단하지만 행복하다.

1 윗글을 통해 알 수 있는 수남이에 대한 설명으로 적절하지 <u>않은</u> 것은?

① 단골손님들에게 인기가 많은 점원이다.

② 청계천 세운 상가 뒷길의 전기용품 도매상에서 일한다.

③ 고등학교에 다니는 또래 학생들을 보며 창피함을 느낀다.

④ 몹시 바쁘고 몸은 고단하지만 심리적으로 행복한 상황에 놓여 있다.

⑤ 내년 봄에 시험 봐서 일류 야학에 들어가야 한다고 말하는 주인 영감님을 좋아한다.

2 〈보기〉를 참고하여 윗글을 감상한 내용으로 적절한 것은?

〈보기〉

비속어에는 정감이 담겨 있는 경우가 있다. 예의를 갖춘 말은 상대방을 존중해 주는 올바른 말하기임에는 분명하지만 경우에 따라서는 거리감을 느끼게 하기도 한다. 정감 어린 비속어는 이러한 거리감을 좁혀 준다. 적대감을 표현하는 비속어가 가진 또 다른 면이라고 할 수 있다.

① '똥통 학교'라는 표현은 그 학교에 대한 애정을 보인 거야.

② '돌대가리'라는 표현은 대상에 대한 객관적인 표현이로군.

③ 손님들이 수남이에게 '짜아식'이라고 한 것은 관심의 표현이군.

④ 손님들은 '짜아식'이라고 말하며 수남이에게 적대감을 표현했어.

⑤ 손님들은 '짜아식'이라는 말을 통해 애정과 적대감을 동시에 드러내고 있어.

개념＋ 비속어

• **개념**: 일반적인 표현에 비하여 격이 낮고 속된 말.

• **특징**: 비속어는 경우에 따라 가까운 사이의 정겨움을 표현하기도 하지만 이를 습관적으로, 또는 경우에 어긋나게 사용할 경우 상대방에게 불쾌감을 주거나 교양 없는 사람이라는 인상을 주기도 하므로 아름다운 말로 고쳐 쓰려는 노력이 필요함.

3 ㉠~⑩의 뜻풀이로 적절하지 <u>않은</u> 것은?

① ㉠: 보통이 아니고 대단히 잘 보였다.

② ㉡: 마음이 언짢거나 유감의 뜻을 나타내며

③ ㉢: 아주 못된 짓을 하여 큰 벌을 받을

④ ㉣: 마음속 깊이 증오하는 마음으로

⑤ ⑩: 정신 못 차리게 몹시 바빠서

수남이의 자전거가 쓰러지면서 신사의 차를 들이받아 수리비를 물어 주어야 하지만, 수남이가 신사 몰래 자전거를 들고 도망가는 상황이다.

"인마, 네놈의 자전거가 쓰러지면서 내 차를 들이받았단 말야. 이런 고급 차를 말야. 이런 미련한 놈, 왜 눈은 째려, 째리긴. 그러니 내 차에 흠이 안 나고 배겼겠냐. 내 차는 인마, 여자들 손톱만 살짝 닿아도 생채기가 나는 고급 차야 인마, 알간?"

그러고는 거울처럼 티 하나 없이 번들대는 차체를 면밀히 훑어보더니 "그러면 그렇지." 하고 환성을 질렀다. 아마 생채기를 찾아낸 모양이다.

"일은 컸다. 인마, 칠만 살짝 긁혔어도 또 모르겠는데 여기 봐라, 여기가 이렇게 우그러지기까지 했으니 일은 컸다, 컸어." 〈중략〉

수남이는 울지도 못하고 빌지도 못하고 그냥 막연히 서 있었다. 수남이와 신사의 시비를 흥미진진하게 구경하던 사람들도 헤어지지 않고 그냥 서 있었다. 아마 수남이가 앙앙 울거나, 펄펄 뛰면서 욕을 하거나 그런 일이 일어나 주기를 기다리는 눈치였다.

수남이는 바보가 돼 버린 아이처럼 조용히 멍청히 서 있었다. 누군가가 나직이 속삭였다.

"토껴라 토껴. 그까짓 것 갖고 토껴라."

그것은 악마의 속삭임처럼 은밀하고 감미로웠다. 수남이의 가슴은 크게 뛰었다. 이번에는 좀 더 점잖고 어른스러운 소리가 나섰다.

"그래라, 그래. 그까짓 거 들고 도망가렴. 뒷일은 우리가 감당할게."

그러자 모든 구경꾼이 수남이의 편이 되어 와글와글 외쳐 댔다.

"도망가라, 어서어서 자전거를 번쩍 들고 도망가라, 도망가라."

수남이는 자기편이 되어 준 이 많은 사람들을 도저히 배반할 수 없었다. 이상한 용기가 솟았다. 수남이는 자전거를 마치 검부러기처럼 가볍게 옆구리에 끼고 질풍같이 달렸다.

정말이지 조금도 안 무거웠다. 타고 달릴 때보다 더 신나게 달렸다. ㉠달리면서 마치 오래 참았던 오줌을 시원스럽게 내깔기는 듯한 쾌감까지 느꼈다.

주인 영감님은 자전거를 옆에 끼고 질풍처럼 달려온 놈을 눈을 휘둥그렇게 뜨고 바라볼 뿐이었다. 〈중략〉

"인마, 말을 해. 무슨 일이야? 네놈 꼴이 영락없이 도둑놈 꼴이다, 인마."

도둑놈 꼴이라는 소리가 수남이의 가슴에 가시처럼 걸린다. 수남이는 겨우 숨을 가라앉히고 자초지종을 주인 영감님께 고해바친다. 다 듣고 난 주인 영감님은 무엇이 그리 좋은지 무릎을 치면서 통쾌해한다.

㉡"잘했다, 잘했어. 맨날 촌놈인 줄만 알았더니 제법인데, 제법이야."

그러고는 가게에서 쓰는 드라이버니 펜치를 가지고 자전거에 채운 자물쇠를 분해하기 시작한다. 엎드려서 그 짓을 하고 있는 주인 영감님이 수남이의 눈에 흡사 도둑놈 두목 같아 보여 속으로 정이 떨어진다. 주인 영감님 얼굴이 누런 똥빛인 것조차 지금 깨달은 것 같아 속이 메스껍다. 〈중략〉

낮에 내가 한 일은 옳은 짓이었을까? 옳을 것도 없지만 나쁠 것은 또 뭔가. 자가용까지 있는 주제에 나 같은 아이에게 오천 원을 우려내려고 그렇게 간악하게 굴던 신사를 그 정도

검부러기 가느다란 마른 나뭇가지. 마른 풀. 낙엽 따위의 부스러기.
질풍 몹시 빠르고 거세게 부는 바람.
영락없다 조금도 틀리지 아니하고 꼭 들어맞다.
우려내다 꾀거나 위협하거나 하여서 자신에게 필요한 돈이나 물품을 빼내다.

골려 준 것이 뭐가 나쁜가? 그런데도 왜 무섭고 떨렸던가. 그때의 내 꼴이 어땠으면, 주인 영감님까지 "네놈 꼴이 꼭 도둑놈 꼴이다."라고 하였을까.

4 윗글에 드러난 갈등에 대한 설명으로 적절한 것은?

① 외적 갈등에 이어 내적 갈등이 드러나고 있다.

② 두 인물의 내적 갈등이 병렬적으로 드러나고 있다.

③ 사회적 갈등으로 인해 인물 간의 갈등이 심화되고 있다.

④ 사회적 갈등이 인물 간의 갈등으로 변화되어 나타나고 있다.

⑤ 내적 갈등이 점점 심해지면서 사회적 갈등으로 발전하고 있다.

◆ **병렬적** 나란히 늘어서는 방식의 것.

5 수남이가 ㉠과 같이 느낀 이유로 알맞은 것은?

① 양심을 지켰다는 떳떳함 때문에

② 문제에서 벗어났다는 해방감 때문에

③ 신사를 골탕 먹인 것에 대한 죄책감 때문에

④ 자신의 용기 있는 행동에 대한 자부심 때문에

⑤ 주인 영감에게 혼나지 않아도 된다는 안도감 때문에

6 〈보기〉는 자전거 사건이 발생하기 전 수남이가 주인 영감에게 느꼈던 감정이다. 이를 바탕으로 ㉡과 같은 말을 들은 이후 주인 영감에 대한 수남이의 감정 변화로 적절한 것은?

보기

> 아직은 육친애에 철모르고 푸근히 감싸여야 할 나이다. 그를 실제 나이보다 어려 뵈게 하는, 아직 상하지 않은 순진성이 더욱 그에게 육친애를 목마르게 한다. 주인 영감님의 든든하고 거친 손에서 볼과 턱을 타고 전해 오는 따뜻함, 훈훈함은 거의 육친애적이었고 그래서 수남이는 그 시간이 기다려질 만큼 좋았고, 꿀같이 단 새벽잠을 떨쳐 낸 보람을 느끼고도 남을 충족된 시간이기도 했다.

① 아버지의 모습을 발견한 것 같아서 더욱 더 친근감이 생겼겠어.

② 아버지처럼 느꼈던 주인 영감의 다른 모습에 실망감을 느꼈겠어.

③ 주인 영감이 자신을 지지해 주는 것 같아 든든한 마음이 들었겠군.

④ 주인 영감이나 자동차 주인이나 같은 편이라는 생각에 화가 났겠어.

⑤ 주인 영감이 아버지처럼 자신을 꾸지람해서 더 아버지처럼 느꼈겠군.

수남이는 몸을 부르르 떨면서 낮에 자전거를 갖고 달리면서 맛본 공포와 함께 그 까닭 모를 쾌감을 회상한다. 마치 참았던 오줌을 내깔길 때처럼 무거운 억압이 갑자기 풀리면서 전신이 날아갈 듯이 가벼워지는 그 상쾌한 해방감 — 한번 맛보면 도저히 잊힐 것 같지 않은 그 짙은 쾌감, 아아 도둑질하면서도 나는 죄책감보다는 쾌감을 더 짙게 느꼈던 것이다.

혹시 내 핏속에 도둑놈의 피가 흐르고 있기 때문이 아닐까. 순간 ⊙수남이는 방바닥에서 송곳이라도 치솟은 듯이 후다닥 일어서서 안절부절못하고 좁은 방 안을 헤맸다.

수남이의 눈앞에는 수갑을 차고, 순경들에게 끌려와 도둑질 흉내를 그대로 내 보이던 형의 얼굴이 환히 떠오른다. 그리고 서울 가서 무슨 짓을 하든지 도둑질만은 하지 말라고 신신당부하던 아버지의 얼굴도 떠오른다. 〈중략〉

수남이는 지금도 그날 밤 일이 생생하다. 그날 밤 형의 누런 똥빛 얼굴은 정말로 못 잊겠다. 꼭 악몽 같다. / 다음 날 형은 읍내에서 온 순경한테 수갑이 채워져 붙들려 갔다. 형은 악을 써서 변명을 하며 갔다.

"2년 만에 빈손으로 집에 들어갈 수는 없었단 말야. 도저히 그럴 수는 없었단 말야."

그래서 읍내 양품점을 털어 돈과 물건을 훔친 것이다. 다음에 수남이가 형을 본 것은 읍내에 현장 검증인가를 나왔을 때다. 도둑질한 것을 다시 한번 되풀이해 보여 주는 것인데, 딴 구경꾼들 틈에 섞여 수남이는 몸서리를 치면서 그것을 봤다. 그 도둑놈과 형제간이란 게 두고두고 생각해도 몸서리가 쳐졌다.

아버지는 화병으로 몸져눕고 집안 형편은 말이 아니었다. 수남이는 드디어 어느 날 형이 그랬던 것처럼 서울 가서 돈 벌어 오겠다고 집을 나섰다. 아버지는 말리지 않았다. 문지방을 짚고 일어나 앉아서 띄엄띄엄 수남이를 타일렀다.

"무슨 짓을 하든지 그저 도둑질은 하지 말아라, 알았쟈."

그런데 도둑질을 하고 만 것이다. 하지만 수남이는 스스로 그것은 결코 도둑질이 아니었다고 변명을 한다.

그런데 왜 그때, 그렇게 떨리고 무서우면서도 짜릿하니 기분이 좋았던 것인가? 문제는 그때의 그 쾌감이었다. 자기 내부에 도사린 부도덕성이었다. 오늘 한 짓이 도둑질이 아닐지 모르지만 앞으로 도둑질을 할지도 모르겠다는 생각이 들었다. 형의 일이 자기와 정녕 무관한 일이 아니란 생각이 들었다.

소년은 아버지가 그리웠다. 도덕적으로 자기를 견제해 줄 어른이 그리웠다. 주인 영감님은 자기가 한 짓을 나무라기는커녕 손해 안 난 것만 좋아서 "오늘 운 텄다."라고 좋아하지 않았던가.

수남이는 짐을 꾸렸다. 아아, 내일도 바람이 불었으면. 바람이 물결치는 보리밭을 보았으면.

마침내 결심을 굳힌 수남이의 얼굴은 누런 똥빛이 말끔히 가시고, 소년다운 청순함으로 빛났다.

7 윗글에서 수남이가 고향으로 내려가는 짐을 꾸린 이유로 적절한 것은?

① 형 대신 가족들의 생계를 책임져야 했기 때문이다.

② 서울에서는 많은 돈을 모을 수 없다고 생각했기 때문이다.

③ 자전거를 훔친 것이 금방 탄로 날 것을 걱정했기 때문이다.

④ 이기적이고 물질적으로 변해 가는 자신을 발견했기 때문이다.

⑤ 고향에 있는 가족들에게 무서우면서도 짜릿했던 경험을 알려 주고 싶었기 때문이다.

8 〈보기〉는 윗글에 대한 비평의 일부이다. 이를 참고하여 윗글을 감상한 내용으로 적절하지 <u>않은</u> 것은?

> 〈보기〉
>
> 이 소설에서 '누런 똥빛'은 도덕성을 잃어버리고 물질적인 이익만을 좇는 사람들의 모습을 상징적으로 드러내고 있다. 그 대표적인 인물이 주인 영감, 신사, 수남과 수남이의 형이다. 이런 인물들을 통해 1970년대에 산업화와 도시화가 급속하게 진행되면서 형성된, 물질적인 가치를 중시하는 사회적 분위기를 잘 반영하고 있다.

① 수남이의 형이나 주인 영감은 모두 물질 만능의 가치관을 가진 인물이라고 할 수 있겠어.

② 주인 영감과 같은 시대를 살아가는 수남이의 아버지도 '누런 똥빛'의 얼굴일 것이라고 추측할 수 있겠어.

③ 수남이의 얼굴에서 '누런 똥빛'이 말끔히 가셨다는 것은 수남이의 도덕성이 회복된다는 것을 나타내는 거야.

④ '누런 똥빛'이라는 말이 주는 부정적인 느낌을 통해 작가가 가진 물질주의에 대한 부정적 인식을 엿볼 수 있어.

⑤ 수남이가 서울을 떠나 고향으로 돌아가는 것은 '누런 똥빛'으로 상징되는 부정적 세계에서 벗어나는 것을 의미하는군.

9 ㉠에서 알 수 있는 수남이의 심리 상태와 어울리는 한자 성어로 적절한 것은?

① 좌정관천(坐井觀天) ② 두문불출(杜門不出)

③ 안하무인(眼下無人) ④ 좌불안석(坐不安席)

⑤ 표리부동(表裏不同)

속담·한자 성어 익히기

• **좌정관천** 사람의 견문(見聞)이 매우 좁음을 이르는 말.

• **두문불출** 집에서 은거하면서 관직에 나가지 아니하거나 사회의 일을 하지 아니함을 비유적으로 이르는 말.

• **안하무인** 방자하고 교만하여 다른 사람을 업신여김을 이르는 말.

• **좌불안석** 마음이 불안하거나 걱정스러워서 한군데에 가만히 앉아 있지 못하고 안절부절못하는 모양을 이르는 말.

• **표리부동** 겉으로 드러나는 언행과 속으로 가지는 생각이 다름.

인물의 특징

1 주요 인물의 특징을 다음과 같이 정리할 때, 빈칸에 들어갈 내용을 써 보자.

수남	주인 영감	( )
시골에서 서울로 상경하여 청계천의 세운 상가 전기용품 도매상에서 일하는 소년으로 성실하고 ( ) 인물	금전적인 이익을 중시하는 인물로 겉으로는 수남이를 위하는 척 하지만 속으로는 ( ) 한 인물	수남이의 자전거 때문에 흠집이 난 자동차의 주인으로 냉정하고 계산적인 인물

소설의 갈등

2 수남이가 겪은 갈등과 그 해결 과정을 정리하여 빈칸에 들어갈 내용을 써 보자.

외적 갈등

수남 ↔ ×× 상회 주인	갈등의 해결
×× 상회 주인은 수남이에게 물건 대금을 주지 않으려 하고, 수남이는 물건 대금을 악착같이 받으려고 함.	수남이가 끈질기게 버티고 서서 물건 대금이 은행 막을 돈이라고 거짓말을 하자 ×× 상회 주인이 더 이상 못 버티고 수남이에게 물건 대금을 줌.

수남 ↔ 신사	갈등의 해결
수남이의 ( )가 바람에 쓰러지면서 신사의 자동차에 흠집을 내었고, 흠집을 발견한 신사가 수남이에게 수리비를 요구함.	신사는 수남이가 수리비를 치를 때까지 자전거를 보관해 두겠다며 자전거 바퀴에 자물쇠를 채워 버리지만, 수남이는 자전거를 들고 ( ).

내적 갈등

수남 자신	갈등의 해결
신사가 자동차 수리비를 요구하며 자전거에 자물쇠를 채우자 수남이는 자전거를 들고 도망치며 쾌감을 느꼈는데, 이러한 자신의 행동이 도둑질인지, 도둑질이 아닌지 고민함.	수남이는 자신이 낮에 자전거를 들고 도망칠 때 느낀 쾌감이 자기 내부에 도사린 부도덕성이라고 생각해서 도덕적으로 자기를 견제해 줄 어른인 ( ) 가 있는 고향으로 떠나기로 결심함.

소설의 주제

3 이 소설의 주제를 정리하여 빈칸에 들어갈 내용을 써 보자.

주제	( ) 이익만을 추구하는 도시 사람들에 대한 비판

세운 상가의 역사

세운 상가의 역사는 일제 강점기까지 거슬러 올라갑니다. 일제는 공중 무기인 소이탄 투하에 대비하기 위해 청계천을 따라 동서로 곧게 뻗은 소개(공습이나 화재 따위에 대비하여 한곳에 집중되어 있는 주민이나 시설물을 분산함.) 도로를 만들었지만, 완공 후 두 달 뒤 패망하여 그 자리에 한국 전쟁 피란민들이 판잣집을 짓기 시작하였습니다. 당시 도심 재개발 사업의 일환으로 1967년부터 1972년까지 이곳에 세운 상가가 건립되었으며, 이는 세운, 현대, 청계, 대림, 삼풍, 풍전, 신성, 진양 상가를 통틀어 지칭하는 이름이었습니다. 8개의 상가 중 특히 세운 상가는 준공 당시 국내 최초의 주상 복합 건물로 서울에서 보고 들을 수 있는 모든 것을 다 갖춘 상가이자 고급 아파트였기 때문에 당시 재력가와 권력가들이 모여 살기도 하였습니다.

1960년대에는 라디오와 오디오 기기의 조립 및 수리가 중심이었고, 1970~1980년대에는 텔레비전 판매와 수리가 주요한 업종이었습니다. 이에 따라 예비 기술자들이 이 지역으로 모여들었으며, 교육과 취업, 창업 등이 활발히 일어나게 되었습니다. 특히 1980년대에는 개인용 컴퓨터의 보급이 확산됨에 따라 당시 오락 문화 확산에 이바지하기도 하였습니다. 하지만 1980년대에 강남 개발이 본격화되고, 1990년대 용산과 강변에 대형 전자 상가가 생기면서 세운 상가는 쇠락의 길에 접어들었습니다. 하지만 현재에도 기술력을 바탕으로 각종 기기를 제작하거나 수리하는 업체들이 자리를 지키고 있으며, 세운 상가 재생 사업 또한 추진되고 있습니다.

▲세운 상가 전경

다음에 대한 자신의 생각을 찬성 또는 반대의 입장을 정하여 정리해 보자.

> 자전거를 들고 도망친 수남이의 행동은 부도덕한 행동이다.

03 사랑손님과 어머니 | 주요섭

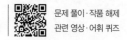

◈ 전체 줄거리

발단	낯선 아저씨, '나'의 집에서 하숙하다	"나는 이 낯선 손님이 사랑방에 계시게 된다는 말을 듣고 갑자기 즐거워졌습니다." '나'는 금년 여섯 살이고 이름은 박옥희이다. 아버지는 '나'가 이 세상에 나오기 한 달 전에 돌아가셔서 지금은 엄마, 외삼촌과 함께 살고 있다. 어느 날 큰외삼촌께서 낯선 아저씨를 모시고 왔고, '나'의 집 사랑방에 하숙하기로 한다.
전개	'나', 아저씨가 아빠면 좋겠다고 생각한다	"난 아저씨가 우리 아빠래문 좋겠다." / "그런 소리 하문 못써." '나'는 그 아저씨가 꼭 마음에 들었고, 점점 가까운 사이가 된다. 아저씨와 뒷동산에 올라갔다 온 날 '나'는 아저씨에게 아저씨가 우리 아빠면 좋겠다고 말하자 아저씨는 몹시 성이 난 것처럼 그런 소리를 하면 안 된다고 말한다.
위기	아저씨와 어머니, 서로를 의식하다	"옥희야, 너 이 꽃 이야기 아무보구두 하지 말아라, 응." 예배당에서 어머니와 아저씨는 서로를 의식하여 당황하고 부끄러워한다. 며칠 후 '나'가 유치원을 마치고 집에 왔을 때, 어머니가 '나'를 기다리지 않은 것이 기분 나빠 벽장에 숨었다 잠이 든다. '나'가 없어진 것으로 여긴 어머니는 자신을 자책하며 운다. 이튿날 어머니께 미안한 마음이 든 '나'는 어머니께 꽃을 가져다 드리며 사랑 아저씨가 준 것이라고 거짓으로 말하자 어머니는 당황하며 고민에 빠진다.
절정	어머니, 고민 끝에 아저씨에게 편지를 전하다	"응, 그래, 옥희 엄마는 옥희 하나문 그뿐이야. 세상 다른 건 다 소용없어, 우리 옥희 하나문 그만이야. 그렇지, 옥희야." 아저씨의 편지를 읽고 아저씨의 마음을 알게 된 어머니는 아버지의 옷들을 꺼내어 쓸어 보고, '나'와 기도를 하며 아저씨에 대한 감정을 억누른다. 어머니는 '나'의 장래를 걱정하며 아저씨와의 감정을 정리하기 위해 아저씨에게 자신의 뜻을 전달한다.
결말	어머니, 아저씨를 떠나보내다	"저 우리 엄마 얼굴을 좀 봐라. 어쩌문 저리두 새파래졌을까? 아마 어디가 아픈가 보다." 여러 날이 지난 후 아저씨는 짐을 꾸려 기차를 타고 떠나기로 하고, 어머니는 아저씨에게 마지막으로 삶은 달걀을 전달한다. 그날 오후 어머니와 '나'는 뒷동산에 올라 아저씨가 타고 떠나는 기차를 바라본다. 집으로 온 어머니는 늘 열어 두었던 풍금 뚜껑을 닫고, 마른 꽃송이를 버리고 달걀 장수에게 더 이상 달걀을 사지 않는다고 말한다.

✖ 시험에 꼭 나오는 핵심 장면

옥희가 자신과 가족을 소개하는 장면

(왜 자주 출제되는가?) 이 장면은 옥희가 자신과 가족들을 소개하는 장면이야. 이 소설은 서술자가 어린아이라는 매우 중요한 특징을 가지고 있는 작품이지. 옥희는 여섯 살이지만 자신을 '처녀 애'라고 하면서 제법 어른인 것처럼 말하고 있어. 이후에 사건이 전개되면서 옥희는 엉뚱한 행동을 하기도 하지만 어머니를 위로하기도 하는 등 어른스러운 모습을 보이기도 하지. 이 장면은 옥희, 즉 서술자의 특징이 잘 드러나고 사건 전개 방향이 드러난다는 점에서 시험에 자주 출제돼.

어머니와 옥희가 떠나는 기차를 바라보는 장면

(왜 자주 출제되는가?) 이 장면은 어머니와 옥희가 사랑손님을 배웅하는 장면이야. 어머니와 사랑손님은 서로 호감을 가지고 있었지만 결국 사회적 관습의 벽을 넘지 못했지. 사랑손님이 떠난 후 집에 돌아온 어머니는 사랑손님에 대한 마음이 담긴 물건들을 정리하지. 이런 모습이 어린아이인 옥희의 눈을 통해 전달되어서 인물들의 안타까운 마음이 잘 드러나고 주제와 함께 옥희의 서술자로서의 역할도 잘 드러나기 때문에 시험에 자주 출제돼.

🏳 간단 확인

■ 정답과 해설 6쪽

다음을 읽고 이 글의 내용과 일치하면 ○, 일치하지 않으면 ✕를 표시해 보자.

1 '나'(옥희)의 아버지는 '나'가 태어나기 한 달 전에 돌아가셨다. ································· (　　)
2 '나'는 아저씨와 어머니가 서로 호감을 가지고 있다는 사실을 눈치챘다. ··············· (　　)
3 어머니는 '나'를 생각하여 결국 아저씨에 대한 감정을 정리한다. ····························· (　　)
4 '나'와 어머니는 아저씨와 헤어진 슬픔에서 헤어나지 못한다. ································· (　　)

사랑손님과 어머니

발단 - 전개 - 위기 - 절정 - 결말

여섯 살 난 '나'(옥희)가 자신의 집 사랑방에 아저씨가 하숙할 거라는 사실을 알게 되는 상황이다.

주요섭(1902~1972)
일제강점기의 소설가, 언론인, 영문학자이다. 작품으로는 「추운 밤」, 「인력거꾼」 등이 있다.

| 작품 개관 |
· **갈래:** 현대 소설, 단편 소설, 순수 소설
· **성격:** 서정적, 애상적
· **시점:** 1인칭 관찰자 시점
· **배경:** 1930년대, 시골의 작은 마을

코빼기 코를 속되게 이르는 말.
예사 보통 있는 일.
과부 남편을 잃고 혼자 사는 여자.
동리 주로 시골에서, 여러 집이 모여 사는 곳.
추수 가을에 익은 곡식을 거두어들임.
사랑방 집의 안채와 떨어져 있는, 바깥주인이 거처하며 손님을 접대하는 방.

나는 금년 여섯 살 난 처녀 애입니다. 내 이름은 박옥희이구요. 우리 집 식구라고는 세상에서 제일 이쁜 우리 어머니와 단 두 식구뿐이랍니다. 아차 큰일 났군, 외삼촌을 빼놓을 뻔했으니. / 지금 중학교에 다니는 외삼촌은 어디를 그렇게 싸돌아다니는지 집에는 끼니때나 외에는 별로 붙어 있지를 않으니까 어떤 때는 한 주일씩 가도 외삼촌 코빼기도 못 보는 때가 많으니까요, 깜빡 잊어버리기도 예사지요, 무얼.

우리 어머니는, 그야말로 세상에서 둘도 없이 곱게 생긴 우리 어머니는, 금년 나이 스물네 살인데 과부랍니다. 과부가 무엇인지 나는 잘 몰라도 하여튼 동리 사람들은 날더러 '과부 딸'이라고들 부르니까 우리 어머니가 과부인 줄을 알지요. 남들은 다 아버지가 있는데 나만은 아버지가 없지요. 아버지가 없다고 아마 '과부 딸'이라나 봐요.

외할머니 말씀을 들으면 우리 아버지는 내가 이 세상에 나오기 한 달 전에 돌아가셨대요. 우리 어머니하고 결혼한 지는 일 년 만이고요. 〈중략〉 아버지가 살아 계시다면 참말로 이 세상에서 제일가는 잘난 아버지일 거야요. 그런 아버지를 보지도 못한 것은 참으로 분한 일이야요. 그 사진도 본 지가 퍽 오래되었는데, 이전에는 그 사진을 늘 어머니 책상 위에 놓아두시더니 외할머니가 오시면 오실 때마다 그 사진을 치우라고 늘 말씀하셨는데, 지금은 그 사진이 어디 있는지 없어졌어요. 언젠가 한번 어머니가 나 없는 동안에 몰래 장롱 속에서 무엇을 꺼내 보시다가 내가 들어오니까 얼른 장롱 속에 감추는 것을 내가 보았는데, 그것이 아마 아버지 사진인 것 같았어요.

아버지가 돌아가시기 전에 우리가 먹고살 것을 남겨 놓고 가셨대요. 작년 여름에, 아니로군, 가을이 다 되어서군요. 하루는 어머니를 따라서 저 여기서 한 십 리나 가서 조그만 산이 있는 데를 가서 거기서 밤도 따 먹고 또 그 산 밑에 초가집에 가서 닭고깃국을 먹고 왔는데, 거기 있는 땅이 우리 땅이래요. 거기서 나는 추수로 밥이나 굶지 않게 된다고요. 그래도 반찬 사고 과자 사고 할 돈은 없대요. 그래서 어머니가 다른 사람의 바느질을 맡아서 해 주지요. 바느질을 해서 돈을 벌어서 그걸로 청어도 사고 달걀도 사고 또 내가 먹을 사탕도 사고 한다고요. / 그리고 우리 집 정말 식구는 어머니와 나와 단둘뿐인데 아버님이 계시던 사랑방이 비어 있으니까 그 방도 쓸 겸 또 어머니의 잔심부름도 좀 해 줄 겸 해서 우리 외삼촌이 사랑방에 와 있게 되었대요.

금년 봄에는 나를 유치원에 보내 준다고 해서 나는 너무나 좋아서 동무 아이들한테 실컷 자랑을 하고 나서 집으로 돌아오노라니까 사랑에서 큰외삼촌이(우리 집 사랑에 와 있는 외삼촌의 형님 말이야요.) 웬 낯선 사람 하나와 앉아서 이야기를 하고 있었습니다. 큰외삼촌이 나를 보더니 "옥희야." 하고 부르겠지요. 〈중략〉

"옥희야, 이리 온, 응! 그 눈은 꼭 아버지를 닮았네그려."/ 하고 낯선 손님이 말합니다.

"자, 옥희야, 커단 처녀가 왜 저 모양이야. 어서 와서 이 아저씨께 인사드려라. 너의 아버지의 옛날 친구신데 오늘부터 이 사랑에 계실 텐데 인사 여쭙고 친해 두어야지."

1 윗글에 대한 설명으로 적절하지 <u>않은</u> 것은?

① 어린아이를 서술자로 내세우고 있다.

② 문어체를 사용하여 서술자의 특징이 잘 드러나고 있다.

③ 서술자가 자신의 처지에 대해 자세하게 설명하고 있다.

④ 새로운 인물의 등장을 통해서 사건이 시작됨을 알려 주고 있다.

⑤ 서술자의 눈에 비친 인물의 행동을 통해 인물의 성격을 간접적으로 제시하고 있다.

2 윗글과 〈보기〉를 감상한 내용으로 적절한 것은?

> ┌─────── 보기 ───────┐
> 비 오자 장독간에 봉선화 반만 벌어
> 해마다 피는 꽃을 나만 두고 볼 것인가
> 세세한 사연을 적어 누님께로 보내자
> ─ 김상옥, 「봉선화」

① 윗글의 '아버지'와 〈보기〉의 '누님'은 그리움의 대상이군.

② 윗글의 '아버지 사진'과 〈보기〉의 '봉선화'는 모두 그리움의 대상이군.

③ 윗글의 '할머니'와 〈보기〉의 '비'는 그리움이라는 감정을 억제하는 소재군.

④ 윗글의 '아버지 사진'과 〈보기〉의 '누님'은 그리움의 매개체라고 할 수 있어.

⑤ 윗글의 '책상'과 〈보기〉의 '장독간'은 그리움과 직접적으로 연관된 공간이군.

 3 옥희와 관련된 정보를 정리한 내용 중에서 밑줄 친 단어의 사용이 적절하지 <u>않은</u> 것은?

① 옥희의 어머니는 <u>청상과부(靑孀寡婦)</u>이다.

② 옥희의 외삼촌은 성격이 <u>자유분방(自由奔放)</u>하다.

③ 옥희의 어머니는 <u>삯바느질</u>을 해서 살림에 보태고 있다.

④ 옥희네는 조그만 산을 가지고 농사도 짓는 <u>소작농(小作農)</u>이다.

⑤ 옥희가 어머니의 뱃속에 있을 때 아버지가 돌아가셨으므로 <u>유복녀(遺腹女)</u>이다.

발단 - 전개 - **위기** - 절정 - 결말

예배당에 다녀온 뒤, 얼마 후 유치원에서 돌아오는 자신을 기다리지 않은 엄마에게 화가 난 '나'가 엄마를 골리기 위해 벽장에 숨는 상황이다.

"엄마하고 예배당에 가." / "예배당에?"

하고 나서 아저씨는 잠시 나를 멍하니 바라다보더니,

"어느 예배당에?" / 하고 물었습니다.

"요 앞에 예배당에 가지 뭐." / "응? 요 앞이라니?"

이때 안에서, / "옥희야." 하고 부드럽게 부르는 어머니 목소리가 들리었습니다. 나는 얼른 안으로 뛰어 들어오면서 돌아다보니까, 아저씨는 또 얼굴이 빨갛게 성이 났겠지요. 내 원, 참으로 무슨 일로 요새는 아저씨가 그렇게 성을 잘 내는지 알 수 없었습니다.

예배당에 가서 찬미하고 기도하다가 기도하는 중간에 갑자기 나는, '혹시 아저씨두 예배당에 오지 않았나?' 하는 생각이 나서 눈을 뜨고 고개를 들어 남자석을 바라다보았습니다. 그랬더니 하, 바로 거기에 아저씨가 와 앉아 있겠지요. 그런데 아저씨는 어른이면서도 눈 감고 기도하지 않고 우리 아이들처럼 눈을 번히 뜨고 여기저기 두리번두리번 바라봅니다.

[A]
나는 얼른 아저씨를 알아보았는데 아저씨는 나를 못 알아보았는지 내가 방그레 웃어 보여도 웃지도 않고 멀거니 보고만 있겠지요. 그래 나는 손을 흔들었지요. 그러니까 아저씨는 얼른 고개를 숙이고 말더군요. 그때에 어머니가 내가 팔 흔드는 것을 깨닫고 두 손으로 나를 붙들고 끌어당기더군요. 나는 어머니 귀에다 입을 대고,

"저기 아저씨도 왔어."

하고 속삭이니까 어머니는 흠칫하면서 내 입을 손으로 막고 막 끌어 잡아다가 앞에 앉히고 고개를 누르더군요. 보니까 어머니가 또 얼굴이 홍당무처럼 빨개졌군요.

그날 예배는 아주 젬병이었어요. 웬일인지 예배 다 끝날 때까지 어머니는 성이 나서 강대만 향하여 앞으로 바라보고 앉았고, 이전 모양으로 가끔 나를 내려다보고 웃는 일이 없었어요. 그리고 아저씨를 보려고 남자석을 바라다보아도 아저씨도 한 번도 바라다보아 주지도 않고 성이 나서 앉아 있고, 어머니는 나를 보지도 않고 공연히 꼭꼭 잡아당기지요. 왜 모두들 그리 성이 났는지! 나는 그만 으아 하고 한번 울고 싶었어요. 그러나 바로 멀지 않은 곳에 우리 유치원 선생님이 앉아 있는 고로 울고 싶은 것을 아주 억지로 참았답니다.

내가 유치원에 입학한 후 처음 얼마 동안은 유치원에 갈 때나 올 때나 외삼촌이 바래다주었습니다. 그러나 여러 밤을 자고 난 뒤에는 나 혼자서도 넉넉히 다니게 되었어요. 그러나 언제나 내가 유치원에서 돌아오는 때면 어머니가 옆 대문(우리 집에는 대문이 사랑 대문과 옆 대문 둘이 있어서 어머니는 늘 이 옆 대문으로만 출입하시는 것이었습니다.) 밖에 기다리고 섰다가 내가 달음질쳐 가면, 안고 집 안으로 들어가곤 하는 것이었습니다.

그런데 하루는 어쩐 일인지 어머니가 대문간에 보이지를 않겠지요. 어떻게도 화가 나던지요. 물론 머릿속으로는, '아마 외할머니 댁에 가셨나 부다.' 하고 생각했지마는 하여튼 내가 돌아왔는데 문간에서 기다리지 않고 집을 떠났다는 것이 몹시 나쁘게 생각되더군요. 그래서 속으로, / '오늘 엄마를 좀 골려야겠다.' 하고 생각하고 있는데 옆 대문 밖에서,

"아이고, 얘가 원 벌써 왔나?"

번히 바라보는 눈매가 뚜렷하게.

멀거니 정신없이 물끄러미 보고 있는 모양.

젬병 형편없는 것을 속되게 이르는 말.

강대 책 따위를 올려놓고 강의나 설교를 할 수 있도록 만든 도구.

공연히 아무 까닭이나 실속이 없게.

골리다 상대편을 놀리어 약을 올리거나 골이 나게 하다.

하는 어머니 목소리가 들리더군요. 그 순간 나는 얼른 신을 벗어 들고 안방으로 뛰어 들어
가서 벽장문을 열고 그 속에 들어가서 숨어 버렸습니다.

4 윗글에 등장하는 옥희에 대한 설명으로 적절한 것은?

① 어른들의 심리를 정확하게 파악하고 있다.

② 엉뚱한 행동으로 갈등을 일으키고 사건을 만들고 있다.

③ 어른들의 세계를 관찰함으로써 정신적 성숙을 이루고 있다.

④ 자신을 중심으로 일어나는 사건을 주관적으로 전달하고 있다.

⑤ 두 인물 사이에서 서로의 감정을 교류하는 데 도움을 주고 있다.

5 〈보기〉는 어머니가 옥희에게 한 말이다. 이를 바탕으로 예배당에서의 어머니와 아저씨의
행동을 평가한 내용으로 적절한 것은?

보기

"옥희야, 옥희 아버지는 옥희가 세상에 나오기도 전에 돌아가셨단다. 옥희두 아빠가 없는
건 아니지. 그저 일찍 돌아가셨지. 옥희가 이제 아버지를 새로 또 가지면 세상이 욕을 한단
다. 옥희는 아직 철이 없어서 모르지만 세상이 욕을 한단다. 사람들이 욕을 해. 옥희 어머니
는 화냥년이다 이러구 세상이 욕을 해. 옥희 아버지는 죽었는데 옥희는 아버지가 또 하나
생겼대, 참 망측두 하지. 이러구 세상이 욕을 한단다. 그리되문 옥희는 언제나 손가락질 받
구. 옥희는 커두 시집두 훌륭한 데 못 가구. 옥희가 공부를 해서 훌륭하게 돼두, 에 그까짓
화냥년의 딸, 이러구 남들이 욕을 한단다."

① 두 사람은 자신의 감정을 솔직하게 표현하고 있군.

② 두 사람은 사회적 관습 때문에 소극적으로 행동하고 있어.

③ 두 사람은 사회적인 시선보다는 옥희의 눈을 더 의식하고 있어.

④ 어머니는 사회적 관습을 심하게 의식하지만 아저씨는 전혀 그렇지 않군.

⑤ 아저씨는 사회적 관습을 중시하고 어머니는 개인의 자유를 중시하고 있어.

어휘

6 [A]에 드러나는 어머니의 심정을 표현한 속담으로 적절한 것은?

① 갈수록 태산이다

② 가재는 게 편이다

③ 달면 삼키고 쓰면 뱉는다

④ 빈대 잡으려고 초가삼간 태운다

⑤ 호미로 막을 것을 가래로 막는다

속담·한자 성어 익히기

•갈수록 태산이다 갈수록
더욱 어려운 지경에 처하게
되는 경우를 비유적으로 이
르는 말.

•가재는 게 편이다 모양이
나 형편이 서로 비슷하고
인연이 있는 것끼리 서로
잘 어울리고, 사정을 보아
주며 감싸 주기 쉬움을 비
유적으로 이르는 말.

•달면 삼키고 쓰면 뱉는다
옳고 그름이나 신의를 돌보
지 않고 자기의 이익만 꾀함
을 비유적으로 이르는 말.

•빈대 잡으려고 초가삼간 태
운다 손해를 크게 볼 것을
생각하지 아니하고 자기에
게 마땅치 아니한 것을 없애
려고 그저 덤비기만 하는 경
우를 비유적으로 이르는 말.

•호미로 막을 것을 가래로
막는다 커지기 전에 처리
하였으면 쉽게 해결되었을
일을 방치하여 두었다가 나
중에 큰 힘을 들이게 된 경
우를 비유적으로 이르는 말.

　　그날 오후에 아저씨가 떠나간 다음 나는 방에서 아저씨가 준 인형을 업고 자장자장 잠을 재우고 있었습니다. 어머니가 부엌에서 들어오시더니,

　　"옥희야, 우리 뒷동산에 바람이나 쐬러 올라갈까?" / 하십니다.

　　"응, 가, 가." / 하면서 나는 좋아 덤비었습니다.

[A] 　잠깐 다녀올 터이니 집을 보고 있으라고 외삼촌에게 이르고 어머니는 내 손목을 잡고 나섰습니다.

　　"엄마, 나 저, 아저씨가 준 인형 가지고 가?" / "그러렴."

　　나는 인형을 안고 어머니 손목을 잡고 뒷동산으로 올라갔습니다. 뒷동산에 올라가면 정거장이 빤히 내려다보입니다.

　　"엄마, 저 정거장 봐. 기차는 없군."

　　어머니는 아무 말씀도 없이 가만히 서 계십니다. 사르르 바람이 와서 어머니 모시˙ 치맛자락을 산들산들 흔들어 주었습니다. 그렇게 산 위에 가만히 서 있는 어머니는 다른 때보다도 더한층 이쁘게 보였습니다.

　　저편 산모퉁이에서 기차가 나타났습니다.

　　"아, 저기 기차 온다." / 하고 나는 좋아서 소리쳤습니다.

　　기차는 정거장에 잠시 머물더니 금시˙에 삑 하고 소리를 지르면서 움직였습니다.

　　"기차 떠난다." / 하면서 나는 손뼉을 쳤습니다. 기차가 저편 산모퉁이 뒤로 사라질 때까지, 그리고 그 굴뚝에서 나는 연기가 하늘 위로 모두 흩어져 없어질 때까지, 어머니는 가만히 서서 그것을 바라다보았습니다.

　　뒷동산에서 내려오자 어머니는 방으로 들어가시더니 이때까지 뚜껑을 늘 열어 두었던 풍금 뚜껑을 닫으십니다. 그러고는 거기에 쇠를 채우고 그 위에다가 이전 모양으로 반짇그릇을 얹어 놓으십니다. 그러고는 그 옆에 있는 찬송가를 맥없이 들고 뒤적뒤적하시더니 빼빼 마른 꽃송이를 그 갈피에서 집어내시더니,

　　"옥희야, 이것 내다 버려라." / 하고 그 마른 꽃을 내게 주었습니다. 그 꽃은 내가 유치원에서 갖다가 어머니께 드렸던 그 꽃입니다. 그러자 옆 대문이 삐꺽하더니,

　　"달걀 사소." / 하고 매일 오는 달걀 장수 노친네가 달걀 광주리를 이고 들어왔습니다.

　　"인젠 우리 달걀 안 사요. 달걀 먹는 이가 없어요."

하시는 어머니 목소리는 맥이 한 푼어치도 없었습니다.

　　나는 어머니의 이 말씀에 놀라서 떼를 좀 써 보려 했으나 석양˙에 빤히 비치는 어머니 얼굴을 볼 때 그 용기가 없어지고 말았습니다. 그래서 아저씨가 주신 인형 귀에다가 내 입을 갖다 대고 가만히 속삭이었습니다.

　　"얘, 우리 엄마가 거짓부리˙ 썩 잘하누나. 내가 달걀 좋아하는 줄 잘 알문성 생 먹을 사람이 없대누나. 떼를 좀 쓰구 싶다만 저 우리 엄마 얼굴을 좀 봐라. ㉠어쩌문 저리두 새파래졌을까? 아마 어디가 아픈가 보다." / 라고요.

모시 모시풀 껍질의 섬유로 짠 피륙. 베보다 곱고 빛깔이 희며 여름 옷감으로 많이 쓰인다.

금시 바로 지금.

석양 저녁때의 햇빛. 또는 저녁때의 저무는 해.

거짓부리 '거짓말'을 속되게 이르는 말.

7 윗글에 나타난 어머니의 행동을 설명한 내용으로 적절하지 <u>않은</u> 것은?

① 어머니는 아저씨가 떠났기 때문에 달걀을 사지 않았다.

② 어머니는 사랑의 감정을 거두면서 풍금의 뚜껑을 닫았다.

③ 어머니는 옥희가 상처를 받을까 봐 의도적으로 거짓말을 했다.

④ 어머니는 아저씨가 떠나는 모습을 보기 위해 뒷동산에 올라갔다.

⑤ 어머니는 아저씨에 대한 마음을 정리하기 위해 찬송가 갈피의 꽃을 버렸다.

 8 〈보기〉는 [A] 부분을 서술자를 바꾸어 다시 쓴 것이다. 이에 대한 설명으로 적절하지 <u>않은</u> 것은?

개념➕ 소설 감상하기

소설을 감상할 때 서술자(말하는 이)가 누구인지, 서술자가 대상을 어떻게 보고 말하는지, 작품 속 세계가 어떤 관점으로 전달되고 있는지를 주제와 관련지어 파악하면 소설을 깊이 있게 수용할 수 있음.

보기

그날 오후에 사랑손님이 떠나고 얼마 안 되어 누님의 힘없는 목소리가 들렸다.
"옥희야, 우리 뒷동산에 바람이나 쐬러 올라갈까?"
"응, 가, 가."
"잠깐 다녀올 터이니 집 좀 보고 있으렴."
누님은 내게 말하고는 옥희의 손목을 잡고 집을 나섰다.
"엄마, 나 저, 아저씨가 준 인형 가지고 가?"
옥희는 사랑손님이 주고 간 인형까지 챙겼다.
뒷동산에서는 기차 정거장이 내려다보이는데, 아마 누님은 기차를 타고 떠나는 사랑손님을 마지막으로 배웅하고 싶은 것이리라. 옥희와 함께 집을 나서는 누님의 뒷모습이 왠지 쓸쓸하게 느껴졌다.

① 〈보기〉의 서술자는 윗글의 서술자에 비해 상황을 더 잘 알고 있다.

② 〈보기〉에 비해 윗글의 서술자는 어머니의 마음을 더 잘 알고 있다.

③ 윗글은 〈보기〉에 비해 어머니와 아저씨의 사랑이 순수하게 느껴진다.

④ 〈보기〉는 외삼촌의 관점에서, 윗글은 옥희의 관점에서 서술되고 있다.

⑤ 윗글은 천진난만한 분위기를 드러내지만, 〈보기〉는 쓸쓸한 분위기가 강조된다.

9 ㉠에서 짐작할 수 있는 어머니의 심리와 거리가 <u>먼</u> 것은?

① 슬픔　　② 괴로움　　③ 애달픔　　④ 안타까움　　⑤ 혼란스러움

(인물의 특징)

1 주요 인물의 특징을 다음과 같이 정리할 때, 빈칸에 들어갈 내용을 써 보자.

'나'(옥희)	어머니	아저씨
(　　　　　) 살의 밝고 명랑한 소녀임. 아저씨에게서 아버지의 정을 느끼고 가깝게 지냄.	옥희의 어머니로 온화하고 단정한 성격을 가진 젊은 (　　　　　)임. 아저씨에게 호감을 가짐.	돌아가신 옥희 아버지의 친구로 점잖고 (　　　　　) 성품을 지님. 어머니에게 호감을 가짐.

(소설의 주제)

2 등장인물이 겪은 갈등과 그 해결 과정을 바탕으로 이 소설의 주제를 정리하여 빈칸에 들어갈 내용을 써 보자.

내적 갈등(어머니)		외적 갈등(개인과 사회)	
전통적 윤리관, (　　　　　)의 미래 ↔ 아저씨에 대한 사랑		서로에게 관심과 애정을 갖게 됨. ↔ 여성의 개가(재가)를 (　　　　　)으로 바라봄.	

갈등의 해결

어머니가 사랑손님의 사랑을 거절하고, 사랑손님이 떠남.

▼

주제	어머니와 사랑손님의 (　　　　　)과 이별

(서술자의 특징)

3 이 소설에 등장하는 서술자의 특징과 그 효과를 정리하여 빈칸에 들어갈 내용을 써 보자.

서술자의 특징	서술자가 (　　　　　)이기 때문에 상황을 이해하지 못하여 인물의 행동에 담긴 의도와 심리를 오해하여 전달함.

▼

효과	• 통속적으로 느낄 수 있는 작품의 주제를 좀 더 순수하고 아름답게 전달함. • 어린아이가 상황을 이해하지 못하고 말한 내용을 상상하며 읽거나 의미를 분석하며 읽는 재미를 줌.

깊이 읽기

소설 속 어린 서술자

소설 작품에는 말하는 이, 즉 서술자가 있습니다. 서술자는 작품 안에서 이야기를 전달하는 경우도 있고, 작품 밖에서 이야기를 전달하는 경우도 있습니다. 서술자가 작품 안에서 이야기를 전달하는 경우에는 작품 속 주인공인 '나'가 자신이 겪은 일을 전달하기도 하고, 작품 속 주변 인물인 '나'가 관찰자의 입장에서 중심인물에 대한 이야기를 전달하기도 합니다. 서술자가 작품 밖에서 이야기를 전달하는 경우에는 작품 밖의 서술자가 마치 신(神)과 같이 등장인물의 말과 행동, 심리 변화까지 파악하여 전달하기도 하고, 관찰자의 입장에서 등장인물과 사건 등을 관찰하여 서술하기도 합니다.

「사랑손님과 어머니」의 서술자는 작품 속에서 이야기를 전달하는 '나'(옥희)입니다. 이 작품에서와 같이 어린 서술자가 등장할 경우 서술자는 자신의 눈에 비친 세계만을 전달하는 경우가 많아 서술의 폭이 제한적이고, 다른 등장인물의 심리를 정확하게 이해하지 못하기도 합니다. 또한 상황을 제대로 파악하지 못한 채 사건과 인물의 심리를 전달하기도 합니다. 이처럼 어린 서술자가 내용을 전달하는 데에는 한계가 있지만 이로 인해 다른 효과를 볼 수도 있습니다. 상황을 제대로 이해하지 못하는 어린 서술자의 천진난만한 말투로 독자들의 웃음을 자아낼 수도 있고, 자칫 통속적일 수 있는 어른들의 이야기를 순수하고 아름답게 느껴지게 할 수도 있습니다. 그리고 서술자가 어리기 때문에 이해할 수 없는 내용을 독자 스스로 상상하며 작품을 감상하는 즐거움을 주기도 하는 것이 그러한 예입니다.

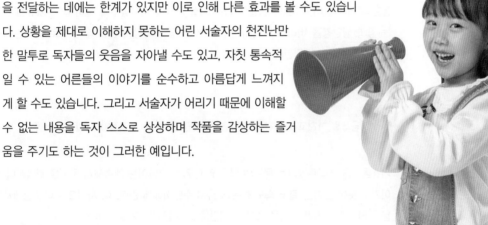

사고력 키우기

다음은 옥희 어머니가 옥희에게 한 말이다. 이 말 속에 담긴 어머니의 가치관에 대한 자신의 생각을 정리해 보자.

> "응, 그래. 옥희 엄마는 옥희 하나면 그뿐이야. 세상 다른 건 다 소용없어. 우리 옥희 하나면 그만이야. 그렇지, 옥희야."

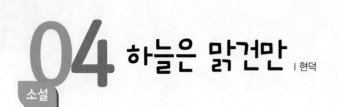

04 소설 하늘은 맑건만 | 현덕

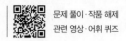

문제 풀이·작품 해제
관련 영상·어휘 퀴즈

✿ 전체 줄거리

발단

문기, 너무 많은 거스름돈을 받다

"문기는 집을 향해 돌아가면서도 연신 고개를 기웃거리며 그 일을 생각하였다. 내가 잘못 본 것인가, 고깃간 주인이 잘못 본 것인가 하고."

문기는 자신이 숨겨 둔 공과 쌍안경이 사라져 불안해한다. 며칠 전 문기는 숙모의 심부름으로 고깃간에 갔다가 거스름돈으로 지전 아홉 장과 은전 몇 닢을 받아 집으로 향한다.

전개

문기, 자신의 행동이 잘못된 것임을 깨닫다

"문기는 삼거리 고깃간을 향해 갔다. 그리고 골목으로 돌아가 나머지 돈을 종이에 싸서 담 너머로 그 집 안마당을 향해 던졌다."

문기가 수만이에게 거스름돈 이야기를 하자 수만이는 문기를 꼬여 물건도 사고 군것질도 한다. 그러나 문기는 거스름돈으로 산 물건들을 삼촌에게 들켜 훈계를 받고, 자신을 길러 준 삼촌의 기대에 어긋나는 행동을 했다는 사실 때문에 생각할수록 낯이 더 뜨거워진다. 문기는 공과 쌍안경을 버리고 나머지 돈을 고깃간 집 안마당에 던진 후 앞으로 다시는 허물을 범하지 않겠다고 다짐한다.

위기

문기, 수만이에게 협박을 받아 돈을 훔치다

"너, 지금으로 가지고 나오지 않으면 낼은 가만 안 둔다. 도적질했다 하구 똑바루 써 놓을 테야."

거스름돈을 돌려주었다는 문기의 말을 믿지 않는 수만이는 계속해서 문기를 협박한다. 이를 이기지 못한 문기는 결국 숙모의 돈을 훔쳐 수만이에게 준다. 이 사건으로 아랫집에서 심부름을 하는 점순이가 누명을 쓰고, 죄책감을 느낀 문기는 괴로워한다.

절정

양심의 가책을 느끼던 문기, 교통사고를 당하다

"언제나 다름없이 하늘은 맑고 푸르건만 문기는 어쩐지 그 하늘조차 쳐다보기가 두려워졌다. 자기는 감히 떳떳한 얼굴로 그 하늘을 쳐다볼 만한 사람이 못 된다 싶었다."

자신의 잘못을 부끄러워하던 문기는 자신의 잘못을 솔직하게 고백하기 위해 선생님을 찾아갔지만 결국 말하지 못하고 집으로 향한다. 문기는 숙모와 삼촌, 점순이에게 죄책감을 느끼며 삼거리를 건너던 중 교통사고를 당한다.

결말

문기, 잘못을 고백하고 죄책감에서 벗어나다

"내일도 해는 뜨고 하늘은 맑아지리라. 그리고 문기는 그 하늘을 떳떳이 마음껏 쳐다볼 수 있을 것이다."

문기는 삼촌에게 자신은 마땅히 받아야 할 벌을 받은 것이라 말하며, 지금까지 있었던 모든 잘못을 숨김없이 자백한다. 그러자 문기는 마음이 맑아지고 몸이 가뜬해지는 것을 느낀다.

✖ 시험에 꼭 나오는 핵심 장면

잘못된 거스름돈을 받은 문기가 수만이와 손이 맞는 장면

(왜 자주 출제되는가?) 이 장면은 문기와 수만이가 손이 맞는 장면이야. 문기는 잘못 받은 거스름돈을 들고 집으로 오다가 수만이를 만나게 돼. 수만이는 문기가 양심에 어긋나는 행동을 하도록 부추겨서 사건을 새로운 국면으로 이끌지. 문기는 잘못된 행동의 책임을 수만이의 탓으로 돌리지만, 수만이 역시 문기의 돈이므로 자기는 책임이 없다고 생각하기 때문에 마음이 맞게 돼. 이 부분은 앞으로 발생할 갈등의 실마리를 제공한다는 점에서 시험에 자주 출제돼.

숙모의 돈을 훔친 문기가 죄책감으로 괴로워하는 장면

(왜 자주 출제되는가?) 이 장면은 문기가 돈을 가져오라는 수남이의 협박에 못 이겨 붙장에서 숙모 돈을 훔친 후 갈등하는 장면이야. 게다가 자신 때문에 아랫집 심부름하는 아이 점순이가 도둑 누명을 쓴 것을 알고 심한 죄책감을 느끼지. 그리고 다음 날 수신 시간에 '정직'의 의미를 배우면서 선생님이 자신을 나무라는 느낌에 문기의 내적 갈등은 점점 심화돼. 이러한 문기의 내적 갈등은 이 소설의 주제와 밀접하게 연관되어 있기 때문에 시험에 자주 출제돼.

📒 간단 확인

■ 정답과 해설 8쪽

다음을 읽고 이 글의 내용과 일치하면 ○, 일치하지 않으면 ×를 표시해 보자.

1 문기는 숙모의 심부름으로 고깃간에 갔다가 잘못된 거스름돈을 받는다. ·········· (　　)

2 문기가 자신의 잘못을 깨닫고 거스름돈을 돌려주었다고 했지만 수만이는 이를 믿지 않는다. ·········· (　　)

3 문기는 선생님을 찾아가 지금까지 있었던 모든 일을 상세히 이야기한다. ·········· (　　)

4 문기는 삼촌에게 자신의 잘못을 고백했지만 끝내 죄책감에서 벗어나지 못한다. ·········· (　　)

04

하늘은 맑건만

발단 - 전개 - 위기 - 절정 - 결말

심부름을 갔던 문기가 고깃
간에서 잘못된 거스름돈을
받고, 수만이와 함께 그 돈
을 쓰는 상황이다.

현덕(1909~?)
본명은 현경윤이며, 소설가
이자 아동 문학가이다. 작품
으로 「나비를 잡는 아버지」,
「잣을 까는 집」 등이 있다.

| 작품 개관 |
· **갈래**: 현대 소설, 성장 소설
· **성격**: 교훈적, 사실적
· **시점**: 전지적 작가 시점
· **배경**: 1930년대, 어느 도시

◆
안반 떡을 칠 때 쓰는 두껍
고 넓은 나무 판.
빈탕 땅콩, 잣, 호두 따위와
같이 껍데기가 딱딱한 열매
가 속에 알맹이가 들어 있지
아니하고 빈 것. 또는 실속이
없는 것을 비유적으로 이르
는 말.
필시 아마도 틀림없이.
도시 아무리 해도. 또는 도
무지.
지전 종이에 인쇄를 하여 만
든 화폐.
둥구미 짚으로 둥글고 울이
깊게 결어 만든 그릇. 주로
곡식이나 채소 따위를 담는
데에 쓰인다.
은전 은으로 만든 돈.
활동사진 '영화'의 옛 용어.

중문 안 안반 뒤에 숨기어 둔 공이 간 데가 없다. 팔을 넣어 아무리 더듬어도 빈탕이다.
문기는 가슴이 두근거리기 시작하였다. / '혹 동네 아이들이 집어 갔을까?'

도리어 그랬으면 다행이다. ㉠만일에 그 공이 숙모 손에 들어가기나 했으면 큰일이다.

문기는 아무 일 없는 태도로 전일과 다름없이 안마당에서 화초분에 물을 준다. 그러면서
연신 숙모의 눈치를 살핀다. 숙모는 부엌에서 저녁을 짓는다. 마루로 부엌으로 오르고 내릴
때 얼굴이 마주치는 것이나, 문기는 자기를 보는 숙모 눈에 별다른 것이 없다 싶었다. 문기
는 차츰 생각을 고친다. / ㉡'필시 공은 거지나 동네 아이들이 집어 갔기 쉽지. 그렇잖으면
작은어머니가 알고 가만있을 리 있나.'

조금 후 문기는 아랫방으로 내려갔다. / 그리고 책상 서랍을 열어 보았을 때 문기는 또
좀 놀랐다. 서랍 속에 깊숙이 간직해 둔 쌍안경이 보이질 않는다. 그것뿐이 아니다. 서랍
안이 뒤죽박죽이고 누가 손을 댔음이 분명하다.

'인제 얼마 안 있으면 작은아버지가 회사에서 돌아오시겠지. 그리고 필시 일은 나고 말리
라.' / 문기는 책상 앞에 돌아앉아 책을 펴 들었다. 그러나 ㉢눈은 아물아물 가슴은 두근
두근 도시 글이 읽히질 않는다.

며칠 전 일이다. 문기는 저녁에 쓸 고기 한 근을 사 오라고 숙모에게 지전 한 장을 받았
다. 언제나 그맘때면 사람이 붐비는 삼거리 고깃간이다. 한참을 기다려서 문기 차례가 왔
다. 문기는 지전을 내밀었다. 뚱뚱보 고깃간 주인은 그 돈을 받아 둥구미에 넣고 천천히 고
기를 베어 저울에 단 후 종이에 말아 내밀었다. 그리고 그 거스름돈으로 지전 아홉 장과 그
위에 은전 몇 닢을 얹어 내주는 것이 아닌가. / 문기는 어리둥절하였다. 처음 그 돈을 숙모
에게 받을 때와 고깃간 주인에게 내밀 때까지도 일 원짜리로만 알았던 것이다. 문기는 돈과
주인을 의심스레 쳐다보았다. / 허나 그는 다음 사람의 고기를 베느라 분주하다.

문기는 주뼛주뼛하는 사이 사람에게 밀려 뒷줄로 나오고 말았다. 그러나 다시 생각하면
정말 숙모가 일 원짜리를 준 것인지 아닌지 모르겠다. 아니라면 도리어 큰일이 아닌가. 하여
튼 먼저 숙모에게 알아볼 일이었다. / 문기는 집을 향해 돌아가면서도 연신 고개를 기웃거리
며 그 일을 생각하였다. 내가 잘못 본 것인가, 고깃간 주인이 잘못 본 것인가 하고. 〈중략〉

수만이가 있다던 좋은 일이란 다른 것이 아니었다. 거리에서 보고 지내던 온갖 가지고
싶고 해 보고 싶은 가지가지를 한번 모조리 돈으로 바꾸어 보자는 것이다. 그러나 문기는

"돈을 쓰면 어떻게 되니?" / "염려 없어. 나 하는 대로만 해."

하고 머뭇거리는 문기 어깨에 팔을 걸고 수만이는 우쭐거리며 걸음을 옮긴다.

하긴 문기 또한 돈으로 바꾸고 싶은 것이 없지 않은 터, 그리고 ㉣수만이가 시키는 대로
하기만 하면 남이 하래서 하는 것이니까 어떻게 자기 책임은 없는 듯싶었다. 그리고 수만이
는 수만이대로 돈은 문기가 만든 돈, 나중에 무슨 일이 난다 하여도 자기 책임은 없으니까
또 안심이었다. 이래서 ⓐ두 소년은 마침내 손이 맞고 말았다.

그래도 ⓜ으슥한 골목을 걸을 때에는 알 수 없는 두려움에 가슴이 두근거리었으나 밝은 큰 한길로 나오자 차차 다른 기쁨으로 변했다. 길 좌우편 환한 상점 유리창 안의 온갖 것이 모두 제 것인 양, 손짓해 부르는 듯했다. 드디어 그들은 공을 샀다. 만년필을 샀다. 쌍안경을 샀다. 만화책을 샀다. 그리고 활동사진* 구경도 갔다. 다니며 이것저것 군것질도 했다.

1 윗글에 대한 설명으로 적절한 것을 〈보기〉에서 골라 바르게 짝지은 것은?

〈보기〉

ㄱ. 주인공이 자신의 이야기를 전달하고 있다.
ㄴ. 시대적 배경을 드러내는 단어가 사용되었다.
ㄷ. 서술자가 인물의 말과 행동, 심리까지 이야기하고 있다.
ㄹ. 주인공이 과거에 겪었던 사건에 대해서만 서술하고 있다.

① ㄱ, ㄴ   ② ㄱ, ㄷ   ③ ㄴ, ㄷ
④ ㄴ, ㄹ   ⑤ ㄷ, ㄹ

2 ㉠~ⓜ을 통해 추측할 수 있는 문기의 심리로 적절한 것은?

① ㉠: 문기는 수만이의 잘못을 대신 덮어쓸까 봐 초조해하고 긴장한다.
② ㉡: 문기는 불안감에서 벗어나기 위해 상황을 자기에게 유리하게 해석하려 한다.
③ ㉢: 문기는 제 물건을 건드린 사람이 숙모가 아닌 삼촌이면 좋겠다고 생각한다.
④ ㉣: 문기는 수만이가 책임을 자신에게 떠넘기려고 하는 것을 이미 알고 있다.
⑤ ⓜ: 문기는 수만이가 자신을 배신하고 혼자 돈을 다 쓸까 봐 걱정스럽다.

3 ⓐ의 상황을 나타내는 한자 성어로 알맞은 것은?

① 견원지간(犬猿之間)
② 사면초가(四面楚歌)
③ 오월동주(吳越同舟)
④ 의기투합(意氣投合)
⑤ 초지일관(初志一貫)

속담·한자 성어 익히기

• **견원지간** 사이가 매우 나쁜 두 관계를 비유적으로 이르는 말.

• **사면초가** 아무에게도 도움을 받지 못하는, 외롭고 곤란한 지경에 빠진 형편을 이르는 말.

• **오월동주** 서로 적의를 품은 사람들이 한자리에 있게 된 경우나 서로 협력하여야 하는 상황을 비유적으로 이르는 말.

• **의기투합** 마음이나 뜻이 서로 맞음.

• **초지일관** 처음에 세운 뜻을 끝까지 밀고 나감.

발단 - 전개 - 위기 - 절정 - 결말

삼촌께 훈계를 들은 문기는 죄책감을 덜기 위해 거스름돈으로 산 물건을 버리고 나머지 거스름돈을 고깃간 집 안마당에 던지지만, 이를 믿지 않는 수만이의 협박에 못 이겨 숙모의 돈을 훔쳐서 주는 상황이다.

삼촌은 상 밑에 있는 그 공을 굴려 내며,

"이거 웬 공이냐?" / "수만이가 준 공예요."

"이것두?" / 하고 삼촌은 무릎 밑에서 쌍안경을 꺼내 들었다.

"네." / "수만이란 얼마나 돈을 잘 ㉠쓰는 아인지 몰라두 이 공은 오십 전은 줬겠구나. 이건 못 줘두 일 원은 넘겨 줬겠구."

그리고 삼촌은 / "수만이란 뭣하는 집 아이냐?"

문기는 고개를 숙이고 앉아 말이 없다. 삼촌은 숭늉을 마시고 상을 물렸다.

"네 입으로 수만이가 줬다니 네 말이 옳겠지. 설마 네가 날 속이야 하겠니. 하지만 [A] 남이 준다고 아무것이고 덥적덥적 받는다는 것두 좀 생각해 볼 일이거든."

삼촌은 다시 말을 계속한다.

"말 들으니 너 요샌 저녁두 가끔 나가 먹는다더구나. 그것두 수만이에게 얻어먹는 거냐?" / 문기는 벌겋게 얼굴이 달아 수그리고 앉았다. 삼촌은 잠시 묵묵히 건너다만 보고 있더니 음성을 고쳐 엄한 어조로,

"어머님은 어려서 돌아가시구 아버지는 저 모양이시구, 앞으로 집안을 일으킬 사람은 너 하나야. 성실치 못한 아이들하고 어울려 다니다 혹 나쁜 데 빠지거나 하면 첫째 네 꼴은 뭐구 내 모양은 뭐냐. 난 너 하나는 어디까지든지 공부도 시키구 사람을 만들어 주려구 애를 쓰는데 너두 그 뜻을 받아 주어야 사람이 아니냐." 〈중략〉

자전거가 가고 노인이 오고 동이 뜬 그 중간을 타서 문기는 허옇게 흐르는 물 위로 공을 던져 버리었다. 이어 양복 안주머니에 간직해 두었던 나머지 돈을 꺼내 들었다. 그것도 마저 던져 버리려다가 문득 들었던 손을 멈춘다. 그리고 잠시 둥실둥실 물을 따라 떠나가는 공을 통쾌한 듯 바라보다가는 돌아서 걸음을 옮긴다.

문기는 삼거리 고깃간을 향해 갔다. 그리고 골목으로 돌아가 나머지 돈을 종이에 싸서 담 너머로 그 집 안마당을 향해 던졌다.

그제야 문기는 무거운 짐을 풀어 놓은 듯 어깨가 거뜬했다. 〈중략〉

수만이는 문기 앞으로 다가서며 작은 음성으로 조졌다.

[B] "너, 지금으로 가지고 나오지 않으면 낼은 가만 안 둔다. 도적질했다 하구 똑바루 써 놓을 테야."

문기는 여전히 못 들은 척 걸음만 옮긴다. 자기 집 마당엘 들어섰다. 숙모는 뒤꼍에서 화초 모종을 하는지 여기 심어라, 저기 심어라 하고 아랫집 심부름하는 아이와 이야기하는 소리가 날 뿐 집 안엔 아무도 없다.

그리고 눈앞에 보이는 붙장 안 앞턱에 잔돈 얼마와 지전 몇 장이 놓여 있다. 그리고 문밖엔 지금 수만이가 돈을 가지고 나오기를 기다리고 섰다. 여기서 문기는 두 번째 허물을 범하고 말았다. / "진작 듣지."

하고 빙그레 웃는 수만이 얼굴에다 뺨을 때리듯 돈을 던져 주고 문기는 달아났다.

덥적덥적 남에게 자꾸 붙임성 있게 구는 모양.
붙장 부엌 벽의 안쪽이나 바깥쪽에 붙여 만든 장. 간단한 그릇 따위를 간직하는 데 쓴다.
앞턱 두 턱을 가진 물건의 앞쪽에 있는 턱.

4 윗글의 [A] 부분을 감상한 독자의 반응으로 적절하지 <u>않은</u> 것은?

① 삼촌은 문기의 말을 전혀 믿지 못하고 의심하고 있군.

② 삼촌은 문기가 스스로 잘못을 뉘우치도록 이끌어 주는 역할을 해.

③ 문기는 삼촌에게 거짓말을 한 죄책감과 부끄러움에 얼굴이 붉어졌군.

④ 문기를 엄하게 훈계하는 모습에서 삼촌이 책임감 있는 사람임을 알 수 있어.

⑤ 삼촌은 누군가 이유 없이 호의를 베풀면 그를 의심해 보아야 한다고 생각해.

5 〈보기〉를 참고하여 윗글의 [B] 부분을 해석한 것으로 적절하지 <u>않은</u> 것은?

> ─〈보기〉─
>
> 갈등은 한 인물의 마음속에 있는 대립이 원인이 되어 일어나는 내적 갈등과, 인물과 그를 둘러싼 외부적인 요인의 대립이 원인이 되어 일어나는 외적 갈등으로 나눌 수 있다. 외적 갈등에는 개인과 개인 사이에서 일어나는 갈등도 있고, 개인과 사회(세계) 사이에서 일어나는 갈등도 있으며, 개인과 운명 사이에서 일어나는 갈등도 있다.

① 문기가 물 위로 공을 던진 것은 내적 갈등에서 벗어나기 위한 행동으로 볼 수 있다.

② 문기가 떠나가는 공을 통쾌한 듯 바라보는 것을 통해 내적 갈등에서 벗어났음을 알 수 있다.

③ 문기가 돈을 종이에 싸서 던진 것은 자신과 고깃간 주인과의 외적 갈등을 해결하기 위한 행동에 해당한다.

④ 문기가 수만이의 말을 못 들은 척 걸음만 옮기는 것은 수만이와의 외적 갈등을 회피하려는 의도로 볼 수 있다.

⑤ 문기가 붙장 안에 있는 돈을 훔쳐 수만이에게 가져다준 이유는 개인과 개인 사이에 일어나는 갈등을 해결하기 위해서이다.

개념＋갈등

• **개념**: 인물의 마음속이나 인물 사이에 일어나는 대립과 충돌 또는 인물과 환경 사이의 모습과 대립을 의미함.

• **특징**: 인물의 성격을 뚜렷이 그려 내면서 사건을 전개하는 역할을 하고, 그 과정에서 주제를 드러내고 독자의 흥미를 불러일으킴.

 6 밑줄 친 '쓰다'의 의미가 ㉠과 같은 것은?

① 저에게 일부러 마음을 <u>쓰지</u> 않으셔도 됩니다.

② 그는 노래도 부르고 곡도 <u>쓰는</u> 가수 겸 작곡가이다.

③ 애를 <u>쓴</u> 보람도 없이 그 일은 결국 실패하고 말았다.

④ 아르바이트에 시간을 많이 <u>써서</u> 공부할 시간이 없다.

⑤ 그는 원하는 것을 얻기 위해 마구 억지를 <u>쓰는</u> 버릇이 있다.

발단 - 전개 - 위기 - 절정 - 결말

자기 대신 누명을 쓴 점순이에게 미안함을 느끼던 문기가 교통사고가 난 후 삼촌께 자신의 잘못을 고백하는 상황이다.

"너 혹 뒤주 안의 돈 봤니?" / 하다가는 채 문기가 입을 열기 전에 숙모는

"학교서 지금 오는 애가 알겠니. 참, 점순이 고년 앙큼헌 년이드라. 낮에 내가 뒤곁에서 화초 모종을 내고 있는데 집을 간다고 나가더니 글쎄 돈을 집어 갔구나." / 문기는 잠잠히 듣기만 한다. 그러나 ㉠속으로는 갚으면 고만이지 소리를 또 한 번 외워 본다.

그날 밤이었다. 아랫방 들창 밑에서 훌쩍훌쩍 우는 어린아이 울음소리가 났다. 아랫집 심부름하는 아이 점순이 음성이었다. 숙모가 직접 그 집에 가서 무슨 말을 한 것은 아니로되 자연 ㉡그 말이 한 입 건너 두 입 건너 그 집에까지 들어갔고, 그리고 그 집 주인 여자는 점순이를 때려 쫓아낸 것이다. 먼저는 동네 아이들이 모여 지껄지껄하더니 차차 하나 가고 둘 가고 ㉢훌쩍훌쩍 우는 그 소리만 남는다. 방 안의 문기는 그 밤을 뜬눈으로 새웠다.

[A]
이튿날 아침이다. 문기는 밥을 두어 술 뜨다가는 고만둔다. 그 돈을 갚기 위한 그것이 아니다. 도시 입맛이 나지 않았다. / 학교엘 갔다. 첫 시간은 ㉣수신 시간, 그리고 공교로이 제목이 '정직'이다. 선생님은 뒷짐을 지고 교단 위를 왔다 갔다 하며 거짓이라는 것이 얼마나 악한 것이고 정직이 얼마나 귀하고 중한 것인가를 누누이 말씀하신다. 그리고 안경 쓴 선생님의 그 눈이 번쩍하고 문기 얼굴에 머물렀다 가고 가고 한다.

㉤그럴 때마다 문기는 가슴이 뜨끔뜨끔해진다. 〈중략〉

어느덧 걸음은 삼거리를 건너고 있었다. 문기 등 뒤에서 아주 멀리 뿡뿡하고 자동차 소리와 비켜라 하는 사람의 소리가 나는 듯하더니 갑자기 귀밑에서 크게 울린다. 언뜻 돌아다보니 바로 눈앞에 자동차 머리가 달려든다. 그리고 문기는 으쓱하고 높은 데서 아래로 떨어져 가는 듯싶은 감과 함께 정신을 잃고 말았다.

[B]
얼마 동안을 지났는지 모른다. 문기가 어렴풋이 눈을 떴을 때 무섭게 전등불이 밝아 눈이 부시었다. 문기는 다시 눈을 감았다. 두 번째 문기는 눈을 뜨자 희미하게 삼촌의 얼굴이 나타나며 그것이 차차 똑똑해지더니 삼촌은, / "너 내가 누군 줄 알겠니?"

하고 웃지도 않고 내려다본다. / 문기는 이것도 꿈인가 하고 한번 웃어 주면서 그대로 맑은 정신이 났다. 문기는 병원 침대 위에 누워 있었다. 어디 아픈 데는 없으면서도 몸을 움직일 수는 없다. 삼촌은 근심스런 얼굴로 내려다본다.

"작은아버지." / 하고 문기는 입을 열었다. 그리고,

"저는 마땅히 받아야 할 벌을 받은 거예요." / 하고 문기는 눈을 감으며 한 마디 한 마디 그러나 똑똑하게 처음서부터 끝까지 먼저 고깃간 주인이 일 원을 십 원으로 알고 거슬러 준 것, 그 돈을 써 버린 것, 그리고 또 뒤주 안의 돈을 자기가 훔쳐 낸 것, 이렇게 하나하나 숨김없이 자백을 하자 이때까지 겹겹으로 몸을 싸고 있던 허물이 한 꺼풀 한 꺼풀 벗어지면서 마음속의 어둠도 차차 사라지며 맑아지는 것을, 문기는 확실히 깨달을 수 있었다. 마음이 맑아지며 따라 몸도 가든해진다.

내일도 해는 뜨고 하늘은 맑아지리라. 그리고 문기는 그 하늘을 떳떳이 마음껏 쳐다볼 수 있을 것이다.

◆
들창 들어서 여는 창. 또는 벽의 위쪽에 자그맣게 만든 창.
수신 악을 물리치고 선을 북돋아서 마음과 행실을 바르게 닦아 수양함. 여기서는 지금의 도덕과 같은 교과목을 의미함.
공교로이 생각지 않았거나 뜻하지 않았던 사실이나 사건과 우연히 마주치게 된 것이 기이하다고 할 만하게.
누누이 여러 번 자꾸.
가든하다 마음이 가볍고 상쾌하다. '가뜬하다'보다 센 느낌을 준다.

7 윗글과 〈보기〉의 공통점으로 가장 적절한 것은?

〈보기〉

　　낮에 내가 한 짓은 옳은 짓이었을까? 옳을 것도 없지만 나쁠 것은 또 뭔가. 자가용까지 있는 주제에 나 같은 아이에게 오천 원을 우려내려고 그렇게 간악하게 굴던 신사를 그 정도 골려 준 것이 뭐가 나쁜가? 그런데도 왜 무섭고 떨렸던가. 그때의 내 꼴이 어땠으면, 주인 영감님까지 "네놈 꼴이 꼭 도둑놈 꼴이다."라고 하였을까. 〈중략〉
　　소년은 아버지가 그리웠다. 도덕적으로 자기를 견제해 줄 어른이 그리웠다. 주인 영감님은 자기가 한 짓을 나무라기는커녕 손해 안 난 것만 좋아서 "오늘 운 텄다."라고 좋아하지 않았던가.
　　수남이는 짐을 꾸렸다. 아아, 내일도 바람이 불었으면. 바람이 물결치는 보리밭을 보았으면.
　　마침내 결심을 굳힌 수남이의 얼굴은 누런 똥빛이 말끔히 가시고, 소년다운 청순함으로 빛났다.
　　 – 박완서, 「자전거 도둑」

① 시대적 배경이 갈등의 원인으로 작용한다.
② 주인공이 갈등을 해결하는 과정에서 내적 성숙을 이룬다.
③ 아이를 바르게 교육하는 어른의 책임감을 주제로 하고 있다.
④ 현대인들의 이기적인 삶에 대한 작가의 비판 의식이 드러난다.
⑤ 순수한 어린아이의 눈을 통해 어른들의 부도덕한 삶을 부각시킨다.

8 윗글의 [A]와 [B] 부분에 드러나는 갈등의 전개 과정에 대한 설명으로 가장 적절한 것은?

① [A]에서는 갈등이 해소되고 [B]에서 갈등 해결의 실마리가 나타난다.
② [A]에서는 갈등의 실마리가 나타나고 [B]에서 모든 갈등이 해결된다.
③ [A]에서는 갈등이 복잡하게 얽히고 [B]에서 갈등의 실마리가 나타난다.
④ [A]에서는 갈등이 복잡하게 전개되고 [B]에서 갈등이 절정에 도달한다.
⑤ [A]에서는 갈등 해소의 계기가 나타나고 [B]에서 모든 갈등이 해소된다.

9 ㉠~㉤에 대한 감상으로 적절하지 <u>않은</u> 것은?

① ㉠은 죄책감에서 벗어나려는 문기의 자기 합리화로 볼 수 있다.
② ㉡과 관련된 속담으로는 '발 없는 말이 천 리 간다'가 있다.
③ ㉢은 문기와 점순이의 외적 갈등을 심화시키는 역할을 한다.
④ ㉣은 문기의 내적 갈등을 한층 심화시키는 계기로 볼 수 있다.
⑤ ㉤과 관련된 속담으로는 '도둑이 제 발 저리다'가 있다.

속담·한자 성어 익히기

• **발 없는 말이 천 리 간다** 말은 비록 발이 없지만 천 리 밖까지도 순식간에 퍼진다는 뜻으로, 말을 삼가야 함을 비유적으로 이르는 말.

• **도둑이 제 발 저리다** 지은 죄가 있으면 자연히 마음이 조마조마하여짐을 비유하는 말.

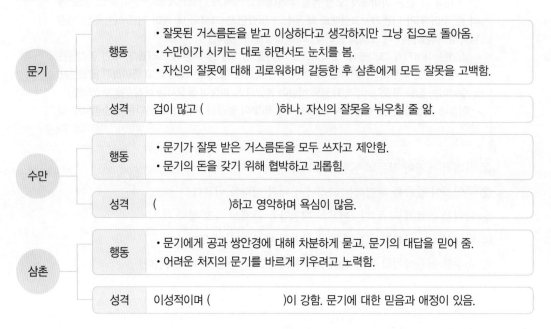

인물의 성격

1 인물의 행동을 바탕으로 성격을 정리하여 빈칸에 들어갈 내용을 써 보자.

문기

행동
- 잘못된 거스름돈을 받고 이상하다고 생각하지만 그냥 집으로 돌아옴.
- 수만이가 시키는 대로 하면서도 눈치를 봄.
- 자신의 잘못에 대해 괴로워하며 갈등한 후 삼촌에게 모든 잘못을 고백함.

성격
겁이 많고 (   )하나, 자신의 잘못을 뉘우칠 줄 앎.

수만

행동
- 문기가 잘못 받은 거스름돈을 모두 쓰자고 제안함.
- 문기의 돈을 갖기 위해 협박하고 괴롭힘.

성격
(   )하고 영악하며 욕심이 많음.

삼촌

행동
- 문기에게 공과 쌍안경에 대해 차분하게 묻고, 문기의 대답을 믿어 줌.
- 어려운 처지의 문기를 바르게 키우려고 노력함.

성격
이성적이며 (   )이 강함. 문기에 대한 믿음과 애정이 있음.

소설의 갈등

2 이 소설에 나타난 갈등의 양상과 해결 과정을 정리하여 빈칸에 들어갈 내용을 써 보자.

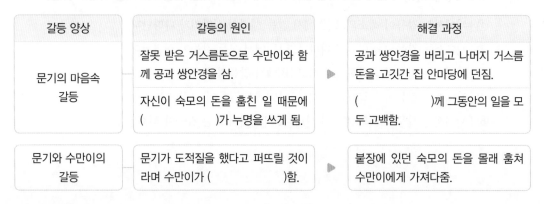

갈등 양상	갈등의 원인	해결 과정
문기의 마음속 갈등	잘못 받은 거스름돈으로 수만이와 함께 공과 쌍안경을 삼.	공과 쌍안경을 버리고 나머지 거스름돈을 고깃간 집 안마당에 던짐.
	자신이 숙모의 돈을 훔친 일 때문에 ( )가 누명을 쓰게 됨.	( )께 그동안의 일을 모두 고백함.
문기와 수만이의 갈등	문기가 도적질을 했다고 퍼뜨릴 것이라며 수만이가 ( )함.	붙장에 있던 숙모의 돈을 몰래 훔쳐 수만이에게 가져다줌.

소설의 주제

3 제목에 담긴 뜻을 바탕으로 이 소설의 주제를 정리하여 빈칸에 들어갈 내용을 써 보자.

제목에 담긴 뜻	주제
'하늘은 맑건만'이라는 제목은 문기의 어두운 마음과 대조적인 의미를 지닌다. '맑은 하늘'은 ( )하지 못한 행동으로 마음이 무겁고 어둡기만 한 문기에게 하늘을 떳떳이 쳐다볼 수 있고, 남을 떳떳이 대할 수 있는 마음을 갖고 싶게 한다.	( )을 지키며 정직하게 사는 삶의 중요성

깊이 읽기

일제 강점기 당시의 화폐 단위와 물가

1910년 8월 우리나라가 일제의 지배를 받기 시작한 이후로 우리나라의 화폐 단위는 이전의 '환(圜)'에서 일본의 화폐 단위인 '원(圓)'으로 점차 바뀌게 되었습니다. 이 '원(圓)'이라는 화폐 단위는 1945년 8·15 광복 이후에도 그대로 사용되었습니다. 그러다 1950년에 한국 전쟁이 발발하여 악성 인플레이션이 급진적으로 진행되자 유통계에 큰 혼란이 발생하여 1953년 2월 14일에 신화와 구화의 교환 비율을 '1:100'으로 하고, '1환=100전'으로 하는 통화 개혁을 단행하였습니다. 이때부터 우리나라는 일본식 '원(圓)'이라는 화폐 단위를 버리고, 과거 우리나라의 화폐 단위였던 '환(圜)'을 되찾았습니다.

「하늘은 맑건만」이 창작될 당시(1930년대)에는 '원(圓)'을 화폐 단위로 사용하였습니다. 당시 물가를 확인해 보기 위해 국가 통계 포털(http://kosis.kr)에서 제공하는 1939년 도시별 평균 물가를 찾아보면, 백미 1되는 26전, 계란 10개는 56전, 신발은 15전, 비누는 1전이었음을 알 수 있습니다. 또한 1942년 직업별 평균 임금을 살펴보면 미장공 일급은 2원 82전, 인쇄공 일급은 1원 44전, 이발사 일급은 1원 38전, 지게꾼 일급은 1원 69전이었음을 알 수 있습니다. 당시의 도시별 평균 물가와 직업별 평균 임금을 고려해 보면 소설 속에서 문기가 받은 9원이 넘는 거스름돈이 얼마나 큰돈이었는지 짐작할 수 있습니다.

▲ 1911년에 발행된 십 원권

사고력 키우기

이 소설에서 수만이에게 협박을 당하자 이를 해결하기 위해 숙모의 돈을 훔쳐 건네준 문기의 행동에 대한 자신의 생각을 서술해 보자.

_____

_____

_____

_____

_____

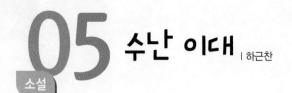

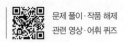

문제 풀이 · 작품 해제
관련 영상 · 어휘 퀴즈

✖ 전체 줄거리

발단 — 만도의 아들 진수, 살아서 돌아오다

"삼대독자가 죽다니 말이 되나, 살아서 돌아와야 일이 옳고말고. 그런데 병원에서 나온다 하니 어디를 좀 다치기는 다친 모양이지만, 설마 나같이 이렇게야 되지 않았겠지."

박만도는 아들 진수가 전쟁터에서 살아서 돌아온다는 소식에 마중을 나간다. 만도는 병원에서 나오는 진수가 자신처럼 불구가 되지는 않았을까 걱정을 하기도 했지만 그렇게 되지 않았을 것이라 생각한다.

전개 — 만도, 일제 강제 징용에서 한쪽 팔을 잃다

"만도가 어렴풋이 눈을 떠 보니 바로 거기 눈앞에 누구의 것인지 모를 팔뚝이 하나 아무렇게나 던져져 있었다. 손가락이 시퍼렇게 굳어져서 마치 이끼 낀 나무토막처럼 보이는 팔뚝이었다."

진수를 위해 고등어 한 손을 산 만도는 정거장에 도착하여 옛 기억에 섬뜩함을 느낀다. 그 기억은 만도가 일제 강제 징용에 끌려가 고역을 겪다가 결국 한쪽 팔을 잃게 된 것이다.

위기 — 진수, 전쟁에서 다리를 잃고 불구로 돌아오다

"틀림없는 아들이었으나, 옛날과 같은 진수가 아니었다. 양쪽 겨드랑이에 지팡이를 끼고 서 있는데, 스쳐 가는 바람결에 한쪽 바짓가랑이가 펄럭거리는 것이 아닌가."

기차가 도착한 뒤 만도는 진수를 만났으나 진수의 양쪽 겨드랑이에는 지팡이가 있었고, 스쳐 가는 바람결에 한쪽 바짓가랑이가 펄럭였다. 만도는 기가 막히고 안쓰러워 불구가 되어 나타난 진수에게 화를 낸다.

절정 — 만도와 진수, 불구가 된 상황을 받아들이다

"그러니까 집에 앉아서 할 일은 니가 하고, 나댕기메 할 일은 내가 하고, 그라면 안대겠나, 그제?" / "예."

주막집에서 만도는 술을 마시고 진수는 국수를 먹은 뒤 집으로 향한다. 만도는 진수에게 어쩌다가 다리를 잃게 되었는지 묻고, 진수는 불구의 몸으로 어떻게 살아야 하냐고 말한다. 만도는 아들의 처지를 위로하며 둘이 서로 부족한 점을 보완하여 협동하며 살아가면 된다고 말한다.

결말 — 만도와 진수, 서로를 도와 외나무다리를 건너다

"진수는 지팡이와 고등어를 각각 한 손에 쥐고, 아버지의 등어리로 가서 슬그머니 업혔다. 만도는 팔뚝을 뒤로 돌리면서 아들의 하나뿐인 다리를 꼭 안았다."

외나무다리에 이르러 만도는 진수를 업고, 진수는 지팡이와 만도가 들고 있던 고등어를 각각 한 손에 쥔다. 그렇게 서로를 도와 외나무다리를 건너고, 눈앞에 우뚝 솟은 용머리재가 이 광경을 가만히 내려다본다.

☀ 시험에 꼭 나오는 핵심 장면

만도가 진수를 마중 나가는 장면

(왜 자주 출제되는가?) 이 장면은 아들인 진수가 전쟁터에서 살아 돌아온
다는 소식을 듣고 아버지인 만도가 마중을 나가는 장면이야. 전쟁터
에서 돌아오는 아들을 생각하며 설레는 만도의 심리가 짧고 간결한
문체를 통해 효과적으로 드러나지. 또한 외양 묘사를 통해 한쪽 팔이
없는 만도의 신체적 특징을 덤덤히 드러내는데, 이를 통해 진수도 만
도처럼 불구가 되었을지도 모름을 암시하여 사건의 실마리를 제공하
기 때문에 시험에 자주 출제돼.

만도가 진수를 업고 외나무다리를 건너는 장면

(왜 자주 출제되는가?) 이 장면은 아들의 불구를 받아들일 수 없어서 괴로
워하던 만도와, 자신의 불행한 처지에 좌절하던 진수가 서로 협력하
여 외나무다리를 건너는 장면이야. 이를 통해 외나무다리의 상징적
의미를 파악할 수 있고, 힘든 상황이지만 둘이 함께 고난을 극복하며
살아가겠다는 두 인물의 의지도 파악해 볼 수 있어. 그리고 이 작품의
주제와 더불어 결말 처리 방식의 효과에 대해서도 생각해 볼 수 있기
때문에 시험에 자주 출제돼.

〰 간단 확인
■ 정답과 해설 10쪽

다음을 읽고 이 글의 내용과 일치하면 ○, 일치하지 않으면 ×를 표시해 보자.

1 만도는 삼대독자인 진수가 전쟁터에서 살아 돌아온다는 말에 마중을 나간다. ·············· (　　　)
2 불구가 된 진수를 본 만도는 안쓰럽기도 하고 화가 나기도 한다. ·································· (　　　)
3 진수는 서로 협력하며 살아가자는 아버지의 말을 받아들이지 못한다. ······················· (　　　)
4 만도와 진수는 서로 도와 외나무다리를 건넌다. ··· (　　　)

수난 이대

발단 → 전개 → 위기 → 절정 → 결말

박만도가 아들 진수가 전쟁터에서 살아 돌아온다는 소식을 듣고 마중을 나가던 중 고등어 한 손을 사서 정거장으로 향하는 상황이다.

하근찬(1931~2007)
1957년부터 활동한 소설가이다. 대표 작품으로는 「흰 종이수염」, 「야호」 등이 있다.

| 작품 개관 |
· **갈래**: 단편 소설, 전후 소설
· **성격**: 의지적, 해학적, 토속적
· **시점**: 전지적 작가 시점
· **배경**: 일제 강점기, 한국 전쟁 직후, 경상도 어느 마을

◆
전사 전쟁터에서 적과 싸우다 죽음.
어깻바람 신이 나서 어깨를 으쓱거리며 활발히 움직이는 기운.
고갯마루 고개에서 가장 높은 자리.
오정 낮 열두 시.
삼대독자 삼대에 걸쳐 형제가 없는 외아들.
들머리 들어가는 맨 첫머리.
움직거리다 몸이나 몸의 일부를 자꾸 움직이다.
겹다 때가 지나거나 기울어서 늦다.

진수가 돌아온다. 진수가 살아서 돌아온다. 아무개는 전사했다는 통지가 왔고, 아무개는 죽었는지 살았는지 통 소식이 없는데, 우리 진수는 살아서 오늘 돌아오는 것이다. 생각할수록 어깻바람이 날 일이다. 그래 그런지 몰라도 박만도는 여느 때 같으면 아무래도 한두 군데 앉아 쉬어야 넘어설 수 있는 용머리재를 단숨에 올라채고 만 것이다. 가슴이 펄럭거리고 허벅지가 뻐근했다. 그러나 그는 고갯마루에서도 쉴 생각을 하지 않았다. 들 건너 멀리 바라보이는 정거장에서 연기가 물씬물씬 피어오르며 삐익 기적 소리가 들려왔기 때문이다. 아들이 타고 내려올 기차는 점심때가 가까워 도착한다는 것을 모르는 바 아니었다. 해가 이제 겨우 산등성이 위로 한 뼘가량 떠올랐으니 오정이 되려면 아직 차례 멀었다. 그러나 그는 공연히 마음이 바빴다. / '까짓것, 잠시 앉아 쉬면 뭘 끼고.'

만도는 손가락으로 한쪽 콧구멍을 찍 누르면서 팽 마른 코를 풀어 던졌다. 그리고 휘청휘청 고갯길을 내려간다. / 내리막은 오르막에 비하면 아무것도 아니었다. 대고 팔을 흔들라치면 절로 굴러 내려가는 것이다. 만도는 오른쪽 팔만을 앞뒤로 흔들고 있었다. 왼쪽 팔은 조끼 주머니에 아무렇게나 쑤셔 넣고 있는 것이다.

'삼대독자가 죽다니 말이 되나, 살아서 돌아와야 일이 옳고말고. 그런데 병원에서 나온다 하니 어디를 좀 다치기는 다친 모양이지만, 설마 나같이 이렇게야 되지 않았겠지.'

만도는 왼쪽 조끼 주머니에 꽂힌 소맷자락을 내려다보았다. 그 소맷자락 속에는 아무것도 든 것이 없었다. 그저 소맷자락만이 어깨 밑으로 덜렁 처져 있는 것이다. 그래서 노상 그쪽은 조끼 주머니 속에 꽂혀 있는 것이다.

'볼기짝이나 장딴지 같은 데를 총알이 약간 스쳐 갔을 따름이겠지. 나처럼 팔뚝 하나가 몽땅 달아날 지경이었다면 그 엄살스런 놈이 견뎌 냈을 턱이 없고말고.' 〈중략〉

만도는 읍 들머리에서 잠시 망설이다가, 정거장 쪽과는 반대되는 방향으로 걸음을 옮겼다. 장거리를 찾아가는 것이었다. 진수가 돌아오는데 고등어나 한 (㉠) 사 가지고 가야 될 거 아닌가 싶어서였다. 장날은 아니었으나, 고깃전에는 없는 고기가 없었다. 이것을 살까 하면 저것이 좋아 보이고, 그것을 사러 가면 또 그 옆의 것이 먹음직해 보였다. 한참 이리저리 서성거리다가 결국은 고등어 한 (㉠)이었다. 그것을 달랑달랑 들고 정거장을 향해 가는데, 겨드랑이 밑이 간질간질해 왔다. 그러나 한쪽밖에 없는 손에 고등어를 들었으니 참 딱했다. 어깻죽지를 연방 위아래로 움직거리는 수밖에 없었다. 정거장 대합실에 들어선 만도는 먼저 벽에 걸린 시계부터 바라보았다. 두 시 이십 분이었다.

'벌써 두 시 이십 분이라니, 내가 잘못 보았나?'

아무리 두 눈을 씻고 보아도 시계는 틀림없는 두 시 이십 분이었다. 한쪽 걸상에 가서 궁둥이를 붙이면서도 곧장 미심쩍어 했다.

'두 시 이십 분이라니, 그럼 벌써 점심때가 겨웠단 말인가?'

말도 아닌 것이다. 자세히 보니 시계는 유리가 깨어졌고 먼지가 꺼멓게 앉아 있었다.

1 윗글에 대한 설명으로 알맞지 <u>않은</u> 것은?

① 주로 짧고 간결한 문체를 통해 사건을 빠르게 전개한다.

② 사투리를 활용하여 인물의 심리와 성격을 생생하게 표현한다.

③ 인물의 신체적 약점을 우스꽝스럽게 묘사하여 조롱 섞인 시선을 드러낸다.

④ 복선을 통해 앞으로 일어날 사건을 암시하여 내용 전개에 필연성을 더한다.

⑤ 인물의 마음을 느낄 수 있는 소재를 활용하여 이야기에 진실성을 부여한다.

개념╋해학

• **개념**: 인물의 우스꽝스러운 말이나 행동을 통해 웃음을 유발하는 문학적 표현 방법의 하나임.
• **특징**: 이때의 웃음은 조롱이나 냉소가 담기지 않은, 악의가 없는 웃음으로 인간에 대한 동정과 이해, 긍정적 시선을 전제로 함.

2 윗글에 드러난 만도의 심리로 적절하지 <u>않은</u> 것은?

① 기차를 타고 올 아들을 마중 가며 기대감과 설렘으로 마음이 바쁘다.

② 전쟁에 나갔던 아들이 살아서 돌아온다는 소식을 듣고 기쁨을 느낀다.

③ 전쟁에서 돌아온 아들이 엄살을 부릴까 봐 미리부터 걱정하고 초조해한다.

④ 왼쪽 팔이 없는 자신의 모습을 보며 혹시나 아들도 불구가 되었을까 걱정한다.

⑤ 아들이 병원에서 나온다는 말에 불안하면서도 스스로를 위안하려고 애를 쓴다.

3 〈보기〉를 참고할 때 ㉠에 공통으로 들어갈 단어로 알맞은 것은?

┌─ 보기 ─┐

　우리말에는 사물의 길이, 넓이, 무게, 양 등을 나타내는 단위어가 있는데, 단위어는 수량을 나타내는 대상이 무엇이냐에 따라 각각 다르게 쓰인다. 예를 들어 나무는 '그루', 배추는 '포기', 꽃은 '송이' 같은 단위어를 쓴다. 흥미로운 것은 물고기나 짐승의 수를 셀 때에는 '마리'를 사용하는데, 구체적인 종류나 그 수에 따라 단위어가 달라진다는 점이다. 물고기를 짚으로 두 줄 엮어 총 20마리인 경우에는 '두름', 오징어 스무 마리는 '축', 북어 스무 마리는 '쾌', 조기나 고등어 따위의 생선 두 마리의 경우에는 '손'이 사용된다.

① 쾌　　　② 손　　　③ 축　　　④ 두름　　　⑤ 송이

발단 – 전개 – **위기** – 절정 – 결말

진수가 한쪽 다리가 없는 불구가 되어 돌아오자, 기가 막히고 안쓰러운 마음에 만도가 진수에게 화를 내는 상황이다.

시꺼먼 열차 속에서 꾸역꾸역 사람들이 밀려 나왔다. 꽤 많은 손님이 쏟아져 내리는 것이었다. 만도의 두 눈은 곧장 이리저리 굴렀다. 그러나 아들의 모습은 쉽사리 눈에 띄지 않았다. 저쪽 출찰구로 밀려가는 사람의 물결 속에 두 개의 지팡이를 짚고 절룩거리면서 걸어 나가는 상이군인이 있었으나, 만도는 그 사람에게 주의가 가지는 않았다. 기차에서 내릴 사람은 모두 내렸는가 보다. 이제 미처 차에 오르지 못한 사람들이 플랫폼을 이리저리 서성거리고 있을 뿐인 것이다. / '그놈이 거짓으로 편지를 띄웠을 리는 없을 건데…….'

만도는 자꾸 가슴이 떨렸다.

'이상한 일이다.' / 하고 있을 때였다. 분명히 뒤에서,

"아부지!" / 부르는 소리가 들렸다. 만도는 깜짝 놀라며 얼른 뒤를 돌아보았다. 그 순간 만도의 두 눈은 무섭도록 크게 떠지고, 입은 딱 벌어졌다. 틀림없는 아들이었으나, 옛날과 같은 진수가 아니었다. 양쪽 겨드랑이에 지팡이를 끼고 서 있는데, 스쳐 가는 바람결에 한쪽 바짓가랑이가 펄럭거리는 것이 아닌가.

만도는 눈앞이 노래지는 것을 어쩌지 못했다. 한참 동안 그저 멍멍하기만 하다가, 코허리가 찡해지면서 두 눈에 뜨거운 것이 핑 도는 것이었다.

㉠"에라이, 이놈아!"

만도의 입술에서 모질게 튀어나온 첫마디였다. 떨리는 목소리였다. 고등어를 든 손이 불끈 주먹을 쥐고 있었다.

"이기 무슨 꼴이고, 이기?" / "아부지!"

"이놈아, 이놈아…….." / 만도의 들창코가 크게 벌름거리다가 훌쩍 물코를 들이마셨다. 진수의 두 눈에서는 어느 결에 눈물이 꾀죄죄하게 흘러내리고 있었다. 만도는 모든 게 진수의 잘못이기나 한 듯 험한 얼굴로,

"가자, 어서!" / 무뚝뚝한 한 마디를 내던지고는 성큼성큼 앞장을 서 가는 것이었다. 진수는 입술에 내려와 묻는 짭짤한 것을 혀끝으로 날름 핥아 버리면서 절름절름 아버지의 뒤를 따랐다. 앞장서 가는 만도는 뒤따라오는 진수를 한 번도 돌아보지 않았다. 한눈을 파는 법도 없었다. 무겁디무거운 짐을 진 사람처럼 땅바닥만을 내려다보며, 이따금 끙끙거리면서 부지런히 걸어만 가는 것이다. 지팡이에 몸을 의지하고 걷는 진수가 성한 사람의, 게다가 부지런히 걷는 걸음을 당해 낼 수는 도저히 없었다. 한 걸음 두 걸음씩 뒤지기 시작한 것이 그만 작은 소리로 불러서는 들리지 않을 만큼 떨어져 버리고 말았다. 진수는 목구멍을 왈칵 넘어오려는 뜨거운 기운을 참느라고 어금니를 야물게 깨물어 보기도 하였다. 그리고 두 개의 지팡이와 한 개의 다리를 열심히 움직여 대는 것이었다.

앞서 간 만도는 주막집 앞에 이르자, 비로소 한 번 뒤를 돌아보았다. 진수는 오다가 나무 밑에서 오줌을 누고 있었다. 지팡이는 땅바닥에 던져 놓고, 한쪽 손으로는 볼일을 보고, 한쪽 손으로는 나무둥치를 감싸 안고 있는 모양이 을씨년스럽기 이를 데 없었다. 만도는 눈살을 찌푸리며 '으음!' 하고 신음 소리 비슷한 무거운 소리를 토했다.

◆ **출찰구** 차나 배에서 내린 손님이 표를 내고 나가거나 나오는 곳.
상이군인 전투나 군사상 공무 중에 몸을 다친 군인.
멍멍하다 정신이 빠진 것같이 어리벙벙하다.
야물다 일 처리나 언행이 옹골차고 야무지다.
을씨년스럽다 보기에 날씨나 분위기 따위가 몹시 스산하고 쓸쓸한 데가 있다.

4 윗글에 드러나는 갈등 양상으로 적절한 것은?

① 기차에서 내리는 사람들과 진수 사이의 외적 갈등이 드러난다.

② 진수를 기다리는 만도와 상이군인 사이의 외적 갈등이 드러난다.

③ 아들이 불구가 된 사실을 받아들이지 못하는 만도의 내적 갈등이 드러난다.

④ 불구가 된 진수와 이를 바라보는 주변 사람들 사이의 외적 갈등이 드러난다.

⑤ 아버지에 대한 원망과 분노를 견디려고 애쓰는 진수의 내적 갈등이 드러난다.

5 윗글의 인물이 처한 상황과 심정을 나타내는 관용 표현으로 알맞지 <u>않은</u> 것은?

① 한쪽 다리를 잃은 진수를 보는 순간 만도는 <u>눈이 나왔다.</u>

② 만도의 부지런한 걸음을 따라가려고 진수는 <u>발걸음을 재촉했다.</u>

③ 불편한 모양새로 볼일을 보는 진수를 보며 만도는 <u>가슴이 무거웠다.</u>

④ 부지런히 뒤따라오는 진수의 모습에 만도는 <u>머리를 숙일</u> 수밖에 없었다.

⑤ 불구로 살아가야 하는 자신의 처지에 진수는 <u>입술을 깨물고</u> 눈물을 참았다.

6 <보기>를 참고하여 ㉠을 이해한 내용으로 적절하지 <u>않은</u> 것은?

 보기

　작가는 인물의 내면이나 성격을 직접 설명하여 제시하는 대신, 행동이나 대화 등 객관적인 상황을 묘사하여 보여 줌으로써 독자로 하여금 주체적으로 상황을 파악하고 인물의 내면을 추측하여 작품의 주제에 접근하도록 유도하기도 한다.

① 자신에게 닥친 불행이 아들에게까지 미쳤으니 만도는 현실을 원망할 수밖에 없을 것 같아.

② 진수의 잘못이 아님에도 진수에게 화를 낼 수밖에 없는 만도의 심정이 느껴져서 안타까워.

③ 자신들의 의도와 관계없이 벌어지는 전쟁의 수난 앞에 만도가 좌절하고 분노하는 것이 느껴져.

④ 개인의 힘으로 어찌할 수 없는 비극적 운명을 가벼운 농담으로 극복하려는 만도의 모습이 애처로워.

⑤ 불구가 된 진수를 보고 만도는 기가 막힌 한편, 진수가 안타까워서 모진 말을 내뱉을 수밖에 없었을 거야.

발단 — 전개 — 위기 — 절정 — **결말**

불구가 된 진수와 불구인 만도가 힘을 합쳐 어려움을 극복하는 상황이다.

개천 둑에 이르렀다. ㉠외나무다리가 놓여 있는 그 시냇물이다. 진수는 슬그머니 걱정이 되었다. 물은 그렇게 깊은 것 같지 않지만, 밑바닥이 모래흙이어서 지팡이를 짚고 건너가기가 만만할 것 같지 않기 때문이다. 외나무다리는 도저히 건너갈 재주가 없고……. 진수는 하는 수 없이 둑에 퍼지르고 앉아서 바짓가랑이를 걷어 올리기 시작했다.

만도는 잠시 멀뚱히 서서 아들의 하는 양을 내려다보고 있다가,

㉡"진수야, 그만두고 자아, 업자."

하는 것이었다.

"업고 건느면 일이 다 되는 거 아니가. 자아, 이거 받아라."

고등어 묶음을 진수 앞으로 내민다.

진수는 퍽 난처해하면서 못 이기는 듯이 그것을 받아 들었다. 만도는 등어리를 아들 앞에 갖다 대고 하나밖에 없는 팔을 뒤로 버쩍 내밀며,

"자아, 어서!"

하고 재촉했다. 진수는 지팡이와 고등어를 각각 한 손에 쥐고, 아버지의 등어리로 가서 슬그머니 업혔다. 만도는 팔뚝을 뒤로 돌리면서 아들의 하나뿐인 다리를 꼭 안았다. 그리고,

"팔로 내 목을 감아야 될 끼다."

했다. 진수는 무척 황송한 듯 한쪽 눈을 찍 감으면서 고등어와 지팡이를 든 두 팔로 아버지의 굵은 목줄기를 부둥켜안았다. 만도는 아랫배에 힘을 주며 '끙!' 하고 일어났다. 아랫도리가 약간 후들거렸으나 걸어갈 만은 했다. 외나무다리 위로 조심조심 발을 내디디며 만도는 속으로,

㉢'이제 새파랗게 젊은 놈이 벌써 이게 무슨 꼴이고? 세상을 잘못 만나서 진수, 니 신세도 참 똥이다, 똥!'

이런 소리를 주워섬겼고, 아버지의 등에 업힌 진수는 곧장 미안스러운 얼굴을 하며,

㉣'나꺼정 이렇게 되다니, 아부지도 참 복도 더럽게 없지. 차라리 내가 죽어 버렸더라면 나았을 낀데…….'

하고 속으로 중얼거렸다.

만도는 아직 술기가 약간 있었으나, 용케 몸을 가누며 아들을 업고 외나무다리를 조심조심 건너가는 것이었다.

㉤눈앞에 우뚝 솟은 용머리재가 이 광경을 가만히 내려다보고 있었다.

◆
외나무다리 한 개의 통나무로 놓은 다리.
멀뚱하다 눈빛이나 정신 따위가 생기가 없고 멀겋다.
등어리 등허리. 등의 허리 쪽 부분.
황송하다 분에 넘쳐 고맙고도 송구하다.

7 〈보기〉의 내용으로 볼 때, 윗글의 구성 단계에 대한 설명으로 알맞은 것은?

〈보기〉

　　소설의 구성 단계는 주로 발단, 전개, 위기, 절정, 결말의 다섯 단계로 나뉜다. 각 단계는 갈등의 진행과 해결 과정에 따라 나뉘는데, 주인공이 등장하고 배경이 제시되면서 갈등의 원인이 생기는 발단을 시작으로 하여 갈등이 전개되고 심화되어 최고조에 이르고 해소되는 각 단계를 거치게 된다.

① 인물과 배경 등이 소개되고 사건의 실마리가 제시된다.
② 사건이 진전되어 이야기가 복잡하게 얽히고 갈등이 발생한다.
③ 갈등이 점차 깊어지고 사건이 전환되는 계기가 발생하기도 한다.
④ 갈등과 긴장감이 최고조에 달하고 문제 해결의 실마리가 제시된다.
⑤ 사건과 갈등이 해소되어 문제가 해결되고 주인공의 운명이 결정된다.

8 ㉠~㉤을 이해한 내용으로 적절하지 <u>않은</u> 것은?

① ㉠: 두 부자의 장애물로 우리 민족이 겪어야 했던 고난과 시련을 상징한다.
② ㉡: 서로 돕고 의지함으로써 시련을 극복할 수 있다는 주제를 암시한다.
③ ㉢: 아들을 안쓰럽게 생각하는 아버지의 부성애를 보여 준다.
④ ㉣: 아버지와 달리 삶에 대한 의욕이 없는 아들의 부정적인 생각을 보여 준다.
⑤ ㉤: 우리 민족이 비극적인 현실 속에서도 희망을 잃지 않기를 바라는 작가의 주제 의식이 드러난다.

개념⁺ 접사

• **개념**: 단어를 형성할 때, 실질적인 의미를 나타내는 부분을 어근이라고 하며, 어근에 붙어서 그 뜻을 제한하는 주변 부분을 접사라고 함.
• **종류**: 접사는 어근 앞에 붙을 경우 접두사, 어근 뒤에 붙을 경우 접미사라고 함.

9 〈보기〉의 밑줄 친 '외'와 의미가 <u>다른</u> 접사가 붙어 만들어진 단어는?

〈보기〉

외나무다리

① 외갈래　　　　② 외마디　　　　③ 외삼촌
④ 외아들　　　　⑤ 외기러기

제목의 의미

1 아버지와 아들의 상황과 처지를 통해 이 소설의 제목이 의미하는 바를 파악하여 빈칸에 들어갈 내용을 써 보자.

	만도(아버지)	진수(아들)
상황과 처지	징용에 끌려가 노동을 하던 중, 다이너마이트가 터져 한쪽 ( )을 잃음.	전쟁터에 징병되어서 전쟁을 하던 중, 수류탄 쪼가리에 맞아 한쪽 ( )를 잃음.

▼

제목의 의미	일제 강점기와 한국 전쟁이라는 시대적 불행 속에서 부자(父子)의 ( )에 걸친 ( )을 의미함.

인물의 심리

2 장소 변화에 따른 만도의 심리 변화를 파악하여 빈칸에 들어갈 내용을 써 보자.

용머리재	장터	정거장	외나무다리
전쟁에서 돌아오는 진수를 마중 감.	진수에게 먹이려고 고등어를 삼.	다리를 잃은 아들을 대면함.	아들을 업고 외나무다리를 건넘.
기쁨, 설렘, 왠지 모를 ( )	기대감, 설렘	좌절감, ( ), 안타까움	안쓰러움, 극복하려는 ( )

소설의 주제

3 '외나무다리'의 상징적 의미를 바탕으로 이 소설의 주제를 정리하여 빈칸에 들어갈 내용을 써 보자.

'외나무다리'의 상징적 의미	주제
• 불구의 몸인 아버지와 아들이 쉽게 건너갈 수 없는 장애물로 우리 민족이 겪어야 하는 현실의 고난을 상징함. • 아버지와 아들이 협력하여 '외나무다리'를 건너는 것을 통해 현실의 어려움을 극복할 것이라는 가능성과 희망을 상징함.	• 민족의 비극과 그 극복 의지 • ( )을 바탕으로 한 수난 극복의 의지

깊이 읽기

일제의 강제 징용과 한국 전쟁의 피해

일제 강점 당시 일제는 침략 전쟁을 벌이기 위한 목적으로 부족한 노동력을 보충하기 위해 조선인을 강제 노동에 동원하여 종사하게 하였습니다. 중국을 침략하기 전에는 조선의 값싼 노동력을 모집하여 일본의 토목 공사장이나 광산에서 집단 노동을 하게 했으나, 1937년 중일 전쟁 이후에는 국가 총동원법을 공포하고 국민 징용령을 실시하여 강제 동원에 나섰습니다. 이 법은 의회의 동의 없이 일본 본토와 식민지, 점령지 등 모든 지배 지역의 사람과 물자, 자금을 총동원하여 전쟁에 투입하기 위해 일본 정부에 광범위한 권한을 위임한 전시 통제 기본법이었습니다. 1939년부터 1945년까지 강제 동원된 조선인은 약 146만 명에 달하는 것으로 조사되었으며, 이들은 주로 탄광이나 금속 광산, 토건 공사장이나 군수 공장에서 가혹한 노동에 시달리며 혹사당했습니다.

해방 후 우리나라에는 독립 국가 건설 과정에서 통일된 정부를 수립하는 데 실패하여 두 개의 분단 정부가 수립되었고, 결국 1950년 6월 25일 새벽 북한군의 기습적 남침으로 한국 전쟁이 발발하였습니다. 1953년 7월 27일 휴전에 이르기까지 한국군 62만여 명과 유엔군 15만여 명 등 약 77만여 명이 전사하거나 부상을 입거나 실종되었으며, 약 1,000만여 명이 넘는 이재민이 발생하였습니다. 재산상의 피해 또한 만만치 않았습니다. 부산을 제외한 국토 전체가 초토화되었고, 제조업의 약 40% 이상이 파괴되었으며, 도로, 철도, 교량, 항만, 학교, 개인 가옥 등이 대부분 파괴되어 경제적 기반과 함께 국민들의 생활 터전 또한 황폐화되었습니다.

사고력 키우기

이 소설에서 아버지와 아들은 자신들의 의지와 상관없이 민족의 역사적 수난과 맞물려 비극을 겪는다. 이처럼 국가의 수난이 개인의 시련으로 이어질 때, 이에 대처하는 올바른 자세는 무엇일지 만도와 진수의 이후 이야기를 상상하여 자신의 생각을 써 보자.

06 오마니별 | 김원일

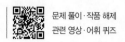

☒ 전체 줄거리

발단	현 선생, 희망을 가지고 줄리 선생과 연락을 하다	"만약에 말일세, 그 누님이 아직 살아서 자네를 찾는다면 어떡하겠나?" 조평안 노인은 어렸을 적 피란 중 비행기 폭격으로 어머니와 누이를 잃고 당주골로 흘러들어 오게 된다. 조 씨 노인은 전쟁의 충격으로 어머니가 먼저 죽은 뒤 누이가 죽었다는 기억만 있을 뿐 다른 기억은 잃어버린다. 한편 당주골에 사는 현 선생은 인터넷에서 한국 전쟁 때 잃어버린 남동생을 찾는다는 안나 리 여사의 소식을 듣고, 그 사람이 조 씨 노인일 수도 있다는 희망을 갖고 글을 올린 줄리 선생과 연락을 한다.
전개	안나 리 여사, 가족 동반으로 한국 땅을 찾기로 하다	"안나 리 여사가 가족 동반으로 한국을 방문하겠다는 반가운 소식입니다." 줄리 선생은 현 선생에게 안나 리 여사가 한국 땅을 찾기로 하였으며, 자녀 둘과 며느리가 함께 방문할 것이라는 소식을 전자 우편으로 전한다.
위기	안나 리 여사와 조 노인, 헤어져 살아온 과정을 조금씩 알게 되다	"이 사람아, 꾸어다 놓은 보릿자루처럼 앉았지 말고 뭐라고 운 좀 떼어 봐." 호텔 객실에서 안나 리 여사 일행과 조 씨 노인 일행이 만나 이야기를 나눈다. 안나 리 여사의 가족은 조 씨 노인에 대한 정보를 묻고 들었지만, 조 씨 노인은 안나 리 여사가 누이라고 생각하지 않는다. 그러자 현 선생이 안나 리 여사에게 전쟁 당시의 상황을 들려줄 것을 요청하고, 그녀의 아들이 나서 이야기해 준다. 대화를 통해 안나 리 여사와 조 씨 노인은 한국 전쟁 이후 지금까지 살아온 서로의 삶에 대해 조금씩 알게 된다.
절정	안나 리 여사와 조 노인, 오마니별에 대한 기억으로 서로 남매임을 확인하다	"오마니별을 알다니! 내 동생이 틀림없어!" 안나 리 여사가 한국 전쟁 당시 고통스러운 과거의 기억을 떠올리며 이야기하자, 조 씨 노인은 전쟁 상황의 기억이 떠오르는지 고통스러운 반응을 보인다. 안나 리 여사는 조 씨 노인이 자신의 동생이라는 생각이 들어 그동안 쓰지 않던 한국말로 다급하게 어머니가 숨을 거두었던 겨울밤 이야기를 꺼냈고, 조 씨 노인이 오마니별에 대한 기억을 떠올리자 안나 리 여사는 조 씨 노인이 자신의 동생임을 확신한다.
결말	안나 리 여사와 조 노인, 감격적으로 재회하다	"중길아! 네 이름은 이중길이야. 여기루 오라구!" 안나 리 여사는 조 씨 노인의 원래 이름인 '이중길'을 부르며 두 팔을 한껏 벌린다.

안나 리 여사의 말에 조평안이 고통스러운 반응을 보이는 장면

(왜 자주 출제되는가?) 이 장면은 안나 리 여사의 이야기를 들은 조평안이 갑자기 경련을 일으키며 반응하는 장면이야. 조평안이 안나 리 여사의 이야기를 듣자 전쟁 상황에서 느꼈던 공포와 불안이 다시 살아나며, 잃어버렸던 기억이 떠오른 것이지. 갑작스러운 조평안의 태도 변화는 분위기를 전환하고, 갈등이 절정에 이르도록 하며, 독자들에게 긴장감 속에서 안나 리 여사와 조평안 사이에 어떤 일이 벌어질지 궁금증을 느끼게 하기 때문에 시험에 자주 출제돼.

'오마니별'에 대한 기억으로 남매임을 확인하는 장면

(왜 자주 출제되는가?) 이 장면은 조평안이 과거의 기억을 떠올림으로써 안나 리 여사와 조평안이 오누이 사이임을 확인하는 장면이야. 안나 리 여사가 한국말을 내뱉으며 조평안에게 질문을 하는 모습과, "오마니별, 거기 있어……."라는 조평안의 말에 참았던 비탄을 터뜨리는 모습에서 안나 리 여사의 절박한 심정을 파악할 수 있어. 이를 통해 전쟁이 남긴 깊은 상처, 이산가족의 절박함을 느낄 수 있기 때문에 시험에 자주 출제돼.

간단 확인

■ 정답과 해설 12쪽

다음을 읽고 이 글의 내용과 일치하면 ○, 일치하지 않으면 ×를 표시해 보자.

1 조평안은 전쟁 중에 누이가 죽었다고 생각한다. ·· (　　　)
2 안나 리 여사는 잃어버린 남동생을 찾기 위해 한국행을 결심한다. ·································· (　　　)
3 조평안은 끝내 잃어버린 기억을 떠올리지 못한다. ·· (　　　)
4 안나 리 여사와 조평안은 유전자 검사를 통해 서로 남매임을 확인한다. ························· (　　　)

오마니별

발단 - 전개 - **위기** - 절정 - 결말

한국 전쟁으로 헤어졌던 안
나 리 여사와 조평안이 일행
들과 함께 호텔 객실 안에서
만나 이야기를 나누는 상황
이다.

김원일(1942~)
소설가이다. 대표 작품으로
는 「도요새에 관한 명상」,
「마당 깊은 집」 등이 있다.

|작품 개관|
·**갈래**: 단편 소설, 분단 소설
·**성격**: 사실적, 현실적
·**시점**: 전지적 작가 시점
·**배경**: 한국 전쟁 당시, 피란
길, 50여 년 후, 어느 호텔

재판정에 나온 피고인처럼 탁자 건너에 꾸부정히 앉은 조 씨를 찬찬히 보던 안나 리 여
사가 직감으로 무엇을 잡았는지 프랑스어 입속말로, 아버지가 살아 계셔 나이 들었다면 저
런 모습일까 하고 가볍게 탄식을 흘렸는데 그 말은 양옆에 앉은 두 자식 귀에도 들릴락 말
락 했다.

"선생은 자녀가 없습니까?" / 제네바 대학에서 동양사를 가르치는 안나 리 여사 딸이 조
씨를 보고 먼저 입을 떼었다. 검은 머리칼에 피부색은 동양인이었으나 동그란 이마에 깊은
갈색 눈이 아름다운 중년 여인이었다.

"뭐랍니까?" / 중절모를 벗어 무릎에 얹은 황 이장이 윗몸을 앞으로 빼고 탁자 옆에 자리
를 정한 줄리 선생에게 물었다.

줄리 선생이 조 씨를 보며 통역을 했다.

"자식 말이오? 없습니다. 그게 말입니다……." / 조 씨가 뒤통수를 긁으며 수줍게 웃었다.

"내가 말하지요." / 큰기침하며 황 이장이 나섰다.

"혈혈단신이라 마을에서 장가를 보내 주었지요. 그런데 조 씨 팔자가 그런지, 여편네가
한 달을 못 넘겨 도망쳐 버렸으니. 조 씨가 밤마을 나왔을 때 염소까지 몰고 줄행랑을 놓
았답니다. 자식 만들기에는 지장이 없는 것 같은데, 조 씨가 사람이 좀 그렇다 보니 마누
라 간수를 잘 못한 거지요. 그래서 제사상 차려 줄 손이라도 봐야 하잖느냐며 마을에서
새로 여자를 맞춰 주려 했더니 본인이 한사코 싫대요. 또 전쟁 나면 어쩌냐며. 그 후론
쭉 궁상맞은 홀아비로 살아왔지요."

줄리 선생 통역에 안나 리 여사만 빼고 그쪽 가족이 모두 웃었다. 코발트색 양복의 정장
차림인 아들이 가장 큰 소리로 웃자, 안나 리 여사가 아들에게 눈총을 주었다.

이제 어머님이 말씀하시라며, 제 남편이 앉은 의자에 기대어 선 안나 리 여사 며느리가
프랑스 말로 말했다. 손수건으로 입을 가리고 있던 안나 리 여사가 혼잣말인 듯 중얼거렸다.

"불쌍한 사람, 제 이름조차 잊었다니."

줄리 선생이 그 중얼거림을 옮길까 말까 망설이다 그만두었다. 안나 리 여사가 손수건으
로 눈자위를 찍었다. 그네 눈이 충혈되어 있었다.

"조 씨 말이오, 전쟁 난 이듬해 마을로 처음 들어왔을 때 제 이름도 모른 채 오마니, 누이
하며 두 사람만 찾았다오. 평안도 말씨를 쓰기에 이북 거기서 피란 나온 아이인 줄 알고
마을에서 평안이라 이름 지어 주었지요."

황 이장이 말하며 조 씨 옆구리를 집적였다.

"이 사람아, (㉠   )처럼 앉았지 말고 뭐라고 운 좀 떼어 봐."

"내가 무슨 할 말이 있게. 저분이 누이라구? 글쎄……."

조 씨가 머리를 설레설레 흔들었다. 그는 여전히 누이가 전쟁 때 죽었다는 생각에서 헤
어나지 못하고 있었다.

◆
피고인 형사 소송에서, 검사
에 의하여 형사 책임을 져야
할 자로 공소 제기를 받은
사람.
탄식 한탄하여 한숨을 쉼.
또는 그 한숨.
혈혈단신 의지할 곳이 없는
외로운 홀몸.
밤마을 밤에 이웃이나 집 가
까운 곳에 놀러 가는 일.
궁상맞다 꾀죄죄하고 초라
하다.
눈총 눈에 독기를 띠며 쏘아
보는 시선.
집적이다 말이나 행동으로
남을 건드려 성가시게 하다.

1 윗글의 서술자에 대한 설명으로 가장 적절한 것은?

① 등장인물이 자신의 이야기를 전달하고 있다.

② 여러 인물이 교대로 서술자가 되어 이야기를 전달하고 있다.

③ 등장인물이 자신의 판단은 드러내지 않고 사건을 객관적으로 바라보고 있다.

④ 등장인물이 아닌 이야기 밖에 있는 서술자가 등장인물의 행동과 속마음을 서술하고 있다.

⑤ 등장인물이 아닌 이야기 밖에 있는 서술자가 특정 인물의 시각으로 이야기를 전달하고 있다.

2 〈보기〉를 바탕으로 윗글의 인물에 대해 평가한 내용으로 적절하지 <u>않은</u> 것은?

> ┌─────────────── 보기 ───────────────┐
>
> 인물은 소설의 가장 핵심적인 구성 요소이다. 소설은 사건의 진행에 따라 이야기가 전개되는데, 이 사건을 일으키고 이끌어 가며 해결하는 것이 바로 인물이다.
>
> 고전 소설에서는 권선징악이라는 주제를 중심으로 선과 악의 대결 구조를 드러내는 평면적 인물을 등장시켰다면, 현대 소설에 이르면서는 인간 본연의 모습에 대한 탐구 자체를 주제로 하기도 하고 인물 또한 입체적이고 다양화되었다. 그래서 우리는 현대 소설을 읽으며 인간의 내면을 탐구하고 심리를 파악함으로써 다양한 인간의 모습을 이해할 수 있다.

① 황 이장은 조평안을 도와주는 인물로, 사람들 앞에 나서기를 좋아하는 인물이야.

② 안나 리가 조평안을 찬찬히 살펴보는 모습에서 그녀의 주도면밀한 성격을 느낄 수 있군.

③ 조평안이 자신의 이름조차 잊은 것으로 보아 전쟁 중에 받은 충격이 매우 컸다는 것을 알 수 있군.

④ 줄리 선생은 안나 리를 돕는 인물인데, 안나 리의 말을 모두 옮기지 않고 망설이는 모습에서 내성적인 인물임을 알 수 있어.

⑤ 조평안은 전쟁의 상처로 성격이 소극적으로 변한 것 같아. 홀아비로 계속 살아왔다는 황 이장의 말에서 이러한 그의 성격을 짐작할 수 있어.

3 윗글의 흐름을 고려할 때, ㉠에 들어갈 속담으로 적절한 것은?

① 약방에 감초　　② 누워서 침 뱉기　　③ 산 호랑이 눈썹

④ 애호박에 말뚝 박기　　⑤ 꾸어다 놓은 보릿자루

◆
권선징악 착한 일을 권장하고 악한 일을 징계함.

┌─ 속담·한자 성어 익히기 ─┐

• **약방에 감초** 어떤 일에나 빠짐없이 끼어드는 사람 또는 꼭 있어야 할 물건을 비유적으로 이르는 말.

• **누워서 침 뱉기** 남을 해치려고 하다가 도리어 자기가 해를 입게 된다는 것을 비유적으로 이르는 말. 또는 자기에게 해가 돌아올 짓을 함을 비유적으로 이르는 말.

• **산 호랑이 눈썹** 도저히 구할 수 없는 것을 구하려고 함을 비유적으로 이르는 말.

• **애호박에 말뚝 박기** 심술이 매우 고약함을 비유적으로 이르는 말.

• **꾸어다 놓은 보릿자루** 여럿이 모여 이야기하는 자리에서 아무 말도 하지 않고 한옆에 가만히 있는 사람을 비유적으로 이르는 말.

안나 리 여사가 조평안에게 과거 기억에 대해 물으면서 동생이 맞는지 확인하는 상황이다.

"어머니는 전쟁으로 굶주리는 아이들에 대한 애정이 각별한 분입니다. 내전을 겪는 아프리카의 결식아동 돕기 시민 단체에 평생을 헌신해 오셨습니다. 아프리카 오지를 수십 차례 다녀오셨고요. 최근에는 북한 경제 사정이 나빠져 식량 부족으로 어린이들이 영양 결핍으로 몹시 어렵게 지낸다는 걸 알고 어머니가……."

안나 리 여사가 손을 저으며 딸의 말을 막았다.

"네 말을 중간에 끊어 미안하다만 너희들의 그런 내 소개가 지금 꼭 필요하다고 생각하느냐? 우리가 이 상면의 본질을 놓치고 있는 건 아니냐?"

"죄송해요."

줄리 선생이 모녀의 그런 대화까지 통역하지는 않았다.

안나 리 여사가 조 씨를 정면으로 주시했다. 갑자기 긴장된 분위기가 흘렀고 실내 공기가 침묵으로 팽팽해졌다. 안나 리 여사가 침착한 어조로 조 씨에게 물었다.

"(㉠) 아버지가 전사했다는 통지서가 집으로 배달되었던 그해 가을, 어머니가 우리를 안고 오랫동안 섧게 우신 걸 기억합니까?"

줄리 선생 통역에, 조 씨가 안나 리 여사를 멀거니 보며 눈만 껌벅였다.

"(㉡) 그날 진종일 가을비가 내렸는데……."

조 씨는 도무지 생각이 나지 않는다는 멍청한 표정으로 머리를 저었다.

"(㉢) 어머니와 우리가 피란 내려올 때, 지프차 타고 후퇴하던 미군들이 차에서 내리더니 피란민 대열에서 장정들만 따로 골라내어 두 손을 들게 하여 한자리에 모아 놓고 불문곡절 총 쏘아 죽인 걸 기억합니까? 그때 미군들이 겁먹은 장정들을 거칠게 다루며 외친 말을 나는 똑똑히 들었습니다. 미국에 가서야 그 말뜻을 알게 되었는데, 차마 입에 담을 수 없는 인간 비하의 욕설이었습니다. 인민군이 민간복으로 바꾸어 입고 피란민 대열에 섞여 있다고, 그들은 인간으로서는 차마 할 수 없는 그런 짓을 저질렀지요. 그때 미군을 보았던 게 생각납니까?"

안나 리 여사 말을 줄리 선생이 통역하자 황 이장이 중절모를 든 손을 내저으며 불끈 나섰다.

"(㉣) 그건 이 여사가 잘못 알고 있는 겁니다. 어릴 때 당한 일이라 오해하고 있어요. 피란민 대열 속에 인민군이 민간인 복장을 한 채 총을 피란 보따리에 감추고 끼어 있다가 미군을 만나면 드르륵 갈겨 댔대요. 그런 일이 비일비재하자 미군들은 불시에 또 그런 변을 당할까 봐 피란민 대열만 만나면 잔뜩 겁먹어……."

[A] ┌─ 황 이장 말을 귀 기울여 듣던 조 씨가 벌린 입을 다물지 못한 채 풍 맞은 듯 떨어 댔다. 무릎에 얹힌 손까지 심한 경련을 일으키더니, 갑자기 머리를 흔들며 소리쳤다.
    └─ "(㉤) 아니요. 피란 나오다 …… 난 못 봤어요. 정말 못 봤구, 아무것도 몰라요!"

실내 분위기가 갑자기 어수선해졌다. 안나 리 여사 자녀와 며느리가 눈을 크게 뜨고 잠시 제정신을 놓친 듯한 조 씨를 주목했다. 줄리 선생은 분위기가 이렇게 돌아가서는 안 되

◆ **상면** 서로 만나서 얼굴을 마주 봄. 또는 서로 처음으로 만나서 인사하고 알게 됨.
섧다 원통하고 슬프다.
장정 나이가 젊고 기운이 좋은 남자.
불문곡절 어찌 된 사정인지를 묻지 아니함.
비일비재하다 같은 현상이나 일이 한두 번이나 한둘이 아니고 많다.

는데 하는 언짢은 표정이었고, 현 선생은 남의 말을 가로채어 끼어드는 황 이장이 그만 나서 주었으면 하는 눈길로 이장을 보았다. 오직 침착한 태도와 냉정한 표정을 그대로 유지한 이는 안나 리 여사였다.

4 윗글을 통해 짐작할 수 있는 한국 전쟁 당시의 상황으로 알맞지 <u>않은</u> 것은?

① 사람들은 살던 곳을 떠나 피란길에 오르기도 했다.

② 피란길에 헤어져 이산가족과 전쟁고아가 생겨났다.

③ 가족이 전사하여 한 가정이 완전히 파괴되기도 했다.

④ 민간인을 학살하는 등 참전국의 비인간적 행위도 있었다.

⑤ 피란민은 보따리에 총을 숨겨 위급 상황에 대비하기도 했다.

5 윗글을 희곡으로 각색할 때, ㉠~㉤에 들어갈 지시문으로 어울리지 <u>않는</u> 것은?

① ㉠: 침착한 어조로

② ㉡: 회상적 어조로

③ ㉢: 상대에게 따지듯

④ ㉣: 격앙된 목소리로

⑤ ㉤: 공포와 불안에 떨며

개념➕ 지시문

• **개념**: 연극의 대본인 희곡에서 등장인물의 몸짓이나 무대의 장치, 분위기 따위를 나타내는 것을 말함.

• **종류**: 역할에 따라 무대 장치, 분위기, 장소와 시간 등을 지시하는 '무대 지시문'과 등장인물의 행동, 표정, 말투 등을 지시하는 '행동 지시문'으로 나뉨.

6 [A] 부분에 대한 설명으로 적절하지 <u>않은</u> 것은?

① 조 씨가 잃어버렸던 기억을 떠올렸음을 암시한다.

② 분위기의 전환을 통해 갈등이 절정으로 이르게 한다.

③ 안나 리 여사가 조 씨에 대한 확신을 접는 계기가 된다.

④ 상황을 관망하기만 하던 조 씨의 태도 변화가 드러난다.

⑤ 조 씨가 전쟁 상황에서 느꼈던 공포와 불안이 다시 살아났음을 나타낸다.

'오마니별'에 대한 기억으로 안나 리 여사와 조평안이 남매임을 확인하는 상황이다.

"어린 동생 데리고 하염없이 걷고 걸었던 그해 겨울 추위와 배고픔을 나는 이날 이때까지 하루도 잊어 본 적 없답니다. 그럼 내가 묻겠어요. 어머니가 숨을 거두었던 겨울밤은 생각납니까?"

줄리 여사 통역을 듣던 황 이장이 답답해 미칠 지경이란 듯 조 씨 무릎을 흔들며 조 씨 귀에 대고 큰 소리로 말했다.

"이 사람아, 그건 기억난다고 했잖아. 꾸물대지 말구 어서 말해 봐!"

"그래, 그래 기억나."

그제야 조 씨가 머리를 끄덕였다.

"그렇다면 어머니가 숨 거둔 그날 밤, 하늘을 보고 내가 했던 말을 기억합니까?"

안나 리 여사도 답답했던지 프랑스 말에 달아 천장을 쳐다보며,

"별, 별 말입니다!"

하고 분명한 한국 발음으로 강조했다. 그네는 터지려는 울음을 손수건으로 막았다. 한순간에 실내는 숙연해졌고 모두의 시선이 조 씨 얼굴에 쏠렸다.

"별?" / 조 씨가 천장을 올려다보며 눈을 깜박이더니 추위를 타듯 어깨를 움츠리고 온몸을 떨어 댔다.

"하늘에 별?"

"별 보구 내 뭐라 말했어?"

봇물이 터진 듯 안나 리 여사 입에서 자연스럽게 한국말이 터졌고 낮춤말을 썼다. 그네가 팔걸이 쥔 손에 얼마나 힘을 주었던지 휠체어가 흔들렸다.

"오마니별, 거기 있어……."

허공을 보는 조 씨 입에서 꿈결이듯 그 말이 흘러나왔고 눈동자가 뿌옇게 풀어졌다.

손수건으로 입을 막아 격한 감정을 다스리던 안나 리 여사의 비탄이 터진 것은 그 순간이었다.

"오마니별을 알다니! 내 동생이 틀림없어!"

[A]

엄마가 숨을 거둔 겨울밤이었다. 폭격으로 반쯤 허물어진 빈집의 무너진 천장 사이로 밤하늘이 보였고, 찬 별들이 하늘 가득 보석처럼 박혀 있었다. 헌 이불을 둘러쓰고 서로 껴안아 체온으로 밤을 새울 때, 밤하늘의 별을 보며 누이가 말했다. 중길아, 저 하늘에 반짝이는 별 두 개를 봐. 아바지별과 오마니별이야. 천지 강산에 우리 둘만 남기구 아바지가 오마니 데빌구 하늘에 가서 별루 떴어. 저기, 저기 오마니별 보여?

"중길아! 네 이름은 이중길이야. 여기루 오라구!"

안나 리 여사가 떨리는 두 팔을 한껏 벌리고 외쳤다.

그 순간을 놓치지 않겠다는 듯 현 선생이 앞으로 나서며 카메라를 들이댔다. 안나 리 여사 며느리는 뒤쪽에 따로 준비해 둔 한 아름 생화 꽃다발을 들고 활짝 웃으며 조 씨 쪽으로 걸어왔다.

숙연하다 고요하고 엄숙하다.
봇물 보에 괸 물. 또는 거기서 흘러내리는 물.
비탄 몹시 슬퍼하면서 탄식함. 또는 그 탄식.

7 윗글을 읽고 나눈 감상으로 적절하지 **않은** 것은?

① 평범했던 아이들이 전쟁고아가 되어 겪어야 했던 고통이 느껴져서 마음이 아팠어.

② 어린아이들만 남겨진 상황에서 별을 보며 서로가 의지하는 모습이 가슴 뭉클했어.

③ 한국말이 터져 나올 정도로 다급한 안나 리 여사의 모습에서 이산가족의 절박함이 느껴졌어.

④ 안나 리 여사가 결국 비탄을 터뜨리는 장면에서 전쟁으로 인한 상처는 무엇으로도 치유할 수 없음을 깨달았어.

⑤ 실낱 같은 기억에 의지해 어떻게든 혈육을 찾으려고 애를 쓰는 사람들의 모습에서 전쟁의 비극성을 느낄 수 있었어.

8 '오마니별'의 역할을 〈보기〉와 같이 정리할 때, 빈칸에 들어갈 단어로 알맞은 것은?

───〈보기〉───

　'오마니별'은 안나 리 여사와 조평안 두 사람만이 알고 있는 기억을 확인하는 소재로, 두 사람을 재회시키는 (　　　　　　　) 역할을 한다.

① 매개체　　　② 유기체　　　③ 복합체　　　④ 구성체　　　⑤ 결정체

9 [A] 부분의 서술상의 특징에 대한 설명으로 적절한 것은?

① 서술자가 직접 체험한 사건을 전달하고 있다.

② 하나의 사건을 여러 인물의 시선에서 제시하고 있다.

③ 공간의 이동에 따른 인물의 심리 변화를 부각하고 있다.

④ 비현실적인 요소를 삽입하여 사건의 신비성을 강조하고 있다.

⑤ 과거의 장면에서 현재의 장면으로 전환되며 이야기가 전개되고 있다.

1 등장인물의 삶을 바탕으로 이 소설의 내용을 정리하여 빈칸에 들어갈 내용을 써 보자.

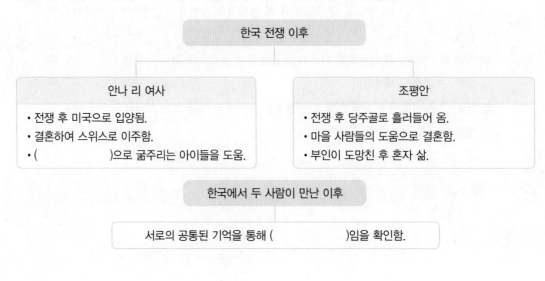

한국 전쟁 이후

안나 리 여사	조평안
• 전쟁 후 미국으로 입양됨. • 결혼하여 스위스로 이주함. • (　　　　　)으로 굶주리는 아이들을 도움.	• 전쟁 후 당주골로 흘러들어 옴. • 마을 사람들의 도움으로 결혼함. • 부인이 도망친 후 혼자 삶.

한국에서 두 사람이 만난 이후

서로의 공통된 기억을 통해 (　　　　　)임을 확인함.

2 이 소설에서 '오마니별'의 역할을 파악하여 빈칸에 들어갈 내용을 써 보자.

과거	현재
(　　　　　)가 숨을 거둔 날, 누이가 중길에게 밤하늘의 별을 보며 오마니별이라고 말함.	기억을 잃었던 조평안이 안나 리 여사의 질문에 자신의 과거를 떠올리며 (　　　　　)이라고 말함.

▼

'오마니별'의 역할	안나 리와 조평안의 공통된 기억으로, 두 사람이 남매지간임을 증명하고, 두 사람을 재회시킴으로써 갈등을 (　　　　　)하는 역할을 함.

3 이 소설의 시대적 배경을 바탕으로 주제를 정리하여 빈칸에 들어갈 내용을 써 보자.

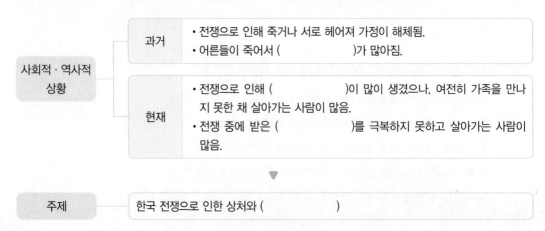

사회적·역사적 상황	과거	• 전쟁으로 인해 죽거나 서로 헤어져 가정이 해체됨. • 어른들이 죽어서 (　　　　　)가 많아짐.
	현재	• 전쟁으로 인해 (　　　　　)이 많이 생겼으나, 여전히 가족을 만나지 못한 채 살아가는 사람이 많음. • 전쟁 중에 받은 (　　　　　)를 극복하지 못하고 살아가는 사람이 많음.

▼

주제	한국 전쟁으로 인한 상처와 (　　　　　)

깊이 읽기

남북 분단과 이산가족

　남북 이산가족은 현재 군사 분계선 이남 지역과 이북 지역으로 흩어져 있는 8촌 이내의 친인척과 배우자 및 배우자였던 자를 말하는 것으로, 남북이 분단되어 사람의 왕래와 물자의 교환이 통제되면서 발생하게 되었습니다. 우리나라에서는 이러한 이산가족의 아픔을 보듬기 위해 많은 노력을 기울였습니다. 그 일환으로 1983년에는 한국 방송 공사 주관으로 이산가족 찾기 특별 생방송을 방영하였습니다. 이 방송은 1983년 6월 30일부터 11월 14일까지 무려 138일에 걸쳐 453시간 45분 동안 생방송으로 진행되었으며, 그 결과 약 10,000명 이상의 이산가족이 헤어졌던 가족들을 다시 만날 수 있었습니다. 이 방송은 2015년 10월 초 유네스코 기록 유산 국제 자문 회의 심사를 거쳐 10월 9일 유네스코 기록 유산으로 등재되기도 하였습니다. 또

▲ 이산가족 찾기 생방송

한 2000년 평양에서 이루어진 남북 정상 회담 이후, 2000년 8월 15일 1차 이산가족 상봉을 시작으로 2018년 8월까지 총 21차례의 이산가족 상봉이 이루어졌습니다. 하지만 이산가족 상봉 대상자로 선정된 사람의 수에 비해 실제 이산가족 상봉 대상자로 선정되지 못한 사람의 수가 더 많기 때문에 이산가족 상봉 행사 외에도 다양한 교류 방법을 고안하는 것이 앞으로의 과제라고 할 수 있습니다.

사고력 키우기

남한과 북한이 통일을 이루기 위해 해야 할 일에는 어떠한 것이 있을지 근거를 들어 써 보자.

_____

_____

_____

_____

_____

07 주몽 신화 | 작자 미상

소설

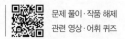

🔅 전체 줄거리

기

해모수,
유화를 두고
하늘로 올라가
버리다

"하백은 해모수의 비범성을 확인한 뒤에 그가 천제의 아들이라 믿고는 예를 갖추어 해모수와 유화의 결혼식을 올려 주었다."

금와가 왕이 되어 나라를 다스릴 때 금와는 유화에게, 하늘 신의 아들 해모수가 웅신산으로 내려와 물을 다스리는 하백의 딸 유화를 만나 결혼하지만 해모수가 혼자 하늘로 올라가 버리자 하백이 딸 유화를 우발수로 쫓아 버렸다는 이야기를 듣게 된다.

승

주몽,
알에서 태어나다

"금와왕은 그 알이 상서롭지 못하다 하여 돼지우리에 던져 버리게 하였다. 그러나 돼지들은 알을 짓밟지 않게 피해 다녔고, 알이 들판에 버려지자 온갖 새들이 몰려들어 알을 보호했다. 길바닥에 버려도 소나 말들이 피해 다녔다."

금와왕은 유화를 궁으로 데려온다. 어느 날 햇빛이 유화를 따라다니며 비추더니 열 달 만에 유화가 알을 낳는다. 그 알에서 태어난 아이는 태어난 지 한 달 만에 활을 만들어 달라고 하였고, 활을 쏘는 솜씨가 남달랐다. 사람들은 그 아이를 주몽이라고 불렀다.

전

주몽, 물고기와
자라 떼의
도움으로 위험을
피하다

"주몽의 말이 끝나자마자 어디서 왔는지 물고기들과 자라들이 떼지어 나타나 물 위로 떠올랐다. 그리고 스스로 몸들을 이어 순식간에 다리를 만들었다."

주몽의 능력이 뛰어나자 금와왕의 아들들이 그를 시기하여 금와왕은 주몽에게 말 기르는 일을 시킨다. 주몽은 비록 못마땅하였으나 기꺼이 그 일을 하였고, 이후에 새로운 나라를 세우기 위해 오이, 마리, 협보와 함께 떠난다. 주몽이 엄체수에 이르렀을 때 금와왕의 아들들과 병사들이 주몽을 붙잡기 위해 뒤쫓아 왔지만, 주몽은 물고기와 자라 떼의 도움으로 위험을 피한다.

결

주몽이 세운
고구려,
동녘 땅에서
가장 힘센 나라가
되다

"졸본부는 땅이 기름지고 주위에는 높은 산이 병풍처럼 둘러서 있어 외적의 침입을 막을 만했다. 그곳에 나라를 세우고 나라 이름을 고구려라고 했다. 그리고 천제의 후손으로서 햇빛을 받아 세상에 태어났다고 해서 '고(高)'라는 성을 썼다."

주몽은 옛날 북부여가 있던 졸본 땅에 도읍을 정한 뒤 새 나라를 세우고 이름을 '고구려'라고 정한다. 고구려는 동부여와 낙랑, 동예 같은 주변 나라를 통합하여 영토를 넓히고 동녘 땅에서 가장 힘센 나라가 된다.

🎯 시험에 꼭 나오는 핵심 장면

주몽의 출생 장면

(왜 자주 출제되는가?) 이 장면은 '영웅의 일대기적 서사 구조' 중 '기이한 출생'과 '어려서 죽을 고비를 넘김'과 관련된 부분이야. 유화가 햇빛을 받고 잉태하여 알을 낳은 것, 금와왕이 알을 버리도록 하였으나 동물들이 알을 보호한 것, 알을 깨고 주몽이 태어난 것은 당시 사람들이 자신들의 시조인 주몽을 하늘의 기운과 태양의 정기를 받은 신성한 존재로 여기도록 하는 요소들이지. 이 장면에는 건국 신화의 특징과 주몽의 영웅으로서의 특징이 잘 드러나기 때문에 시험에 자주 출제돼.

주몽이 엄체수에서 위기를 벗어나는 장면

(왜 자주 출제되는가?) 이 장면은 '영웅의 일대기적 서사 구조' 중 '성장 후에 겪는 위기'와 관련된 부분이야. 금와왕의 아들들과 병사들이 뒤쫓아 오는 상황에서 엄체수 앞에 선 주몽은 자신이 천자의 아들이자 하백의 외손자라며 하늘에 도움을 요청해. 그랬더니 그 말이 끝나자마자 물고기와 자라가 나타나 강을 무사히 건너갈 수 있도록 다리를 만들어 주지. 이 장면에는 주몽의 신성성과 고구려 건국의 정당성이 잘 드러나기 때문에 시험에 자주 출제돼.

〽 간단 확인

■ 정답과 해설 14쪽

다음을 읽고 이 글의 내용과 일치하면 ○, 일치하지 않으면 ×를 표시해 보자.

1 해모수는 유화와 결혼 후 평생 함께 살아간다. ·· (　　)
2 유화는 열 달 만에 알을 낳고, 그 알에서 태어난 아이는 활을 쏘는 솜씨가 남달랐다. ······· (　　)
3 금와왕의 아들들은 주몽의 능력을 높이 평가하고 그를 따른다. ······························ (　　)
4 주몽은 졸본 땅에 도읍을 정한 뒤 새로 세운 나라의 이름을 '고구려'로 정한다. ············ (　　)

주몽 신화

기 — 승 — 전 — 결

해모수와 유화가 만나 결혼하였으나, 해모수가 홀로 하늘로 올라가 버리자 하백이 유화를 내쫓는 상황이다.

|작품 개관|
·갈래: 건국 신화
·성격: 서사적, 영웅적, 신화적
·제재: 주몽(동명왕)의 일대기

◆
금와 동부여의 왕. 고대 난생 설화상의 인물로, 부여 왕 해부루에게 발견되어 그의 태자가 되었으며, 유화를 아내로 맞아 고구려의 시조 주몽을 낳게 하였다.
오룡거 다섯 마리 용이 끄는 수레.
사자 명령이나 부탁을 받고 심부름을 하는 사람.
비범성 보통과는 달리 뛰어난 특징이나 성질.
부대 종이, 피륙, 가죽 따위로 만든 큰 자루.
비녀 여자의 쪽 찐 머리가 풀어지지 않도록 꽂는 장신구.

금와가 왕위에 있을 때였다. 어느 날 태백산 남쪽에 있는 우발수라는 호수에서 한 어부가 금와왕을 찾아와 호소하였다. 그의 말인즉, 밤에 그물을 쳐 놓고 집에 들어갔다가 새벽에 나와 보면 분명히 그 안에 있어야 할 고기가 한 마리도 보이지 않는다는 것이었다. 금와왕은 그 말을 듣고 큰 그물로 호수에 있는 것들을 모두 끌어올리도록 했다. 놀랍게도 끌려 나온 것은 여자였다. 그녀의 입을 통해 들은 이야기는 다음과 같았다.

그녀는 원래 물을 다스리는 신인 하백의 딸로서, 이름은 유화라 했다. 어느 봄날, 유화는 두 여동생과 함께 땅 위로 나들이를 나왔다가 한 남자를 만났다. 그는 자신을 천제의 아들 해모수라고 소개하면서 세 여인과 어울려 놀았다. 그는 웅신산 아래에 오룡거가 있는데 그 마차로 집까지 바래다주겠노라고 세 여인에게 제안하였다. 두 동생은 거절하였으나 호기심 많은 유화는 해모수를 따라갔다. 해모수는 유화를 오룡거에 태우고 압록강 변의 작은 오두막집으로 가서 그녀와 시간을 보냈다.

한편, 하백은 자기의 맏딸이 늦도록 돌아오지 않자 신하들을 시켜 해모수와 딸을 찾도록 했다. 이윽고 해모수와 유화가 압록강 변에 있다는 말을 전해 들은 하백은 사자를 보내 항의했다.

"그대는 누구인데 감히 유화와 함께 있는가?"

"나는 천제의 아들 해모수인데 이제 하백의 딸인 유화와 결혼하고자 하니 나의 뜻을 그대의 상전에게 알려라."〈중략〉

"그대가 천제의 아들이라면 나에게 그대의 비범성을 보여 주어야 할 게 아니오."

하백의 말에 해모수는 쾌히 승낙하고는 하백을 따라 궁전의 뒤뜰로 나갔다. 먼저 하백이 잉어로 변신하자 해모수는 즉시 수달로 변하여 잉어를 잡았다. 하백이 사슴으로 변하자 해모수는 승냥이가 되어 사슴을 잡고, 하백이 꿩으로 변하자 해모수는 매로 변하였다.

하백은 해모수의 비범성을 확인한 뒤에 그가 천제의 아들이라 믿고는 예를 갖추어 해모수와 유화의 결혼식을 올려 주었다. 하지만 하백의 마음 한 구석에는 고귀한 혈통의 해모수가 왜 물속에 사는 하찮고 천한 자신의 딸을 아내로 맞이했는가 하는 의심이 생겼다. 만일 해모수가 혼자 하늘로 올라가 버리면 큰일이었다. 그래서 하백은 꾀를 궁리해 냈다. 하백은 유화가 하늘로 올라가기만 하면 자연히 하늘의 백성이 될 수 있고, 아울러 떳떳하게 해모수의 아내가 될 것이라는 생각을 했다.

하백은 결혼 축하연이라는 구실로 잔치를 크게 베풀고 해모수에게 독한 술을 자꾸 권했다. 이윽고 해모수가 술에 취하여 정신을 잃고 잠이 들자 하백은 해모수와 유화를 가죽 부대에 넣고 오룡거에 태웠다. ㉠오룡거가 이내 하백의 궁을 출발해서 하늘로 오르려는 순간이었다. 이상한 느낌에 정신을 차린 해모수가 깜짝 놀라 유화의 머리에 꽂힌 비녀를 빼서 가죽 부대를 뚫고 혼자 하늘로 올라가 버렸다.

그러자 하백은 몹시 화가 났다.

"너는 우리의 가문을 욕되게 하고 말았구나. 해모수는 너와 거짓 결혼을 한 거야."

하백은 신하를 시켜 유화를 우발수로 쫓아 버렸다.

1 윗글의 내용과 일치하는 것은?

① 금와왕이 우발수에서 끌어 올린 여자는 하백의 막내딸이었다.

② 해모수는 유화를 웅신산 아래에 있는 작은 오두막집으로 데려갔다.

③ 하백은 해모수의 비범성을 확인하기 전에 자신의 딸을 그에게 주었다.

④ 하백은 유화가 고귀한 혈통의 해모수에게 버림받을까 봐 걱정스러웠다.

⑤ 하백은 해모수가 하늘로 올라가지 못하도록 그를 술에 취하게 만들었다.

2 〈보기〉를 참고하여 윗글을 감상한 내용으로 가장 적절한 것은?

> **보기**
>
> 고대의 신화에는 몇 가지 화소(話素)가 보편적으로 등장하는데, 천손 강림(시조가 하늘에서 내려옴.) 화소, 난생(알에서 태어남.) 화소, 기아(아이를 버림.) 화소, 양육 과정에서 나타나는 동물의 조력(도움을 받음.) 화소, 주력(주술적인 힘을 사용함.) 화소 등이 그 예이다.

① 금와왕이 유화를 만났다는 것에서 난생 화소가 등장함을 알 수 있다.

② 해모수와 하백이 동물로 변했다는 것에서 조력 화소가 등장함을 알 수 있다.

③ 해모수가 홀로 하늘로 올라갔다는 것에서 기아 화소가 등장함을 알 수 있다.

④ 하백이 해모수를 취하게 만들었다는 것에서 주력 화소가 등장함을 알 수 있다.

⑤ 천제의 아들인 해모수와 유화의 결합에서 천손 강림 화소가 등장함을 알 수 있다.

3 ㉠과 같은 일을 겪은 하백의 입장을 나타내는 속담으로 가장 적절한 것은?

① 까마귀 날자 배 떨어진 격이군.

② 닭 쫓던 개 지붕 쳐다보는 격이군.

③ 고래 싸움에 새우 등 터진 격이군.

④ 숭어가 뛰니까 망둥이도 뛰는 격이군.

⑤ 재주는 곰이 넘고 돈은 주인이 받는 격이군.

기 — 승 — 전 — 결

알에서 태어난 주몽은 재주
가 뛰어났지만, 생명의 위협
을 느껴 친구들과 길을 떠나
던 중 금와왕의 일곱 아들들
과 병사들에게 쫓기는 상황
이다.

금와왕은 사연을 듣고 나니 측은한 마음이 들어 유화를 궁으로 데리고 왔다. 유화는 궁 안의 한 별실에서 지냈는데 날마다 햇빛이 따라와 유화를 비추었다. 유화가 피하면 햇빛이 또 따라와 비추었다. 유화는 몇 달 뒤, 커다란 알 하나를 낳았다.

금와왕은 그 알이 상서롭지 못하다 하여 돼지우리에 던져 버리게 하였다. 그러나 돼지들은 알을 짓밟지 않게 피해 다녔고, 알이 들판에 버려지자 온갖 새들이 몰려들어 알을 보호했다. 길바닥에 버려도 소나 말들이 피해 다녔다. 왕은 그 알을 깨뜨리려고 하였으나 깨지지도 않았다. 마침내 왕은 그 알을 유화에게 돌려주었다. 유화가 포근히 그 알을 보호하니 얼마 후 한 사내아이가 알을 깨고 나왔다. 그 아이는 지혜롭고 총명하였고, 다른 아이들과 달리 활 쏘는 솜씨도 뛰어났다. 그 당시 동부여에서는 활 쏘는 솜씨가 뛰어난 사람을 가리켜 주몽이라 하였다. 그래서 유화는 아이의 이름을 주몽(朱蒙)이라고 지어 주었다.

금와왕에게는 일곱 명의 아들이 있었다. 그중 어느 누구도 주몽의 재주를 당할 수 없었기 때문에, 왕자들에게는 주몽이 눈엣가시였다.

일곱 왕자는 사냥을 하던 중 주몽을 해치려다 뜻을 이루지 못하자 주몽이 언제 자신들을 해할지 모른다는 생각이 들었다.

태자인 대소가 왕에게 아뢰었다.

"아바마마, 주몽은 보통 사람이 아닙니다. 만약 그를 없애지 않으면 후환이 있을 것입니다."

왕은 주몽에게 마구간 일을 시켰다. 주몽은 못마땅하였으나 기꺼이 일을 하였다. 그는 어느 정도 자기의 앞길에 닥쳐올 일을 예측하고 있었다. ㉠주몽은 마구간 일을 돌보면서 그 중 가장 좋은 말을 골라 혀뿌리에 몰래 바늘을 찔러 두었다. 그 말은 먹이는 고사하고 물도 제대로 먹지 못해 여위었다. 어느 날 금와왕이 마구간에 나와 살이 찌고 튼튼해진 말들을 보고 주몽을 칭찬하면서 주몽에게 상으로 가장 여윈 말을 선물로 주었다. 그 말은 다름 아닌 주몽이 혀뿌리에 바늘을 꽂아 두었던 말이었다.

주몽이 금와왕의 신임을 얻자 일곱 왕자와 신하들은 주몽을 없애기로 했다. 그 사실을 알아챈 유화 부인이 주몽을 불러 말했다.

"네가 가진 재주와 지혜라면 장차 큰일을 할 수 있을 것이다. 왕자들과 신하들이 너를 해치려 하니 어서 이곳을 떠나 너의 뜻을 마음껏 펼치거라."

그날 밤 주몽은 그를 따르는 오이, 마리, 협보라는 세 친구와 길을 떠나기로 하였다. 일부러 여위게 하여 얻은 준마를 타고 남쪽으로 길을 달렸다.

이를 눈치챈 일곱 왕자들이 병사들을 이끌고 주몽 일행을 뒤쫓아 왔다. 주몽 일행은 열심히 남쪽으로 말을 몰았다. 주몽이 탄 말은 여위었지만 훌륭히 잘 달렸다. 그러나 얼마 가지 못하여 주몽 일행이 강가에 다다랐다. 압록강 동북쪽에 있는 엄체수라는 곳이었는데 앞을 가로막고 있는 검푸른 물을 건널 길이 아득했다. 나룻배 한 척 보이지 않고, 뒤에서는 왕자들과 병사들이 주몽 일행을 뒤쫓아 오고 있었다. 주몽은 눈앞이 캄캄해졌다. 꼼짝없이 붙잡히게 된 것이다.

◆
상서롭다 복되고 길한 일이 일어날 조짐이 있다.
눈엣가시 몹시 밉거나 싫어 늘 눈에 거슬리는 사람.
태자 임금의 자리를 이을 임금의 아들.
후환 어떤 일로 말미암아 뒷날 생기는 걱정과 근심.
여위다 몸의 살이 빠져 파리하게 되다.
신임 믿고 있는 일을 맡김. 또는 그 믿음.
준마 빠르게 잘 달리는 말.

4 윗글을 읽고 난 후 이해한 내용으로 적절한 것은?

① 유화는 활을 잘 쏘았으면 하는 마음에 아이 이름을 주몽이라 지었다.

② 금와왕의 신임을 얻은 일곱 왕자와 신하들은 주몽을 없애기로 하였다.

③ 태자 대소는 금와왕에게 주몽이 마구간 일을 하게 해 달라고 부탁하였다.

④ 금와왕은 말들을 잘 돌본 주몽에게 마구간에서 가장 여윈 말을 상으로 주었다.

⑤ 주몽과 오이, 마리, 협보가 떠난 것은 일곱 왕자의 재주를 당할 수 없었기 때문이다.

5 〈보기〉를 참고하여 윗글을 감상한 내용으로 적절하지 <u>않은</u> 것은?

 보기

　「주몽 신화」에는 하늘과 태양을 중시했던 당시 사람들의 관념을 엿볼 수 있는데, 이는 우리 민족이 하늘을 생명과 권위의 원천으로 보았음을 의미한다. 또한, 주몽은 고귀한 혈통과 비범한 능력을 가졌음에도 불구하고 큰 시련을 겪는다. 태어나기도 전에 버림을 받아 죽을 고비를 넘기며, 비정상적으로 출생한 후에도 주변 사람들로부터 박해를 받는다. 그렇지만 그때마다 주몽은 조력자의 도움을 받아 그 시련을 딛고 서서 건국 시조가 된다.

① 햇빛이 유화를 따라다니며 비춘 것은 고대인의 태양 숭배 사상과 관련이 깊다.

② 금와왕이 유화에게 알을 돌려준 것으로 보아 그는 주몽의 조력자로 볼 수 있다.

③ 유화가 주몽에게 말한 '큰일'은 새로운 나라를 세우는 일을 뜻한다고 할 수 있다.

④ 주몽이 알을 깨고 나온 것은 비정상적 출생이며, 새로운 세계의 창조를 상징한다.

⑤ 유화가 낳은 알이 버려지는 것은 주몽이 태어나기 전에 버림을 받는 것에 해당한다.

◆
박해 못살게 굴어서 해롭게 함.
시조 한 겨레나 가계의 맨 처음이 되는 조상.

 6 윗글의 내용을 고려할 때, ㉠과 관련 깊은 한자 성어로 적절한 것은?

① 선견지명(先見之明)

② 선공후사(先公後私)

③ 선남선녀(善男善女)

④ 선우후락(先憂後樂)

⑤ 선풍도골(仙風道骨)

속담·한자 성어 익히기

• **선견지명** 어떤 일이 일어나기 전에 미리 앞을 내다보고 아는 지혜.

• **선공후사** 공적인 일을 먼저 하고 사사로운 일은 뒤로 미룸.

• **선남선녀** 착하고 어진 사람들을 이르는 말. 또는 곱게 단장을 한 남자와 여자를 이르는 말.

• **선우후락** 지사(志士)나 어진 사람의 마음씨를 이르는 말.

• **선풍도골** 남달리 뛰어난 풍채를 이르는 말.

기 — 승 — 전 — 결

위기에서 벗어난 주몽이 마침내 고구려를 건국하고 나라의 기틀을 잡는 상황이다.

[A]

주몽은 하늘을 향해 소리 높여 외쳤다.

"나는 천자의 아들이요, 하백의 외손자이다. 오늘 화를 피하여 도망해 가는 길, 쫓는 자들이 바로 뒤에 닥치고 있는데 어쩌면 좋단 말인가!"

주몽의 말이 끝나자마자 어디서 왔는지 물고기들과 자라들이 떼지어 나타나 물 위로 떠올랐다. 그리고 스스로 몸들을 이어 순식간에 다리를 만들었다. 주몽 일행은 물고기들과 자라들이 놓아 준 다리 위를 달려 강을 건넜다. 그들이 건너편 강 언덕에 닿자 뒤쫓아 오던 병사들이 강가에 이르렀다. 그러자 물고기들과 자라들이 흩어져 강 속으로 들어가 버렸다. 뒤쫓아 오던 병사들은 더 이상 주몽 일행을 쫓을 수 없었다. 위기를 벗어난 주몽 일행은 행복하게 살 수 있는 좋은 땅을 찾아 남으로 남으로 길을 떠났다.

그들은 마침내 졸본부에 이르렀다. 졸본부는 땅이 기름지고 주위에는 높은 산이 병풍처럼 둘러서 있어 외적의 침입을 막을 만했다. 그곳에 나라를 세우고 나라 이름을 고구려(高句麗)라고 했다. 그리고 천제의 후손으로서 햇빛을 받아 세상에 태어났다고 해서 '고(高)'라는 성(姓)을 썼다. 이때 주몽의 나이는 스물두 살이었다.

[B]

하루는 비류천에서 채소 잎사귀가 떠내려오는 것을 발견했다. 주몽은 필시 강의 상류에 사람이 살 것으로 믿고 그곳에 가 보았다. 강 상류에는 송양왕이 다스리는 비류국이라는 나라가 있었다. 송양왕은 주몽의 용모가 비범함을 보고 함께 자리했다. 그들은 서로 신분에 대해 이야기를 나누다가, 송양왕이 먼저 다음과 같이 제의했다.

"이 좁은 지방에 두 임금이 있을 수 없으니 나라를 세운 지 얼마 안 되는 그대가 나의 신하 됨이 옳을 듯하오." / 이 말에 주몽이 정색을 하며 말했다.

"안 될 말씀이오. 과인은 천제의 후손인데, 그대는 신의 자손도 아니면서 왕이라 자처하니 가소롭기 짝이 없구려. 만약 그대가 나에게 복종치 않으면 하늘이 그대를 벌할 것이오." / 그래서 둘은 서로 재주를 겨루기로 하였다. 송양왕이 먼저 백 보 떨어진 거리에서 그림 그려진 사슴의 배꼽을 향해 활을 쏘았으나 맞추지 못하였다. 주몽은 옥지환을 백 보 밖에 걸어 놓게 하고 활을 쏘았다. 순간 옥지환은 산산조각이 났다. 송양왕은 자신이 도저히 주몽의 상대가 되지 못함을 깨닫고 항복하였다.

송양왕이 항복한 지 한 달 뒤의 어느 날이었다. 골짜기에 검은 구름이 뭉게뭉게 일어나 산이 가려졌다. 다만 일을 하는 소리들만이 들려올 뿐이었다. 주몽은 태연히 말하였다.

"하늘이 나를 위해 성을 쌓고 있는 중이다."

이레가 지나자 햇빛을 가렸던 안개와 구름이 말끔히 걷히고, 언제 생겼는지 모르게 훌륭한 궁궐이 지어져 있었다. 주몽은 하늘을 향해 감사의 절을 올렸다. 그 후 십구 년 동안 주몽은 영토 확장에 힘써 나라의 기틀을 잡았다.

주몽의 나이 사십이 되던 해 가을, 그는 자신이 이룩한 왕국을 떠나 하늘로 올라갔다. 그 뒤를 이어 왕이 된 유리는 아버지의 시호를 '동명성왕(東明聖王)'이라고 하여 그 업적을 기렸다.

필시 아마도 틀림없이.

가소롭다 같잖아서 우스운 데가 있다.

보 거리의 단위. 1보는 한 걸음 정도의 거리이다.

옥지환 옥으로 만든 가락지.

이레 일곱 날.

시호 제왕이나 재상, 유현들이 죽은 뒤에, 그들의 공덕을 칭송하여 붙인 이름.

7 〈보기〉는 '영웅의 일대기적 서사 구조'를 표로 나타낸 것이다. 윗글에서 '위업 달성'에 해당하는 내용으로 알맞은 것은?

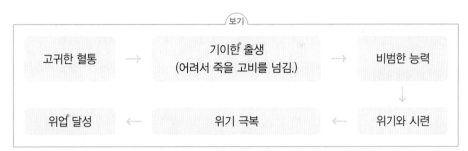

기**이하다** 기묘하고 이상하다.
위업 위대한 사업이나 업적.

① 주몽 일행이 무사히 강을 건넌 것
② 물고기들과 자라들이 다리를 만들어 준 것
③ 주몽이 졸본부에 이르러 고구려라는 나라를 세운 것
④ 주몽이 해모수의 아들이고 하백의 외손자로 태어난 것
⑤ 병사들이 강가에 이르자 물고기들과 자라들이 흩어진 것

8 [A]에 대한 설명으로 적절하지 <u>않은</u> 것은?

① 주몽의 신성성이 잘 드러나는 부분이다.
② '물고기'와 '자라'는 주몽의 조력자에 해당한다.
③ '천우신조(天佑神助)'라는 한자 성어와 관련 있다.
④ 위기에 침착하게 대응하는 영웅의 면모를 볼 수 있다.
⑤ 구체적인 증거물로 이야기의 사실성을 강조하고 있다.

9 [B]에서 〈보기〉의 설명에 해당하는 내용으로 적절하지 <u>않은</u> 것은?

> 〈보기〉
>
> 보편적으로 세계의 건국 신화에는 건국 시조의 모습이 신격화되어 나타나는데, 건국 시조의 이러한 모습은 국가의 신성성과 사회 구성원들의 자존감으로 이어진다.

① 주몽은 백 보 밖의 옥지환을 향해 활을 쏘아 산산조각을 냈다.
② 주몽은 천제의 후손인 자신이 왕이 되어야 한다고 주장하였다.
③ 주몽은 십구 년 동안 영토 확장에 힘을 써서 나라의 기틀을 잡았다.
④ 주몽은 송양왕이 복종하지 않을 경우 하늘이 그를 벌할 것이라고 하였다.
⑤ 주몽은 하늘을 향한 감사의 마음을 담아 이레 만에 훌륭한 궁궐을 지었다.

개념+ 신화의 특성	
성격	신성성, 위엄성
배경	아득한 옛날, 신성한 장소
증거물	포괄적 (우주, 국가 등)
주인공	신적 존재, 초능력 발휘
전승 범위	민족적 범위
종류	우주 신화, 천체 신화, 건국 신화, 국왕 신화

작품 독해

소설의 내용

1 '영웅의 일대기적 서사 구조'를 중심으로 내용을 정리하여 빈칸에 들어갈 내용을 써 보자.

고귀한 혈통을 지님.	아버지가 천제의 아들 (　　　　　)이고 어머니가 물을 다스리는 하백의 딸 유화임.

▼

기이하게 출생함.	• 햇빛이 따라와 유화를 비춘 후에 (　　　　　)을 낳음. • 후에 알을 깨고 주몽이 태어남.

▼

어려서 버림받음.	금와왕이 알을 버리게 함.

▼

구출자(조력자)를 만나 죽을 고비를 넘김.	새와 짐승들이 알을 돌보아 줌.

▼

비범한 능력을 지님.	• 지혜롭고 총명함. • (　　　　　) 쏘는 솜씨가 뛰어나 이름을 '주몽'이라 지음. • 자신에게 닥칠 시련을 예측함.

▼

자라서 다시 위기에 처함.	금와왕의 일곱 왕자와 병사들에게 쫓기다가 강에 가로막힘.

▼

조력자의 도움으로 위기를 극복함.	(　　　　　)이 나타나 다리를 만들어 주어 무사히 강을 건너 도망침.

▼

위업을 달성함.	졸본부에 이르러 (　　　　　)를 건국함.

소설의 의의

2 이 소설의 주제와 의의를 정리하여 빈칸에 들어갈 내용을 써 보자.

주제	주몽의 탄생과 (　　　　　)의 건국
의의	「주몽 신화」는 주몽이라는 신비한 능력을 가진 영웅이 시련과 위기를 극복하고 고구려를 건국한 과정을 그린 (　　　　　)로, 고구려 건국의 정당성을 부여하는 동시에 우리 민족에게 (　　　　　)을 심어 주는 역할을 함.

깊이 읽기

영웅의 일대기적 서사 구조

「주몽 신화」는 고구려를 세운 주몽(동명왕)의 건국 신화입니다. 영웅은 일반적인 사람보다 탁월한 능력을 가지고 있으며, 개인보다는 자신이 속한 공동체를 위하여 헌신함으로써 사람들에게 존경을 받는 인물이라고 할 수 있습니다. 따라서 「주몽 신화」의 주몽은 영웅이라고 볼 수 있으며, 이러한 영웅이 등장하는 이야기에서는 일정한 이야기 구조를 찾아볼 수 있습니다. 우선 주인공은 고귀한 혈통을 지니고 비정상적으로 출생합니다. 그리고 어려서 버림을 받기도 하지만 보통 사람과는 다른 탁월한 능력으로 어려움을 이겨 냅니다. 성장 후에는 그를 시기하거나 음해하려는 세력에 의해 시련과 위기를 겪기도 하지만 조력자의 도움으로 이를 극복하고 위업을 달성합니다. 이처럼 영웅의 일대기를 다룬 이야기의 구조를 '영웅의 일대기적 서사 구조'라고 합니다.

「주몽 신화」는 이처럼 난생(卵生) 외에도 천손 강림(天孫降臨), 기아(棄兒), 동물 조력자의 등장 등과 같은 복합적인 요소가 모여 하나의 신화로 완성된 것으로 볼 수 있습니다. 건국 시조인 주몽을 신격화함으로써 고구려 공동체 전체의 자부심과 긍지를 높이고, 이를 통해 고구려 건국의 당위성과 공동체의 결속력을 다지는 효과를 얻었습니다. 또한, 당시 주변 세력을 흡수하던 고구려의 세력을 짐작할 수 있으며, 서사 문학의 원형이 된다는 점에서 의의가 있습니다.

▲ 평양시 역포구역 용산리에 있는 동명왕릉

사고력 키우기

「주몽 신화」에 등장하는 주몽의 모습을 바탕으로 오늘날 우리가 배울 수 있는 태도에는 어떤 것이 있을지 생각해 보자.

_____

_____

_____

_____

_____

08 홍길동전 | 허균

✿ 전체 줄거리

발단 — 길동, 집을 떠나다

"길동이 절하고 문을 나와 멀리 바라보니 첩첩한 산중에 구름만 자욱한데 정처 없이 길을 가니 어찌 가련치 않으랴."

길동은 총명하였으나 서얼로 태어나 호부호형을 하지 못하고 천대를 받는 현실에 괴로움을 느껴 홍 판서에게 한탄하나 꾸지람을 듣는다. 또한 홍 판서의 첩인 곡산댁(초란)이 길동을 죽이려 하자 길동은 결국 집을 떠난다.

전개 — 길동, 활빈당의 우두머리가 되다

"과연 장사로다. 우리 수천 명 중에 이 돌을 드는 자가 없더니, 오늘 하늘이 도와 장군을 내려 주셨도다."

출가한 길동은 도적의 무리를 만나 그들의 우두머리가 된다. 그리고 그 무리의 이름을 '활빈당'이라고 짓는다.

위기 — 길동, 전국의 탐관오리를 벌하고 가난한 백성을 구제하다

"이놈이 각 도에 다니며 이런 난리를 치는데도 아무도 잡지 못하니, 이를 장차 어찌하리오?"

길동은 전국을 돌아다니며 각 읍 수령이 부정하게 모은 재물을 탈취해 가난한 백성을 구제한다. 조정에서는 여러 가지 방법을 동원하여 길동을 잡아들이려고 하였지만 신출귀몰한 길동을 잡지 못한다.

절정 — 길동, 활빈당 무리를 이끌고 조선을 떠나다

"소신의 죄악이 지중하온데, 도리어 은혜를 입사와 평생의 한을 풀고 돌아가면서 전하와 영원히 작별하오니, 부디 만수무강하소서."

길동을 잡는 데 실패한 임금은 길동의 요구대로 길동을 병조 판서로 임명한다. 길동은 궁에 들어가 임금에게 큰절을 올린 후 활빈당 무리를 이끌고 조선을 떠난다.

결말 — 길동, 율도국을 정벌하여 이상국을 건설하다

"왕이 나라를 다스린 지 삼 년에 산에는 도적이 없고, 길에서는 떨어진 물건을 주워 가지지 않으니, 태평세계라고 할 만하였다."

조선을 떠나 율도국 정벌을 계획한 길동은 손쉽게 율도국의 왕위에 올라 나라를 잘 다스려서 평안한 세상을 만든다.

✖ 시험에 꼭 나오는 핵심 장면

길동이 검술 연습을 하다가 홍 판서를 만나는 장면

(왜 자주 출제되는가?) 이 장면은 홍길동전에서 가장 유명한 장면이자 길동의 처지와 울분이 잘 드러나는 장면이야. 길동이 서얼의 신분이기 때문에 문관으로는 성공할 수 없음을 깨닫고 무관이 되어 입신양명하겠다는 의지를 밝히는 부분이나, 호부호형을 하지 못하는 울분을 토로하는 부분은 이 작품의 주제 의식을 잘 드러내지. 홍 판서와 길동의 대화 내용은 독자들의 안타까움을 유발하고, 평등한 사회에 대한 작가의 생각도 드러나기 때문에 시험에 자주 출제돼.

길동이 조정에서 임금과 대화하는 장면

(왜 자주 출제되는가?) 이 장면은 이 소설의 특징이 잘 드러나는 장면이야. 길동은 아버지와 형을 위해 스스로 잡혀 조정에 끌려와 자신이 이렇게 나라를 어지럽게 한 이유를 설명해. 호부호형을 못한 것에 대한 불만도 말하고, 십 년이 지나면 조선을 떠나겠다고도 말하지. 무엇보다 압권은 길동이 여덟 명이나 등장했다가 한꺼번에 허수아비로 변하는 장면이야. 이 장면은 길동의 인물됨과, 비현실성이라는 고전 소설의 특징이 잘 드러나기 때문에 시험에 자주 출제돼.

🐚 간단 확인

■ 정답과 해설 16쪽

다음을 읽고 이 글의 내용과 일치하면 ○, 일치하지 않으면 ×를 표시해 보자.

1 길동은 어머니와의 갈등을 견디지 못해 집을 떠난다. ……………………………………………………… (　　　)
2 출가한 길동은 '활빈당'을 조직하여 전국의 탐관오리를 벌한다. …………………………………… (　　　)
3 길동은 자신의 잘못을 인정하지 않고 조선을 정벌하여 왕이 된다. ………………………………… (　　　)
4 율도국의 왕이 된 길동은 나라를 어질게 다스려 태평성대를 누린다. ……………………………… (　　　)

홍길동전

발단 — 전개 — 위기 — 절정 — 결말

길동이 서얼로 태어나 차별을 받으며 살아가는 자신의 처지 때문에 고민하는 상황이다.

허균(1569~1618)
조선 중기의 문인이다. 우리나라 최초로 국문 소설을 지었으며 그 외에는 논설 「호민론(豪民論)」 등을 저술하였다.

| 작품 개관 |
· 갈래: 고전 소설, 한글 소설, 영웅 소설
· 성격: 사회 비판적, 전기적
· 배경: 조선 시대

◆
공 상대편 남자를 높여 부르는 말. 여기서는 길동의 아버지인 홍 판서를 가리킴.
공맹 공자와 맹자를 아울러 이르는 말.
대장인 대장이 가지던 도장.
동정서벌 동쪽을 정복하고 서쪽을 친다는 뜻으로, 이리저리로 여러 나라를 정벌함을 이르는 말.
책망 잘못을 꾸짖거나 나무라며 못마땅하게 여김.
방자하다 어려워하거나 조심스러워하는 태도가 없이 무례하고 건방지다.
전생연분 전생에서 맺은 연분.
기박하다 팔자, 운수 따위가 사납고 복이 없다.
슬하 무릎의 아래라는 뜻으로, 어버이나 조부모의 보살핌 아래. 주로 부모의 보호를 받는 테두리 안을 이른다.
귀체 주로 편지글에서, 상대편의 안부를 물을 때 그 사람의 몸을 높여 이르는 말.

길동이 점차 자라 여덟 살이 되자, 총명하기가 보통이 넘어 하나를 들으면 백 가지를 알 정도였다. 그래서 공은 더욱 귀여워하면서도 출생이 천해, 길동이 늘 아버지니 형이니 하고 부르면 즉시 꾸짖어 그렇게 부르지 못하게 하였다. 길동이 열 살이 넘도록 감히 부형(父兄)을 부르지 못하고 종들로부터 천대받는 것을 뼈에 사무치게 한탄하면서 마음 둘 바를 몰랐다.

어느 가을철 9월 보름께가 되자, 달빛은 처량하게 비치고 맑은 바람은 쓸쓸히 불어와 사람의 마음을 울적하게 하였다. 그때 길동은 서당에서 글을 읽다가 문득 책상을 밀치고 탄식하기를

"대장부가 세상에 나서 공맹(孔孟)을 본받지 못할 바에야, 차라리 병법이라도 익혀 대장인을 허리춤에 비스듬히 차고 동정서벌하여 ㉠나라에 큰 공을 세우고 이름을 만대에 빛내는 것이 장부의 통쾌한 일이 아니겠는가. 나는 어찌하여 일신(一身)이 적막하고, 부형이 있는데도 아버지를 아버지라 부르지 못하고 형을 형이라 부르지 못하니 심장이 터질지라, 이 어찌 통탄할 일이 아니겠는가!"

하고, 말을 마치며 뜰에 내려와 검술을 익히고 있었다.

그때 마침 공이 또한 달빛을 구경하다가, 길동이 서성거리는 것을 보고 즉시 불러 물었다.

"너는 무슨 흥이 있어서 밤이 깊도록 잠을 자지 않느냐?"

길동은 공경하는 자세로 대답했다.

"소인은 마침 달빛을 즐기는 중입니다. 그런데 만물이 생겨날 때부터 오직 사람이 귀한 존재인 줄 아옵니다만, 소인에게는 귀함이 없사오니, 어찌 사람이라 하겠습니까?"

공은 그 말의 뜻을 짐작은 했지만, 일부러 책망하는 체하며,

"네 무슨 말이냐?" / 했다. 길동이 절하고 말씀 드리기를,

"소인이 평생 설워하는 바는, 소인이 대감 정기를 받아 당당한 남자로 태어났고, 또 낳아 길러 주신 부모님의 은혜를 입었음에도 불구하고, 아버지를 아버지라 못 하옵고 형을 형이라 못 하오니, 어찌 사람이라 하겠습니까?"

하고, 눈물을 흘리며 적삼을 적셨다. 공이 듣고 나자 비록 불쌍하다는 생각은 들었으나, 그 마음을 위로하면 마음이 방자해질까 염려되어, 크게 꾸짖어 말했다.

"재상 집안에 천한 종의 몸에서 태어난 자식이 너뿐이 아닌데, 네가 어찌 이다지 방자하냐? 앞으로 다시 이런 말을 하면 내 눈앞에 서지도 못하게 하겠다."〈중략〉

하루는 길동이 어미 침소에 가 울면서 아뢰었다.

"소자가 모친과 더불어 전생연분이 중하여 금세(今世)에 모자가 되었으니, 그 은혜가 지극하옵니다. 그러나 소자의 팔자가 기박하여 천한 몸이 되었으니 품은 한이 깊사옵니다. 장부가 세상에 살면서 남의 천대를 받음이 불가한지라, 소자는 자연히 설움을 억제하지 못하여 모친 슬하를 떠나려 하오니, 엎드려 바라건대 모친께서는 소자를 염려하지 마시고 귀체를 잘 돌보십시오."

그 어미가 듣고 나서 크게 놀라 말했다.

"재상가의 천생이 너뿐이 아닌데, 어찌 마음을 좁게 먹어 어미 간장을 태우느냐?"

1 윗글을 통해 알 수 있는 길동의 처지로 적절하지 <u>않은</u> 것은?

① 아버지를 아버지라고 부르지 못했다.

② 종들로부터 안타까움의 대상이 되었다.

③ 어린 시절부터 총명하기가 남과 달랐다.

④ 무관으로 성공하고자 하는 마음을 가지고 있었다.

⑤ 아버지가 귀여워하기도 했지만 출생이 비천하였다.

 2 〈보기〉를 참고하여 윗글을 감상한 내용으로 적절하지 <u>않은</u> 것은?

> 소설에서 등장인물들은 그들에게 닥친 현실에 다양한 대응 방식을 보인다. 어떤 인물은 자신이 처한 현실을 바꿀 수 없는 것으로 받아들이고 그 안에서 만족하고 살아가는 현실 순응적 태도를 보인다. 한편 어떤 인물은 자신이 처한 현실의 모순을 인식하고 이를 개선해 나가기 위해 노력하기도 한다. 이러한 태도를 현실 비판적 태도라고 할 수 있다.

① 윗글의 길동은 현실 비판적인 인물이라고 할 수 있겠군.

② 윗글의 등장인물에게 주어진 현실은 엄격한 신분 사회가 되겠군.

③ 길동의 어머니는 천한 신분이지만 현실에 대해 순응적 태도를 보이고 있어.

④ 홍 판서가 길동을 불쌍히 여기면서도 꾸짖는 것은 그의 현실 순응적 태도 때문이군.

⑤ 길동의 어머니와 홍 판서는 현실을 바라보는 눈은 다르지만 같은 현실 대응 방식을 보여 주고 있어.

3 ㉠과 관련 깊은 한자 성어로 적절한 것은?

① 입신양명(立身揚名) ② 대기만성(大器晚成)

③ 온고지신(溫故知新) ④ 괄목상대(刮目相對)

⑤ 일취월장(日就月將)

┌ 속담·한자 성어 익히기 ┐

• **입신양명** 출세하여 이름을 세상에 떨침.

• **대기만성** 크게 될 사람은 늦게 이루어짐을 이르는 말.

• **온고지신** 옛것을 익히고 그 것을 미루어서 새것을 앎.

• **괄목상대** 남의 학식이나 재주가 놀랄 만큼 부쩍 늚을 이르는 말.

• **일취월장** 나날이 다달이 자라거나 발전함.

발단-전개-위기-절정-결말

길동이 자신을 죽이려고 하는 무리를 처치한 후 홍 판서에게 하직 인사를 올리는 상황이다.

㉠사경쯤 되자 한 사람이 비수를 들고 천천히 방문으로 들어오는지라, 길동이 급히 몸을 감추고 주문을 외니, 홀연 한 줄기의 음산한 바람이 일어나면서 집은 간데없고 첩첩산중에 풍경이 굉장하였다. 크게 놀란 특재는 길동의 조화가 무궁한 줄 알고 비수를 감추며 피하고자 했으나, 갑자기 길이 끊어지면서 층암절벽이 가로막자, 오도 가도 못하는 처지가 되었다. 사방으로 방황하다가 피리 소리를 듣고서야 정신을 차리고 살펴보니, 한 소년이 나귀를 타고 오며 피리 불기를 그치고 꾸짖었다.

"너는 무엇 때문에 나를 죽이려 하는가? 무죄한 사람을 해치면 어찌 천벌이 없으랴?"
하고 주문을 외니, ㉡홀연히 검은 구름이 일어나며 큰비가 물을 퍼붓듯이 쏟아지고 모래와 자갈이 날리었다. 특재가 정신을 가다듬고 살펴보니 길동이었다. 재주가 대단하다고는 여기면서도 '어찌 나를 대적하리오.' / 하고 달려들면서 소리쳤다.

"너는 죽어도 나를 원망하지 말라. 초란이 무녀와 관상녀로 하여금 상공과 의논하게 하고 너를 죽이려 한 것이니, 어찌 나를 원망하랴." 〈중략〉

"네가 재물을 탐내어 사람 죽이기를 좋아하니, 너같이 무도한 놈은 죽여서 ㉢후환을 없애겠다." / 하고 칼을 드니, 특재의 머리가 방 가운데 떨어졌다. 길동은 분노를 이기지 못해 그날 밤에 바로 관상녀를 잡아 와 특재가 죽어 있는 방에 들이쳐 박고 꾸짖기를,

"네가 나와 무슨 원수졌다고 초란과 짜고 나를 죽이려 했느냐?"
하고 칼로 치니, 처참하기 그지없었다.

이때 길동이 두 사람을 죽이고 하늘을 살펴보니, 은하수는 서쪽으로 기울어지고 달빛은 희미하여 마음은 더욱 울적해졌다. 분통이 터져 초란마저 죽이고자 하다가, 상공이 사랑하는 여자라는 데 생각이 미치자, 칼을 던지고 달아나 목숨이나 건지기로 마음먹었다. 바로 상공 침소에 가 하직 인사를 올리고자 하는데, 마침 공도 창밖의 인기척을 듣고서 창문을 열고 살폈다. 공은 길동임을 알고 불러 말했다.

"밤이 깊었거늘 네 어찌 자지 않고 이렇게 방황하느냐?" / 길동은 땅에 엎드려 아뢰었다.
"㉣소인이 일찍 부모님께서 낳아 길러 주신 은혜를 만분의 일이나마 갚을까 하였더니, 집안에 옳지 못한 사람이 있어 상공께 참소하고 소인을 죽이고자 하기에, 겨우 목숨은 건졌으나 상공을 모실 길이 없기로 오늘 상공께 ㉤하직을 고하옵니다."
하기에, 공이 크게 놀라 물었다.

"너는 무슨 일이 있어서 어린아이가 집을 버리고 어디로 가겠다는 거냐?" / 길동이 대답했다.
"날이 밝으면 자연히 아시게 되려니와, 소인의 신세는 뜬구름과 같사옵니다. 상공의 버린 자식이 어찌 갈 곳이 있겠습니까?"

길동이 두 줄기의 눈물을 감당하지 못해 말을 이루지 못하자, 공은 그 모습을 보고 불쌍한 마음이 들어 타일렀다.
ⓐ"내가 너의 품은 한을 짐작하겠으니, 오늘부터는 아버지를 아버지라 부르고 형을 형이라 불러도 좋다."

사경 하룻밤을 오경(五更)으로 나눈 넷째 부분. 새벽 1시에서 3시 사이이다.
무궁 공간이나 시간 따위가 끝이 없음.
홀연히 뜻하지 아니하게 갑자기.
무도하다 말이나 행동이 인간으로서 지켜야 할 도리에 어긋나서 막되다.
관상녀 사람의 얼굴을 보고 그의 운명, 성격, 수명 따위를 판단하는 일을 직업으로 하는 여자.
참소하다 남을 헐뜯어서 죄가 있는 것처럼 꾸며 윗사람에게 고하여 바친다.
하직 먼 길을 떠날 때 웃어른께 작별을 고하는 것.

4 윗글에서 알 수 있는 길동에 대한 설명으로 적절하지 <u>않은</u> 것은?

① 자신을 해치려는 세력과 맞서 싸우는 용감한 인물이다.

② 아버지가 사랑하는 인물을 죽인 것으로 보아 이기적인 인물이다.

③ 부모의 은혜를 갚으려 하는 것으로 보아 효성이 지극한 인물이다.

④ 자신의 신세를 뜬구름과 같다고 하는 것으로 보아 외로운 인물이다.

⑤ 주문을 외어 구름이 일게 하고 큰비를 내리게 하는 것으로 보아 비범한 인물이다.

개념⁺ 고전 소설 속 인물

소설의 인물은 성격에 따라 전형적 인물과 개성적 인물로 나뉘고, 성격 변화 여부에 따라 평면적 인물과 입체적 인물로 나뉨. 전형적 인물은 어떤 사회 집단이나 계층을 대표하는 인물을 말하고, 평면적 인물은 작품의 처음부터 끝까지 성격이 변하지 않는 인물을 말함. 고전 소설 속에는 대체로 전형적이고 평면적인 인물들이 등장하는데, 이는 고전 소설 속 인물들의 행위가 선(善)과 악(惡)이라는 가치 영역 안에서 이루어지기 때문임.

 어휘 5 ㉠~㉤의 뜻풀이로 적절하지 <u>않은</u> 것은?

① ㉠: 새벽 1시에서 3시 사이.

② ㉡: 뜻하지 아니하게 갑자기.

③ ㉢: 어떤 일로 말미암아 뒷날 생기는 걱정과 근심.

④ ㉣: 키나 몸집 따위가 작은 사람.

⑤ ㉤: 먼 길을 떠날 때 웃어른께 작별을 고하는 것.

수능형 6 〈보기〉의 내용으로 볼 때, ⓐ를 듣고 난 후 길동의 반응으로 적절한 것은?

> 「홍길동전」에서 길동은 신분 제도로 인해 사회와의 갈등을 겪는다. 서얼로 태어난 길동은 아버지를 아버지라 부르지 못하지만 길동이 길을 떠나기 전에 홍 판서는 결국 호부호형을 허락한다. 하지만 길동은 이에 만족하지 않고 집을 떠나 정의롭지 못한 사회를 바로잡기 위해 활빈당을 조직한다.

① 모든 갈등이 해소되는 것 같아.

② 아버지와의 갈등이 더욱 악화될 것 같아.

③ 표면적인 갈등은 해소되었지만 근본적인 갈등은 남아 있어.

④ 아버지와의 갈등은 해소되었지만 형과의 갈등은 심화될 것 같아.

⑤ 사회적인 갈등은 해소되었지만 개인적인 갈등은 해소되지 않았어.

발단 – 전개 – **위기** – 절정 – 결말

임금의 명령으로 홍 판서가
조정에 잡혀 온 여덟 길동을
꾸짖는 상황이다.

"제가 여기에 이른 것은 부형을 위태로움으로부터 구하기 위한 것이니, 어찌 다른 말이
있겠습니까? 대감께서 당초에 천한 길동을 위하여 아버지를 아버지라 부르게 하고 형을
형이라 부르게 하셨던들 어찌 여기까지 이르렀겠습니까? 지나간 일은 말해 봐야 쓸데없
거니와, 이제 소제를 묶어 서울로 올려 보내십시오."

하고는 다시 말이 없었다. 감사는 이 말을 듣고 한편 슬퍼하면서 한편 공문을 쓰고는 길동
의 목에 칼을 채우고 발에 차꼬를 채워 죄인 호송용 수레에 태웠다. 건장한 장교 십여 명을
뽑아 호송하게 한 뒤, 주야로 갑절의 길을 가도록 시켜 올려 보냈다. 각 읍 백성들은 길동
의 재주를 들었는지라, 잡아 온다는 소문을 듣고 길에 모여 구경을 하였다.

이때, 팔도에서 다 길동을 잡아 올리니, 조정과 서울 사람들이 어찌 된 영문인지를 아무
도 몰랐다. 임금이 놀라서 온 조정의 신하들을 모으고, 몸소 죄인을 다스리는데, 여덟 명의
길동을 잡아 올리니 그들이 서로 다투면서 말하기를,

"네가 진짜 길동이지 나는 아니다."

하며 서로 싸우니, 어느 것이 진짜 길동인지 분간할 수가 없었다. 임금이 괴이히 여겨 즉시
홍 판서를 불러 말했다.

"자식을 알아보는 데는 아비만 한 자가 없다 하니, 저 여덟 중에서 경의 아들을 찾아내
라."

홍 판서가 황공하여 머리를 조아리면서 아뢰었다.

"신(臣)의 천한 자식 길동은 왼편 다리에 붉은 혈점이 있사오니, 그것으로써 알 수 있을
것입니다."

또 여덟 길동을 꾸짖기를,

"지척에 임금님이 계시고 아래로 아비가 있는데, 네가 이렇듯 천고에 없는 죄를 지었으
니 죽기를 아끼지 말라."

하고 피를 토하면서 엎어져 기절을 하였다. 임금이 크게 놀라 궐내의 약국에 지시해 치료하
게 하였으나, 효험이 없었다. ㉠여덟 길동이 이를 보고 일시에 눈물을 흘리면서 주머니에서
환약 한 개씩을 내어 입에 드리니, 홍 판서가 잠시 후 정신을 차렸다.

길동 등이 임금에게 아뢰었다.

"신의 아비가 나라의 은혜를 많이 입었사온데, 신이 어찌 감히 나쁜 짓을 하오리까마는,
신은 본래 천한 종의 몸에서 났는지라, 그 아비를 아비라 못 하옵고 그 형을 형이라 못
하와 평생 한이 맺혔기에, 집을 버리고 도적의 무리에 참여하였사옵니다. 그러나 백성은
추호도 범하지 않고 각 읍 수령이 백성들을 들볶아 착취한 재물만 빼앗았을 뿐입니다.
이제 십 년이 지나면 조선을 떠나 갈 곳이 있사오니, 엎드려 빌건대 성상께서는 근심하
지 마시고 신을 잡으라는 공문을 거두어 주십시오."

하고, ㉡말을 마치며 여덟 명이 한꺼번에 넘어지므로, 자세히 보니 다 풀로 만든 허수아비
였다. 임금이 더욱 놀라며 진짜 길동을 잡으라는 공문을 다시 팔도에 내렸다.

◆ **당초** 일이 생기기 시작한 처음.
소제 형에게 자기를 낮추어
이르는 말.
칼 죄인에게 씌우던 형틀.
차꼬 죄수를 가두어 둘 때
쓰던 형벌 도구.
호송 죄수나 형사 피고인을
어떤 곳에서 목적지로 감시
하면서 데려가는 일.
혈점 살갗에 피가 맺혀 생긴 점
지척 아주 가까운 거리.
천고 아주 오랜 세월 동안.
추호 매우 적거나 조금인 것
을 비유적으로 이르는 말.
성상 살아 있는 자기 나라의
임금을 높여 이르는 말.

7 윗글에 등장하는 인물들의 말과 행동을 정리한 것으로 알맞지 <u>않은</u> 것은?

① 임금: 홍 판서에게 진짜 길동을 찾아내라고 지시한다.

② 홍 판서: 여덟 길동을 꾸짖다가 피를 토하며 엎어져 기절한다.

③ 여덟 길동: 쓰러진 홍 판서를 보고 눈물을 흘리며 입에 환약을 넣어 준다.

④ 여덟 길동: 임금에게 조선을 떠날 것임을 말하고 공문을 거두어 달라고 부탁한다.

⑤ 조정 신하들: 길동이 죄를 짓게 된 것은 조선의 신분 제도 때문이므로 그에게는 죄가 없음을 임금에게 고한다.

8 ㉠에 드러난 여덟 길동의 태도와 관계 깊은 속담으로 적절한 것은?

① 부모가 착해야 효자 난다

② 깨물어서 아프지 않은 손가락 없다

③ 효성이 지극하면 돌 위에 꽃이 핀다

④ 아비 죽은 지 나흘 후에 약을 구한다

⑤ 부모 말을 들으면 자다가도 떡이 생긴다

9 ㉡과 관계 깊은 고전 소설의 특징으로 알맞은 것은?

① 행복한 결말로 이야기가 마무리된다.

② 시간적 순서에 따라 사건이 전개된다.

③ 성격이 변하지 않는 인물이 등장한다.

④ 사건의 전개가 우연적으로 이루어진다.

⑤ 현실에서는 일어나기 힘든 일이 일어난다.

인물의 특징

1 주요 인물의 특징을 다음과 같이 정리할 때, 빈칸에 들어갈 내용을 써 보자.

길동 ( )로 태어나 현실의 모순을 개혁하고자 하는 의지적인 성격을 가진 영웅적 인물

홍 판서 길동의 아버지로 현실의 규범을 중시하며 보수적인 ( ) 계층을 대변하는 인물

춘섬 길동의 어머니로 현실의 규범에 ( )하는 전형적인 조선의 여인상을 대표하는 인물

소설의 갈등

2 길동이 겪은 갈등의 원인을 파악하여 빈칸에 들어갈 내용을 써 보자.

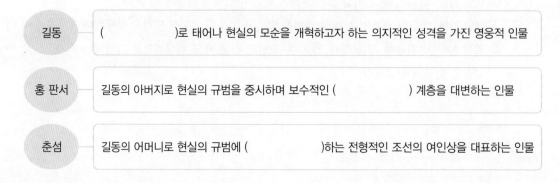

길동	홍 판서
"소인이 대감 정기를 받아 당당한 남자로 태어났고, 또 낳아 길러 주신 부모님의 은혜를 입었음에도 불구하고, 아버지를 아버지라 못 하옵고 형을 형이라 못 하오니, 어찌 사람이라 하겠습니까?"	"재상 집안에 천한 종의 몸에서 태어난 자식이 너뿐이 아닌데, 네가 어찌 이다지 방자하냐? 앞으로 다시 이런 말을 하면 내 눈앞에 서지도 못하게 하겠다."

갈등의 원인 ( ) 차별이라는 신분 제도 때문에 호부호형을 하지 못함.

소설의 주제

3 당시 사회의 모습을 바탕으로 이 소설의 주제를 정리하여 빈칸에 들어갈 내용을 써 보자.

당시 사회의 모습	주제
• 엄격한 신분제 사회로 신분에 따라 호칭이 달랐음. • 적서 차별 제도가 있어 서얼은 여러 가지 차별을 받았음. • 충, 효, 입신양명 등 유교적 가치관이 지배적이었음.	적서 차별에 대한 저항과 ( )에의 의지

조선 시대 신분 제도와 적서 차별

　조선 시대 신분은 법제적으로 양인과 천인으로 나뉘어 있었으며, 양인은 다시 양반·중인·상민으로 나뉘었습니다. 양반은 특권을 누리던 지배층으로 본래 문반과 무반을 통칭하는 말이었으나 점차 신분의 명칭으로 자리 잡게 되었습니다. 중인은 양반층 아래에서 행정 실무를 담당하던 신분 계층으로 기술관·향리·서리·토관·서얼 등이 이에 속합니다. 상민은 평민 또는 양민이라고도 하며 이들은 생산 활동에 종사하며 전세·역·공납 등의 의무를 졌습니다. 가장 최하층인 천인에는 노비를 비롯하여 백정·광대·창기 등이 있었습니다.

　「홍길동전」은 적서 차별을 다루고 있는데 서얼은 양반의 자손 가운데 첩의 자식을 이르는 말로, 어머니가 양인일 경우에는 서자(庶子), 어머니가 천인일 경우에는 얼자(孼子)라고 불렀습니다. 홍길동이 바로 이 얼자입니다. 서얼은 가문의 대를 이을 수도 없었고, 관직에 나아가더라도 승진할 수 있는 품계가 제한되어 있었습니다. 고려 시대에는 서얼에 대한 차별이 거의 없었으나 조선 초기에 성리학 사상이 강화되면서 서얼의 등용에 제한이 생겼습니다. 조선 시대에 서얼은 문과 시험에는 응시할 수 없었지만, 일부는 잡과에 응시하여 기술관이 되거나 무반직에 등용되기도 하였습니다. 조선 후기에 서얼은 양반의 자제임에도 불구하고 주요 관직에 등용되지 못하자 서얼 허통(庶孼許通)을 요구하는 상소를 집단적으로 올렸습니다. 이러한 행동의 성과로 정조 때에는 이덕무, 유득공, 박제가 등과 같은 서얼 출신 인물들이 규장각의 검서관으로 등용되기도 하였습니다.

▲ 신분에 따른 차이를 엿볼 수 있는
김홍도의 「벼 타작」

사고력 키우기

길동의 행동을 다음과 같이 평가한 것에 대한 자신의 생각을 정리해 보자.

> 　길동은 자신을 아끼고 보살펴 주시는 부모님을 두고 집을 떠날 뿐만 아니라 도술을 부려 나라를 어지럽게 만들었어. 이와 같은 길동의 행동은 비난받아 마땅하다고 생각해.

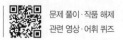
09 심청전 | 작자 미상

소설

✿ 전체 줄거리

발단

심 봉사,
젖동냥을 다니며
심청을 기르다

"공양미 삼백 석을 부처님께 올리고 지성으로 불공을 드리면 반드시 눈을 떠서 성한 사람이 되어 천지 만물을 보게 될 것입니다."

앞 못 보는 심 봉사와 곽씨 부인은 가난하게 지내다가 딸 심청을 얻은 후 곽씨 부인이 세상을 떠난다. 심 봉사가 젖동냥을 다니며 심청을 애지중지 길러, 어느덧 열다섯 살이 된다. 심청이 아버지를 봉양하여 지내던 어느 날, 공양미 삼백 석을 시주하면 눈을 뜰 수 있다는 중의 말에 심 봉사는 그렇게 하겠다고 약속을 한다.

전개

심청,
아버지를 위해
공양미 삼백 석에
몸을 팔다

"나는 이 동네 사람인데, 우리 아버지가 앞을 못 보셔서 '공양미 삼백 석을 지성으로 불공하면 눈을 떠 보리라.' 하기로, 집안 형편이 어려워 장만할 길이 전혀 없어 내 몸을 팔려 하니 나를 사 가는 것이 어떠하실는지요?"

심청은 정성을 다해 심 봉사를 봉양하던 중, 남경 장사 뱃사람들이 열다섯 살 난 처녀를 사려 한다는 말을 듣고, 공양미 삼백 석에 자신의 몸을 판다. 배가 떠나는 날 심 봉사가 이러한 사실을 알고 절규하지만 심청은 결국 뱃사람들을 따라 떠난다.

위기

심청, 인당수에
몸을 던지다

"뱃전에 한 발이 지칫하여 거꾸로 풍덩 빠져 놓으니, 꽃 같은 몸이 풍랑에 휩쓸리고 밝은 달이 물속에 잠기어 너른 바다 속에 곡식 낟이 빠진 것 같았다."

인당수에 도착한 심청은 무시무시한 바다의 소용돌이를 보고 두려움을 느끼지만, 곧 인당수로 뛰어내린다. '풍덩' 소리와 함께 심청은 사라지고 이내 바다는 잔잔해진다.

절정

심청, 환생하여
황후가 되다

"심 황후의 덕과 은혜가 지중하여 해마다 풍년이 들어 태평세월을 다시 보니 태평성대가 되었다."

인당수에 빠진 심청은 옥황상제의 명으로 죽지 않고 살아나 수궁에서 어머니인 곽씨 부인과 상봉한다. 이후 심청은 환생하여 황후가 된다.

결말

심 봉사,
심청의 효심으로
눈을 뜨다

"아버지, 제가 정녕 인당수에 빠져 죽었던 심청이어요."

심청이 지금까지 있었던 일을 왕에게 모두 아뢰자 왕은 천하의 봉사를 다 모아 잔치를 연다. 이 잔치에서 심청과 심 봉사는 극적으로 상봉하고, 심 봉사는 놀라움에 눈을 떠 앞을 볼 수 있게 된다. 그리고 심청의 효성스럽고 지혜로운 마음이 온 백성에게 미쳐 태평성대를 이룬다.

■ 시험에 꼭 나오는 핵심 장면

심청이 제물로 팔려 가기 전날 괴로워하는 장면

(왜 자주 출제되는가?) 이 장면은 심청이 아버지를 위해 자신의 목숨을 내놓는 큰 결심을 했지만, 정작 본인은 좋은 시절을 겪어 보지도 못하고 죽게 되었음을 한탄하는 장면이야. 또한 홀로 남겨질 아버지를 걱정하는 등 인간적인 모습을 보여 주기도 하지. 밤새 고민하고 갈등하면서 떠날 시간이 오지 않기를 바라는 심청의 안타깝고 슬픈 마음이 절절하게 드러나 있고, 그에 따른 내적 갈등 또한 잘 드러나 있다는 점에서 시험에 자주 출제돼.

심 봉사가 심청이 팔려 가는 것을 알게 되는 장면

(왜 자주 출제되는가?) 이 장면은 심청이 제물로 팔려 가는 날의 비극적인 상황을 담고 있어. 심청이 눈물로 올린 마지막 밥상을 받고 아무 것도 모르는 심 봉사가 기뻐하는 모습, 그리고 사실을 알게 된 심 봉사가 절규하는 모습 등을 통해 이별의 슬픔과 안타까움을 잘 드러내고 있지. 그리고 독자들에게 아버지를 위해 희생하는 심청의 행동이 진정한 효도인지를 생각해 볼 수 있는 기회를 마련해 준다는 점에서 시험에 자주 출제돼.

간단 확인
■ 정답과 해설 18쪽

다음을 읽고 이 글의 내용과 일치하면 ○, 일치하지 않으면 ×를 표시해 보자.

1 심 봉사는 곽씨 부인이 죽은 뒤 젖동냥을 다니며 심청을 기른다. ·· (   )
2 심 봉사는 공양미 삼백 석에 팔려 가는 심청을 담담하게 바라본다. ·· (   )
3 인당수에 도착한 심청은 두려움에 결국 뛰어내리지 못한다. ·· (   )
4 심청의 효성으로 심 봉사는 마침내 눈을 뜬다. ·· (   )

심청전

발단 - **전개** - 위기 - 절정 - 결말

심청이 심 봉사가 앞을 볼 수 있도록 하기 위해서 공양미 삼백 석에 몸을 파는 상황이다.

| 작품 개관 |
· **갈래**: 고전 소설, 판소리계 소설
· **성격**: 교훈적, 우연적, 비현실적
· **시점**: 전지적 작가 시점
· **배경**: 송나라(고려 시대), 황해도 도화동

하루는 들으니,

'남경 장사 뱃사람들이 열다섯 살 난 처녀를 사려 한다.'

하기에, 심청이 그 말을 반겨 듣고 귀덕 어미를 사이에 넣어 사람 사려 하는 까닭을 물으니,

"우리는 남경 뱃사람입니다. ㉠인당수를 지나갈 제 제물로 제사하면 넓은 바다를 무사히 건너고 많은 이익을 내기로, 몸을 팔려 하는 처녀가 있으면 값을 아끼지 않고 주겠습니다."

하기에 ㉡심청이 반겨 듣고,

"나는 이 동네 사람인데, 우리 아버지가 앞을 못 보셔서 '공양미˚ 삼백 석을 지성으로 불공하면˚ 눈을 떠 보리라.' 하기로, 집안 형편이 어려워 장만할 길이 전혀 없어 내 몸을 팔려 하니 나를 사 가는 것이 어떠하실는지요?"

뱃사람들이 이 말을 듣고,

"효성이 지극하나 가련하군요."

하며 허락하고, 즉시 쌀 삼백 석을 몽운사로 날라다 주고,

"오는 3월 보름날에 배가 떠나기로 되어 있습니다."

하고 가니, 심청이 아버지께 여쭙기를,

"공양미 삼백 석을 이미 실어다 주었으니, 이제는 근심치 마셔요."

심 봉사가 깜짝 놀라,

"너, 그 말이 웬 말이냐?"

심청같이 타고난 효녀가 어찌 아버지를 속이랴마는, ㉢어찌할 수 없는 형편이라 잠깐 거짓말로 속여 대답한다.

"장 승상 댁 노부인이 달포˚ 전에 저를 수양딸˚로 삼으려 하셨는데 차마 허락지 않았습니다. 그러나 지금 형편으로는 공양미 삼백 석을 장만할 길이 전혀 없기로 이 사연을 노부인께 말씀드렸더니, 쌀 삼백 석을 내어 주시기에 수양딸로 팔리기로 했습니다."

심 봉사가 물색도 모르면서 이 말만 반겨 듣고,

"그렇다면 고맙구나. 그 부인은 한 나라 재상의 부인이라 아마도 다르리라. 복을 많이 받겠구나. 저러하기에 그 아들 삼 형제가 벼슬길에 나아갔나 보구나. 그나저나 양반의 자식으로 몸을 팔았단 말이 듣기에 괴이하다마는 장 승상 댁 수양딸로 팔린 거야 어떻겠느냐. 언제 가느냐?"

"다음 달 보름날에 데려간다 합디다."

㉣"어허, 그 일 매우 잘 되었다."

심청이 그날부터 곰곰 생각하니, ㉤눈 어두운 백발 아비 영 이별하고 죽을 일과 사람이 세상에 나서 열다섯 살에 죽을 일이 정신이 아득하고 일에도 뜻이 없어 식음을 전폐하고 근심으로 지내다가, 다시금 생각하기를,

'(ⓐ   ).'

◆
공양미 부처님께 바치는 쌀.
불공하다 부처 앞에 공양을 드리다.
달포 한 달이 조금 넘는 기간.
수양딸 남의 자식을 데려다가 제 자식처럼 기른 딸.
물색 어떤 일의 까닭이나 형편.
식음 먹고 마심. 또는 그런 일.
전폐 아주 그만둠. 또는 모두 없앰.

1 윗글에서 〈보기〉의 설명에 해당하는 예를 찾은 부분으로 알맞은 것은?

> 고전 소설에서 흔히 나타나는 관습적 장치로 편집자적 논평이 있다. 편집자적 논평은 서술자가 직접 작품에 끼어들어 자신의 목소리를 내는 것을 말한다. 전지적 서술자가 인물의 행위와 동기에 대해 평가하거나 인물의 성격이나 사건에 대한 판단을 직접적으로 제시하는 것을 말한다.

① '남경 장사 뱃사람들이 열다섯 살 난 처녀를 사려 한다.'

② "효성이 지극하나 가련하군요."

③ 심청같이 타고난 효녀가 어찌 아버지를 속이랴마는

④ "쌀 삼백 석을 내어 주시기에 수양딸로 팔리기로 했습니다."

⑤ "그 부인은 한 나라 재상의 부인이라 아마도 다르리라."

2 ㉠~㉤의 내용 이해로 적절하지 않은 것은?

① ㉠은 뱃사람들이 열다섯 살 난 처녀를 사려 하는 이유로 볼 수 있다.

② ㉡과 같이 심청이 반겨 들은 이유는 아버지의 소원을 이루어 줄 방법을 찾았다고 생각했기 때문이다.

③ ㉢과 같이 행동한 이유는 아버지의 걱정을 덜어 주기 위해서이다.

④ ㉣과 같이 말한 이유는 심청이 자기 대신 공양미 삼백 석을 마련해 주어서이다.

⑤ ㉤을 통해 앞날을 두려워하는 심청의 인간적인 모습을 엿볼 수 있다.

3 〈보기〉의 내용을 참고할 때, ⓐ에 들어갈 속담으로 가장 적절한 것은?

> 심청은 좋은 시절을 겪어 보지도 못하고 죽게 된 자신의 처지가 안타깝고, 눈이 먼 아버지를 홀로 둘 것이 걱정스럽다. 그러나 이미 돌이킬 수 없는 상황임을 깨닫고 마음을 추스르기로 결심한다.

① 우물 안 개구리로다

② 누워서 떡 먹기로다

③ 쏘아 놓은 화살이로다

④ 아닌 밤중에 홍두깨로다

⑤ 같은 값이면 다홍치마로다

> 속담·한자 성어 익히기
>
> • **우물 안 개구리** 넓은 세상의 형편을 알지 못하는 사람을 비유적으로 이르는 말. 또는 견식이 좁아 저만 잘난 줄로 아는 사람을 비꼬는 말.
>
> • **누워서 떡 먹기** 하기가 매우 쉬운 것을 비유적으로 이르는 말.
>
> • **쏘아 놓은 화살** 한번 저지른 일은 다시 고치거나 중지할 수 없음을 비유적으로 이르는 말.
>
> • **아닌 밤중에 홍두깨** 별안간 엉뚱한 말이나 행동을 함을 비유적으로 이르는 말.
>
> • **같은 값이면 다홍치마** 값이 같거나 같은 노력을 한다면 품질이 좋은 것을 택한다는 말.

발단 · **전개** · 위기 · 절정 · 결말

심청이 뱃사람들에게 팔려 가기 전 아버지께 마지막 식사를 대접하고, 떠나게 된 이유를 설명하는 상황이다.

천지가 사정없어 이윽고 닭이 우니 심청이 하릴없어,

[A]
> "닭아 닭아, 우지 마라. 제발 덕분에 우지 마라. 반야 진관에서 닭 울음 기다리던 맹 상군이 아니로다. 네가 울면 날이 새고, 날이 새면 나 죽는다. 죽기는 섧지 않아도 의지할 곳 없는 우리 아버지 어찌 잊고 가자는 말이냐?"

어느덧 동쪽이 밝아 오니, 심청이 아버지 진지나 마지막 지어 드리리라 하고 문을 열고 나서니, 벌써 뱃사람들이 사립문 밖에서,

"오늘이 배 떠나는 날이오니 쉬이 가게 해 주시오."

하니, 심청이 이 말을 듣고 얼굴빛이 없어지고 손발에 맥이 풀리며 목이 메고 정신이 어지러워 뱃사람들을 겨우 불러,

"여보시오 선인네들, 나도 오늘이 배 떠나는 날인 줄 이미 알고 있으나, 내 몸 팔린 줄을 우리 아버지가 아직 모르십니다. 만일 아시게 되면 지레 야단이 날 테니, 잠깐 기다리면 진지나 마지막으로 지어 잡수시게 하고 말씀 여쭙고 떠나도록 하겠어요."

하니 뱃사람들이, / "그리 하시지요."

하였다. 심청이 들어와 눈물로 밥을 지어 아버지께 올리고, 상머리에 마주 앉아 아무쪼록 진지 많이 잡수시게 하느라고 자반도 떼어 입에 넣어 드리고 김쌈도 싸서 수저에 놓으며,

"진지를 많이 잡수셔요."

심 봉사는 철도 모르고, / "야, 오늘은 반찬이 유난히 좋구나. 뉘 집 제사 지냈느냐."

그날 밤에 꿈을 꾸었는데, 부모와 자식 사이는 천륜이라 꿈에 미리 보여 주는 바가 있었다.

[B]
> "아가 아가, 이상한 일도 있더구나. 간밤에 꿈을 꾸니, 네가 큰 수레를 타고 한없이 가더구나. 수레라 하는 것이 귀한 사람이 타는 것인데 우리 집에 무슨 좋은 일이 있을란가 보다. 그렇지 않으면 장 승상 댁에서 가마 태워 갈란가 보다."

심청이는 저 죽을 꿈인 줄 짐작하고 둘러대기를,

"그 꿈 참 좋습니다." / 하고 진짓상을 물려 내고 담배 태워 드린 뒤에 밥상을 앞에 놓고 먹으려 하니 간장이 썩는 눈물은 눈에서 솟아나고, 아버지 신세 생각하며 저 죽을 일 생각하니 정신이 아득하고 몸이 떨려 밥을 먹지 못하고 물렸다. 그런 뒤에 심청이 사당에 하직하려고 들어갈 제, 다시 세수하고 사당문을 가만히 열고 하직 인사를 올렸다.

"못난 여손(女孫) 심청이는 아비 눈 뜨기를 위하여 인당수 제물로 몸을 팔려 가오매, 조상 제사를 끊게 되오니 사모하는 마음을 이기지 못하겠습니다."

울며 하직하고 사당문 닫은 뒤에 아버지 앞에 나와 두 손을 부여잡고 기절하니, 심 봉사가 깜짝 놀라,

"아가 아가, 이게 웬일이냐? 정신 차려 말하거라."

심청이 여쭙기를,

"제가 못난 딸자식으로 아버지를 속였어요. 공양미 삼백 석을 누가 저에게 주겠어요. 남경 뱃사람들에게 인당수 제물로 몸을 팔아 오늘이 떠나는 날이니 저를 마지막 보셔요."

사정없다 남의 사정을 헤아려 돌봄이 없이 매몰차다.
하릴없다 달리 어떻게 할 도리가 없다.
반야 깊은 밤.
맹상군 중국 전국 시대 제나라의 공족이며, 사군의 한 사람. 재상이 되었을 때 천하의 인재를 초빙하여 식객이 삼천 명에 이르렀다고 하며, 진나라에 사신으로 갔다가 죽을 뻔하였으나 식객 중에 남의 물건을 잘 훔치는 사람과 닭의 울음소리를 잘 흉내 내는 사람이 있어 그들의 도움으로 죽음을 모면한 이야기로 유명하다.
섧다 원통하고 슬프다.
천륜 부모와 자식 간에 하늘의 인연으로 정하여져 있는 사회적 관계나 혈연적 관계.
사당 조상의 신주(위패)를 모셔 놓은 집.

수능형

4 윗글을 〈보기〉의 밑줄 친 부분에 주목하여 해석한 내용으로 알맞은 것은?

〈보기〉

문학 작품을 해석하는 방법은 크게 두 가지로 나눌 수 있다. 내재적 접근 방법은 작품 자체의 내적인 요소에 집중하면서 작품을 해석하는 것을 말하고, 외재적 접근 방법은 작품 밖에 있는 작가, 독자, 시대 상황 등을 관련지어 문학 작품을 해석하는 것을 말한다.

① 부모님 곁에서 건강한 모습으로 사는 것도 효도에 포함된다는 것을 깨달았어.

② 심 봉사의 말을 통해 당시에는 제사를 지낼 때 평소와 다른 좋은 음식으로 정성을 들였다는 것을 알 수 있었어.

③ 심청이 사당에 하직 인사를 하는 것을 통해 당시 사람들의 삶에 유교 사상이 영향을 미쳤다는 것을 알 수 있었어.

④ 작가는 심청이 아버지를 위해 목숨을 바치는 이야기를 통해 독자들에게 효의 중요성을 알리려 했음을 알 수 있었어.

⑤ 뱃사람을 본 후 변하는 심청의 얼굴빛이나 외양이 자세하게 묘사되어 있어 심청이 얼마나 긴장했을지 알 수 있었어.

개념+ 문학 작품 해석 방법

• 내재적 접근 방법: 작품 자체만으로 해석함.
• 외재적 접근 방법: 작품을 작품 외적인 요소와 연결시켜 해석함.
  – 문학 작품에 나타난 현실이 실제 시대적 상황을 어떻게 반영하고 있는지에 중심을 두고 작품을 해석함.(반영론적 관점)
  – 작가의 생애, 체험, 사상, 감정 및 의도를 중심으로 작품을 해석함.(표현론적 관점)
  – 문학 작품이 독자에게 어떤 가르침, 교훈, 감동을 주는가에 중심을 두고 작품을 해석함.(효용론적 관점)

---

5 [A]를 감상한 독자의 반응으로 적절하지 <u>않은</u> 것은?

① 심청은 닭 우는 소리가 무척 원망스럽게 느껴졌겠군.

② 심청은 자신의 마음이 맹상군의 마음과 같다고 표현하고 있어.

③ 심청은 자신의 생사보다 홀로 남겨질 아버지를 걱정하고 있어.

④ 다양한 표현 방법을 사용하여 심청의 애절한 마음을 잘 나타냈군.

⑤ 아침이 되어 떠날 시간이 오지 않기를 바라는 심청의 마음이 잘 나타난 부분이야.

---

6 [B]에 대한 설명으로 적절하지 <u>않은</u> 것은?

① 심청의 운명을 미리 알려 주는 역할을 한다.

② 심 봉사의 고뇌가 꿈으로 드러난 것으로 볼 수 있다.

③ 심청의 신상에 변화가 생길 것임을 암시하는 꿈이다.

④ 심청은 '수레'가 자신을 저승으로 데려가는 것이라고 생각할 것이다.

⑤ 심 봉사는 자신의 꿈이 심청에게 좋은 일이 생길 꿈이라고 생각한다.

발단—전개—위기—절정—결말

심청이 뱃사람들에게 진 빚을 장 승상 댁 부인이 대신 갚아 주려고 하지만, 심청이 이를 정중하게 거절하는 상황이다.

초이레 매달 초하룻날부터 헤아려 일곱째 되는 날.

사궁지수 사궁(네 가지의 궁한 처지라는 뜻으로, 늙은 홀아비와 늙은 홀어미, 부모 없는 어린이, 자식 없는 늙은이)의 첫째. 늙은 홀아비를 이른다.

앙화 어떤 일로 인하여 생기는 재난. 지은 죄의 앙갚음으로 받는 재앙.

후사 대(代)를 잇는 자식.

소저 '아가씨'를 한문 투로 이르는 말.

공문 공공 기관이나 단체에서 공식으로 작성한 서류.

시비 곁에서 시중을 드는 계집종.

무상하다 아무렇게나 함부로 행동하여 버릇이 없다.

명분 각각의 이름이나 신분에 따라 마땅히 지켜야 할 도리. 또는 일을 꾀할 때 내세우는 구실이나 이유 따위.

결초보수 죽은 뒤에라도 은혜를 잊지 않고 갚음을 이르는 말.

"참말이냐, 참말이냐? 애고 애고, 이게 웬 말인고? 못 가리라, 못 가리라. 네가 날더러 묻지도 않고 네 마음대로 한단 말이냐? 네가 살고 내가 눈을 뜨면 그는 마땅히 할 일이나, 자식 죽여 눈을 뜬들 그게 차마 할 일이냐? 너의 어머니 늦게야 너를 낳고 초이레 안에 죽은 뒤에, 눈 어두운 늙은 것이 품 안에 너를 안고 이 집 저 집 다니면서 구차한 말 해 가면서 동냥젖 얻어 먹여 이만치 자랐는데, 내 아무리 눈 어두우나 너를 눈으로 알고, 너의 어머니 죽은 뒤에 걱정 없이 살았더니 이 말이 무슨 말이냐? 마라 마라, 못 하리라. 아내 죽고 자식 잃고 내 살아서 무엇하리? 너하고 나하고 함께 죽자. 눈을 팔아 너를 살 터인데 너를 팔아 눈을 뜬들 무엇을 보려고 눈을 뜨리? 어떤 놈의 팔자길래 사궁지수(四窮之首) 된단 말이냐? 네 이놈 상놈들아! 장사도 좋지마는 사람 사다 제사하는 데 어디서 보았느냐? 하느님의 어지심과 귀신의 밝은 마음 앙화가 없겠느냐?" 〈중략〉

심청이 아버지를 붙들고 울며 위로하기를,

"아버지 할 수 없어요. 저는 이미 죽지마는 아버지는 눈을 떠서 밝은 세상 보시고, 착한 사람 구하셔서 아들 낳고 딸을 낳아 후사나 전하고, 못난 딸자식은 생각지 마시고 오래오래 평안히 계십시오. 이도 또한 천명이니 후회한들 어찌하겠어요?"

뱃사람들이 그 딱한 형편을 보고 모여 앉아 공론하기를,

"심 소저의 효성과 심 봉사의 일생 신세 생각하여 봉사님 굶지 않고 헐벗지 않게 한 살림을 꾸며 주면 어떻겠소?"

하고 쌀 이백 석과 돈 삼백 냥이며, 무명 삼베 각 한 동씩 마을에 들여놓고 동네 사람들을 모아 당부하기를,

"쌀 이백 석과 돈 삼백 냥을 착실한 사람 주어 실수 없이 온전하게 늘려 심 봉사에게 바칩시다. 삼백 석 가운데 스무 석은 올해 양식으로 제하고, 나머지는 해마다 빚을 주어 이자를 받으면 양식이 넉넉할 테고, 무명 삼베로는 사철 의복 장만해 드리기로 하고, 이런 내용을 관청에 공문으로 보내고 마을에도 알립시다."

일을 다 마치고 심 소저더러 가자 할 때, 무릉촌 장 승상 댁 부인이 그제야 이 말을 듣고 급히 시비를 보내어 심 소저를 부르기에, 소저가 시비를 따라가니 승상 부인이 문밖에 내달아 소저의 손을 잡고 울며 말했다.

"네 이 무상한 사람아. 나는 너를 자식으로 알았는데 너는 나를 어미같이 알지를 않는구나. 쌀 삼백 석에 몸이 팔려 죽으러 간다 하니 효성이 지극하다마는, 네가 살아 세상에 있는 것만 같겠느냐? 나와 의논했더라면 진작 주선해 주었지. 이제라도 쌀 삼백 석을 다시 내어 줄 것이니 뱃사람들 도로 주고 당치 않은 말 다시 말라."

하시니 심 소저가 여쭈었다.

"당초에 말씀 못 드린 것을 이제 후회한들 무엇하겠습니까? 또한 부모를 위해 공을 드릴 양이면 어찌 남의 명분 없는 재물을 바라며, 쌀 삼백 석을 도로 내어 주면 뱃사람들 일이 낭패이니 그도 또한 어렵습니다. 약속을 정한 뒤에 다시 약속을 어기는 것은 못난 사람

들 하는 짓이니, 그 말씀을 따르지 못하겠습니다. 하물며 값을 받고 몇 달이 지난 뒤에 차마 어찌 낯을 들어 차마 다른 말을 하겠습니까? 부인의 하늘 같은 은혜와 착하신 말씀은 저승으로 돌아가서 ㉠결초보은하겠습니다."

7 윗글을 이해한 내용으로 적절하지 <u>않은</u> 것은?

① 심 봉사는 심청을 산 뱃사람들에게 분노하며 그들을 저주하고 있다.
② 함께 죽자는 심 봉사의 말에서 심청에 대한 지극한 애정을 엿볼 수 있다.
③ 뱃사람들은 심청의 효심에 감동하여 심 봉사의 생계를 마련해 주고 있다.
④ 심청의 말을 통해 그녀가 명분보다는 실리를 중요하게 여김을 알 수 있다.
⑤ 장 승상 댁 부인은 심청의 행동이 불효임을 지적하며 심청을 책망하고 있다.

8 〈보기〉와 같은 선생님의 말씀에 대한 학생의 대답으로 적절하지 <u>않은</u> 것은?

> 선생님: 문학 작품을 감상하는 방법에는 여러 가지가 있습니다. 이번 수업 시간에는 윗글의 내용을 작품이 창작된 당시의 사회·문화적 상황을 중심으로 해석하며 감상해 봅시다.

① 절에 시주를 하면서 소원을 비는 문화가 있었어요.
② 사람을 제물로 바치는 민간 풍습이 있던 시대였어요.
③ 쌀이나 돈을 빌려주고 이자를 받는 대부업이 있었어요.
④ '효(孝)'와 같은 유교적 가치관을 중요하게 생각하던 시대였어요.
⑤ 형편이 어려운 사람을 마을에서 공동으로 돌보는 제도가 있었어요.

9 ㉠과 바꾸어 쓸 수 있는 한자 성어로 가장 적절한 것은?

① 각골통한(刻骨痛恨)　② 결자해지(結者解之)　③ 백골난망(白骨難忘)
④ 삼고초려(三顧草廬)　⑤ 와신상담(臥薪嘗膽)

속담·한자 성어 익히기

• **각골통한** 뼈에 사무칠 만큼 원통하고 한스러움. 또는 그런 일.
• **결자해지** 자기가 저지른 일은 자기가 해결해야 함을 이르는 말.
• **백골난망** 남에게 큰 은덕을 입었을 때 고마움의 뜻으로 이르는 말.
• **삼고초려** 인재를 맞아들이기 위하여 참을성 있게 노력함.
• **와신상담** 원수를 갚거나 마음먹은 일을 이루기 위하여 온갖 어려움과 괴로움을 참고 견딤을 비유적으로 이르는 말.

인물의 특징

1 주요 인물의 특징을 다음과 같이 정리할 때, 빈칸에 들어갈 내용을 써 보자.

심청
• 아버지를 위해 자신의 목숨을 공양미 삼백 석에 팔 만큼 (　　　　　　)이 지극함.
• 부모를 위한 공은 제 손으로 드려야 한다고 생각하는 것으로 보아 명분을 중요하게 여김.
• 약속을 한 뒤에는 그것을 반드시 지키려고 하는 것으로 보아 신의를 중요하게 여김.

심 봉사
• 봉사임에도 불구하고 동냥젖으로 딸을 키우는 등 딸을 지극히 (　　　　　　)함.
• 자신의 처지를 생각하지 못하고 시주할 것을 약속하는 등 생각이 짧은 면이 있음.
• 심청의 거짓말을 그대로 믿는 등 단순한 면이 있음.

장 승상 부인
• 심청을 (　　　　　　)로 삼으려고 하거나, 뱃사람들에게 공양미 삼백 석을 대신 내어 주겠다고 하는 것으로 보아 심청을 자식처럼 아끼고 마음이 넓음.

뱃사람
• 생계를 위해 돈으로 처녀를 사기는 하지만 심청의 마음을 헤아려 심 봉사의 (　　　　　　)를 마련해 주는 등 따뜻한 마음씨와 인간적 배려심이 있음.

소재의 의미

2 '공양미 삼백 석'의 의미를 정리하여 빈칸에 들어갈 내용을 써 보자.

뱃사람	심청	심 봉사
심청을 제물로 얻기 위해 치러야 할 대가임.	자신의 몸값으로 효는 실행할 수 있지만 심 봉사와 이별을 해야 함.	자신의 소망을 이루어 줄 방편이지만 심청과 이별을 해야 함.

공양미 삼백 석

▼

• 심 봉사에 대한 심청의 (　　　　　　)을 의미하는 소재
• 심청과 심 봉사의 (　　　　　　)을 의미하는 소재

소설의 주제

3 이 소설의 주제를 정리하여 빈칸에 들어갈 내용을 써 보자.

주제	부모에 대한 심청의 지극한 (　　　　　　)

깊이 읽기

판소리계 소설

판소리는 전문적인 창자(唱者)가 고수(鼓手)의 북 장단과 추임새에 맞추어 서사적인 이야기를 소리로 부르는 것으로 「춘향가」, 「심청가」, 「흥보가」, 「수궁가」, 「적벽가」 등이 대표적인 작품입니다. 판소리가 대중적으로 널리 인기를 누리게 되면서 판소리의 대본이라고 할 수 있는 판소리 사설이 형성되었고, 이러한 판소리 사설을 이야기책 형태로 기록한 것이 판소리계 소설입니다.

판소리계 소설에서는 여러 가지 특징들을 찾아볼 수 있습니다. 우선 운문과 산문이 혼합되어 있고, 세련된 한문투의 언어와 속어나 재담 등이 섞여 있습니다. 이는 판소리계 소설이 판소리를 바탕으로 형성되었고, 조선 후기에 판소리가 서민층에서 양반층까지 두루 인기를 누렸기 때문입니다. 또한 판소리계 소설은 여러 사람의 입을 거치면서 변화가 누적되어 많은 이본(異本)이 있기 때문에 적층 문학적 성격도 가지고 있습니다. 그리고 생생한 내용을 전달하기 위해 의성어나 의태어를 많이 사용하기도 하고, 흥미와 감동을 주기 위해 극적인 대목을 집중적으로 확장하여 장면을 극대화하기도 합니다. 특히 서술자가 마치 등장인물처럼 작품에 직접 개입하여 사건의 상황이나 인물의 성격 등을 직접 평가하기도 합니다. 이와 같은 특징을 가진 판소리계 소설에는 조선 후기 사회의 생활상이 폭넓게 형상화되어 있습니다.

사고력 키우기

이 소설에서 심청은 심 봉사의 소원을 이루어 주기 위해 자신의 목숨을 공양미 삼백 석에 팔았다. 이러한 심청의 행동을 진정한 효도로 볼 수 있는지 자신의 생각을 정리해 보자.

_____

_____

_____

_____

_____

10 소설 나비 | 헤르만 헤세

문제 풀이·작품 해제
어휘 퀴즈

✺ 전체 줄거리

발단

'나', 나비 잡기에 흠뻑 빠지다

"나비 잡기에 열중하면 학교의 수업 시간도, 점심도 잊어버리고, 탑시계가 우는 것도 귀에 들어오지 않았다."

'나'는 여덟 살인가 아홉 살 때부터 나비를 잡기 시작하였고, 나비를 잡을 때에는 기쁨과 환희를 느낀다. 하지만 어른이 된 지금은 그때의 미묘한 기쁨과 거센 욕망과의 교차를 자주 느끼지 못한다.

전개

'나', 에밀에게 혹평을 당하다

"이 소년에게 푸른 날개의 나비를 보였더니 그는 무슨 전문가나 되는 듯이 그것을 세세히 보고 나더니, 신기한 것임을 인정하면서 10전짜리 값은 된다고 하였다."

푸른 날개의 나비를 잡은 것이 자랑스러웠던 '나'는 이웃집 에밀에게만은 그것을 꼭 보여 주려고 한다. '나'는 그 아이를 부러워하면서도 속으로는 미움을 갖고 있었기 때문이다. 하지만 그 아이는 '나'가 보여 준 나비에 대해 혹평을 한다.

위기

'나', 난생처음 도둑질을 하다

"이것을 본 나는, 이 보배를 내 손에 넣고 싶은, 견딜 수 없는 욕망으로 난생처음 도둑질을 했다."

'나'는 에밀이 점박이 나비를 가졌다는 소문을 듣고 그것을 꼭 한번 보고 싶은 마음에 에밀의 방으로 간다. 점박이 나비를 보던 '나'는 유혹에 끌려 그것을 훔친다. 곧 양심의 눈이 떠져 다시 제자리에 두었지만, 점박이 나비는 이미 산산조각이 나 있었다.

절정

'나', 한번 저지른 일은 돌이킬 수 없음을 깨닫다

"알았어. 말하자면 너는 그런 자식이란 말이지."

모든 일을 어머니께 말씀드리자 어머니는 에밀을 찾아가 사실을 고백하고 용서를 빌라고 하신다. '나'는 에밀을 찾아가 점박이 나비를 망가트린 것이 자신이라고 밝힌다. 그러자 그는 모멸적인 태도로 '나'를 경멸하고, '나'는 한번 저지른 일은 어떻게 해도 바로잡을 도리가 없다는 것을 깨닫는다.

결말

'나', 수집한 나비들을 가루로 만들다

"그 속에 든 나비들을 하나하나 끄집어내어 손끝으로 비벼서 못 쓰게 가루를 내어 버렸다."

집으로 돌아와 방으로 온 '나'는 그동안 수집했던 나비들을 하나하나 끄집어내어 손끝으로 비벼서 못 쓰게 가루를 내어 버린다.

'나'가 에밀의 점박이를 훔치다 망가뜨리는 장면

(왜 자주 출제되는가?) 이 장면은 점박이 나비를 갖고 싶은 욕망과 남의 것을 훔쳐서는 안 된다는 양심 사이에서 '나'의 내적 갈등이 가장 잘 드러나는 장면이야. '나'는 유혹을 이기지 못하고 에밀의 점박이 나비를 훔쳐. 하지만 곧 양심의 가책을 느끼고 점박이 나비를 제자리에 되돌려 놓으려고 하였으나, 점박이 나비는 이미 산산이 부서져 버리고만 후였지. 이 과정을 통해 어리고 성숙하지 못한 '나'가 잘못을 저지르면서 느끼는 심리 변화가 매우 생동감 있게 드러난다는 점에서 시험에 자주 출제돼.

'나'가 채집한 나비를 손으로 비벼 가루로 만드는 장면

(왜 자주 출제되는가?) 이 장면은 '나'가 에밀에게 자신의 잘못에 대해 용서를 구했지만 결국 용서받지 못하고 집으로 돌아와 지금까지 정성껏 모았던 나비들을 손으로 비벼서 가루로 만들어 버리는 장면이야. 이는 순진하고 유혹에 쉽게 넘어갔던, 정신적으로 미성숙한 '나'가 점박이 나비 사건을 겪으면서 정신적으로 성숙해 가는 과정을 보여 주는 것이지. 이는 '나'의 깨달음을 바탕으로 소설의 주제를 전달함과 동시에 성장 소설의 특징을 잘 보여 준다는 점에서 시험에 자주 출제돼.

간단 확인

■ 정답과 해설 20쪽

다음을 읽고 이 글의 내용과 일치하면 ○, 일치하지 않으면 ×를 표시해 보자.

1 어른이 된 '나'는 지금도 나비 잡기 취미에 흠뻑 빠져 있다. ···································· ( )

2 '나'는 유혹을 이기지 못하고 에밀의 점박이 나비를 훔친다. ······························· ( )

3 '나'가 잘못을 고백하자 어머니는 모멸적인 태도로 '나'를 경멸한다. ····················· ( )

4 에밀에게 사과하고 집으로 돌아온 '나'는 나비 수집에 더 많은 노력을 기울인다. ·········· ( )

나비

발단 - 전개 - 위기 - 절정 - 결말

'나'는 어린 시절 나비 잡기에 빠져 있었는데, '나'가 수집한 푸른 날개의 나비를 이웃집 아이에게 보여 주었으나 혹평을 듣는 상황이다.

헤르만 헤세(1877~1962)
독일계 스위스인 소설가이자 시인이다. 주요 작품으로 「데미안」, 「유리알 유희」 등이 있다.

|작품 개관|
·**갈래**: 현대 소설, 단편 소설, 성장 소설
·**성격**: 교훈적, 회상적
·**시점**: 1인칭 주인공 시점

◆
황홀감 어떤 사물에 마음이나 시선이 혹하여 달뜬 느낌.
코르크 코르크나무나 굴참나무 따위에서, 식물 세포의 세포벽에 식물 보호 조직이 모여 싸인 세포층. 죽은 세포로서 세포벽은 밀랍 같은 물질인 슈베린을 함유라고 있어 물과 기체가 스며들지 못한다.
가제 가볍고 부드러운 무명베. 흔히 붕대로 사용한다.
센세이셔널(sensational) 세상을 놀라게 하는, 돌풍을 일으키는, 선풍적인.
혹평 가혹하게 비평함.

내가 나비를 잡기 시작한 것은 여덟 살인가 아홉 살 때부터이다. 처음엔 큰 관심도 없이 다른 애들이 다 하니까 나도 해 보는 정도였다. / 그런데 열 살쯤 된 두 번째 여름에 나는 완전히 이 유희에 빠져서, 이 때문에 다른 일은 전혀 돌보지 않게 되었다. 그래서, 주위 사람들은 나에게 그것을 하지 못하도록 말리지 않으면 안 되겠다고까지 걱정을 하게 되었다.

나비 잡기에 열중하면 학교의 수업 시간도, 점심도 잊어버리고, 탑시계가 우는 것도 귀에 들어오지 않았다. / 학교를 쉬는 날은 빵 한 쪽을 호주머니에 넣고는, 아침 일찍부터 밤늦게까지, 끼니때에도 집으로 돌아가지 않고 뛰어다니곤 하였다.

지금도 아름다운 나비를 보면, 이따금 그때의 열정이 몸에 스미는 듯 느껴진다. 그럴 때면, 나는 잠시 어린이만이 느낄 수 있는 뭐라고 표현할 수 없는 황홀감에 사로잡힌다. 〈중략〉

부모님께서는 좋은 도구를 전혀 마련해 주시지 않았기 때문에 나는 잡은 나비들을 낡은 헌 종이 상자에 두는 수밖에 없었다. 병마개에서 뽑은 동그란 코르크를 밑바닥에 붙이고 그 위에 핀을 꽂는 것이었다.

이렇게 초라한 상자 속에서 나는 나의 보물을 간직했다. 처음 한동안 나는 이 수집물을 동무에게 즐겨 보여 주기도 하였으나, 동무들이 가진 도구는 대개 유리 뚜껑의 나무 상자에 푸른빛 가제를 친 사육 상자와 그 밖의 여러 가지 사치스런 것들이므로, 내가 가진 유치한 설비를 더 자랑할 수가 없게 되었다.

그뿐만 아니라, 아주 보기 드물고 ㉠센세이셔널한 나비가 손에 들어와도 남에게는 비밀로 하고, 내 누이들에게만 이것을 보여 주곤 하였다.

어느 날 나는 우리 고장에서 보기 드문 푸른 날개의 나비를 잡았었다. 날개를 펴서 그것을 말린 다음에, 나는 하도 들뜨고 자랑스러워, 꼭 이웃집 아이에게만 보여 주리라고 생각했다. / 이웃집 아이란 뜰 건너편 집에 사는 교사의 아들이다. 이 소년은 흠을 잡을 수 없을 만큼 깜찍한 녀석으로, 아이로서는 어딘지 못마땅한 데가 없지도 않았다.

그의 수집물은 그리 대단하지는 않았으나, 깨끗한 점과 섬세한 솜씨는 보석을 간직한 것과 다름이 없었다. 게다가 그는 찢긴 헌 나비의 날개를 풀로 이어 붙이는, 남이 잘 못하는 어려운 기술을 가지고 있었다. 어쨌든 모든 점에서 그런 모범적인 소년이었다. 그 때문에 나는 그를 부러워하면서도, 속으로는 미움을 갖고 있었다.

이 소년에게 푸른 날개의 나비를 보였더니 그는 무슨 전문가나 되는 듯이 그것을 세세히 보고 나더니, 신기한 것임을 인정하면서 10전짜리 값은 된다고 하였다.

그러나, 한편으로 그는 트집을 잡기 시작하였다. 날개를 편 방식이 나쁘다느니, 오른쪽 촉각이 비틀어졌다느니 하며, 제법 그럴듯한 결함을 늘어놓았다.

나는 그러한 결점을 그다지 대단한 것이라고는 생각지 않았으나, 그의 혹평으로 하여 내 푸른 날개의 나비에 대한 기쁨은 다분히 허물어지고 말았다. 그래서 나는, 두 번 다시 그에게 수집물을 보여 주지 않았다.

1 〈보기〉의 내용으로 볼 때, 윗글의 특징으로 알맞지 <u>않은</u> 것은?

〈보기〉

　소설이란 작가의 상상력으로 창조해 낸 허구의 세계를 인물이나 사건 전개를 통하여 통일성 있게 구성하여 현실의 이야기인 것처럼 만들어 낸 산문 문학이다.

① 작가의 상상력을 바탕으로 창작되었다.
② 주로 서술, 대화, 묘사에 의해 기술되고 있다.
③ 현실에서는 일어날 수 없는 사건을 다루고 있다.
④ 일정한 시간의 흐름에 따라 이야기가 전개되고 있다.
⑤ 허구의 세계를 통하여 삶의 참된 모습과 진실을 추구하고 있다.

2 윗글에서 알 수 있는 '나'에 대한 설명으로 적절하지 <u>않은</u> 것은?

① 자신이 채집한 나비를 자신만 보려고 했다.
② 고급스러운 채집 장비를 갖추고 있지는 못했다.
③ 에밀을 부러워하면서도 미운 마음을 갖고 있었다.
④ 나비와 관련하여 에밀에게 상처를 받은 적이 있었다.
⑤ 고장에서 보기 드문 푸른 날개의 나비를 잡은 적이 있었다.

개념⁺ 어휘의 체계

• **고유어**: 다른 나라에서 들어온 것이 아니라 본디부터 우리의 것인 단어로, 우리 민족 특유의 문화나 정서를 표현하며 정서적 감수성을 풍요롭게 함.
• **한자어**: 중국의 한자를 기반으로 만들어진 단어로, 고유어에 비해 좀 더 정확하고 분화된 의미를 지니고 있어 고유어를 보완하는 역할을 함.
• **외래어**: 외국 문화와 접할 때 외국의 말이 함께 따라 들어와 쓰이게 된 단어로, 우리말의 어휘를 풍부하게 해 주기도 하지만 가능한 우리말로 바꾸어 받아들이려는 태도가 필요함.

 3 〈보기〉의 관점에서 ㉠을 고쳐 쓴 것으로 가장 적절한 것은?

〈보기〉

　요즘 시대를 세계화의 시대라고 한다. 세계화의 시대에는 다른 나라의 말을 자연스럽게 우리말과 함께 쓰기도 하지만, 외국에서 들어온 말을 무분별하게 쓰는 것보다는 우리말로 바꾸어 표현하는 것이 우리말의 발전을 위해 더 나은 방법이다.

① 아주 값비싼　　　　② 흔하디 흔한
③ 누구나 꺼려하는　　④ 놀랄 만큼 독특한
⑤ 평범한 빛깔을 띤

발단 – 전개 – **위기** – 절정 – 결말

'나'가 에밀의 점박이 나비를 보고 싶은 마음에 에밀의 방에 갔다가 그것을 훔치는 상황이다.

에밀이 이 이상한 나비를 가졌다는 소문을 듣고부터 나의 흥분은 절정에 이르러, 그것을 꼭 한번 보고 싶어 견딜 수 없었다. / 나는 식사 뒤 틈을 이용해 곧 뜰을 건너서 이웃집 4층으로 올라갔다. 이 4층에 교사의 아들 에밀은 작으나마 제 방을 하나 차지하고 있었다. 그것이 내게는 얼마나 부러웠는지 모른다. 〈중략〉

나는 그 앞에 허리를 굽히고, 털이 돋친 적갈색의 촉각과, 그지없이 아름다운 빛깔을 띤 날개의 선과, 밑 날개 양쪽 선이 있는 양털 같은 털을 바로 곁에서 들여다볼 수 있었다.

그러나, 그 유명한 무늬만은 보이지 않았다. 종이쪽에 가려져서 보이지 않았다.

가슴을 두근거리면서 나는 유혹에 끌려 종이쪽을 떼어 내고, 꽂혀 있는 핀을 뽑았다. 그러자, 네 개의 커다란 무늬가 그림에서보다는 훨씬 더 아름답게, 훨씬 더 찬란하게 나의 눈앞에 드러났다. / ㉠이것을 본 나는, 이 보배를 내 손에 넣고 싶은, 견딜 수 없는 욕망으로 난생처음 도둑질을 했다. 나비는 벌써 말라 있어서, 웬만큼 손을 대어도 형체가 일그러지지 않았다. 나는 그것을 손바닥 위에 받쳐 들고 에밀의 방을 나왔다. 나는 그때 어떤 커다란 만족감 이외에는 아무 생각도 없었다.

나비를 오른쪽 손에 감추고 층계를 내려섰다. 이때였다. 아래편에서 위로 올라오는 발자국 소리가 났다. / 이 순간, 나의 양심의 눈은 떠졌다. 나는 별안간, 내가 도둑질을 했다는 것과 비겁한 놈이란 것을 깨달았다. 그와 동시에, 들키면 어쩌나 하는 무서운 불안에 사로잡혀, 나는 본능적으로, 나비를 감추었던 손을 그대로 양복저고리 주머니 속에다 욱여 박았다.

그리고 천천히 발을 떼어 놓았다. 그러면서 속으로, 해서는 안 될 일을 했다는 부끄러운 생각에 가슴이 썰렁해졌다. 나는 이내 올라온 하녀와 어물어물 엇갈려서 가슴이 두근거리고 이마에 땀을 흘리며 침착을 잃어 벌벌 떨며 현관에 우뚝 섰다.

이 나비를 가져서는 안 된다. 될 수만 있으면 그전대로 돌려놓아야겠다. 나는 이런 생각으로 마음이 괴로웠다.

그리고 혹시 사람의 눈에 뜨이지나 않을까, 이 점을 가장 두려워하면서도 날쌔게 발을 돌려 층계를 뛰어올라, 1분 후에는 다시 에밀의 방 가운데 자신이 서 있는 것을 알게 되었다.

나는 주머니에서 손을 뽑아 나비를 책상 위에다 꺼내 놓았다. 나는 그것을 보기 전에 벌써 어떤 불행한 일이 생겼다는 것쯤은 미리 짐작했었다. 그저 울고 싶은 생각뿐이었다. 아니나 다를까, 점박이는 보기 싫게 망가져서 앞날개 하나와 촉각 한 개가 떨어져 버렸다. 떨어진 날개를 조심스레 주머니 속에서 끄집어내려고 하니까, 그나마 산산이 부서져서 이제는 이어 붙일 수조차 없게 되었다.

도둑질을 했다는 생각보다도, 그 아름답고 찬란한 나비를 자기 손으로 망가뜨렸다는 것이 나로서는 더 괴로운 일이었다. 날개에 있는 갈색 분이 온통 나의 손끝에 묻은 것을 보았다. 그리고 또 산산이 부서진 날개가 책상 위에 이리저리 흩어진 것을 보았다. 그것을 완전하게 원형대로 고쳐 놓을 수만 있다면, 나는 그 대신 내가 가진 어떠한 물건이든지를 기꺼이 버릴 수 있었을 것이다.

◆ **보배** 아주 귀하고 소중한 물건. 또는 아주 귀하고 소중하며 꼭 필요한 사람이나 물건 따위를 비유적으로 이르는 말.
형체 물건의 생김새나 그 바탕이 되는 몸체.
원형 본디의 꼴.

윗글의 내용을 이해한 것으로 적절하지 <u>않은</u> 것은?

① '나'는 처음으로 도둑질을 했다.

② '나'는 의도와는 달리 점박이 나비를 망가뜨렸다.

③ '나'는 도둑질을 한 후 부끄러움, 괴로움, 두려움을 느꼈다.

④ '나'는 에밀의 집에서 하녀를 속이고 점박이 나비를 가지고 나왔다.

⑤ '나'는 망가진 점박이 나비를 원래대로 되돌리고 싶은 마음이 간절하였다.

5 **〈보기〉는 윗글의 '나'와 나눈 가상 인터뷰이다. 윗글의 내용을 고려할 때 빈칸에 들어갈
내용으로 적절한 것은?**

 보기

질문: 에밀의 방에서 점박이 나비를 가지고 나왔을 때 기분이 어땠나요?
대답: 점박이 나비를 가졌다는 커다란 만족감 외에는 아무 생각도 들지 않았어요.
질문: 점박이 나비를 감추고 에밀의 집 층계를 내려오면서 발자국 소리를 들었을 때에는 기분
　　　이 어땠나요?
대답: 그 순간 양심의 눈이 떠지면서 내가 도둑질을 했다는 것과 비겁한 놈이란 것을 깨닫고
　　　불안함과 부끄러움을 느꼈어요.
질문: 점박이 나비를 돌려주려고 했으나 이미 망가진 것을 보았을 때에는 어떤 마음이 들었나
　　　요?
대답: (　　　　　　　　　　　　　　　　　　　　　　)

① 나비를 원형대로 고칠 수 있는 기술을 익혀야겠다는 마음이 들었어요.

② 다음에 나비를 훔칠 때에는 더욱 주의를 기울여야겠다는 마음이 들었어요.

③ 나비를 돌려주고 싶어도 돌려줄 수 없게 되었기 때문에 후련한 마음이 들었어요.

④ 내가 가질 수 없는 나비였기 때문에 망가진 것이 오히려 다행이라는 마음이 들었어요.

⑤ 도둑질을 했다는 것보다도 그 아름답고 찬란한 나비를 내 손으로 망가뜨렸다는 것 때
　　문에 괴로운 마음이 들었어요.

 ㉠의 상황을 나타내는 한자 성어로 가장 적절한 것은?

① 견물생심(見物生心)　　　　　　② 견리사의(見利思義)

③ 견문발검(見蚊拔劍)　　　　　　④ 견문일치(見聞一致)

⑤ 견강부회(牽强附會)

속담·한자 성어 익히기

• **견물생심** 어떠한 실물을
보게 되면 그것을 가지고
싶은 욕심이 생김.

• **견리사의** 눈앞의 이익을
보면 의리를 먼저 생각함.

• **견문발검** 사소한 일에 크게
성내어 덤빔을 이르는 말.

• **견문일치** 보고 들은 바가
꼭 같음.

• **견강부회** 이치에 맞지 않
는 말을 억지로 끌어 붙여
자기에게 유리하게 함.

발단 전개 위기 절정 결말

'나'가 에밀을 찾아가 점박이
를 못 쓰게 만든 사람이 자
신임을 밝히는 상황이다.

"너는 지금 곧 에밀에게 가야 한다." / 어머니는 한마디로 잘라 말했다.

"에밀을 찾아가서 사실을 고백하고 용서를 빌어라. 그 밖에는 아무런 길이 없다. 네가 가진 것 중에서 하나를 대신 처리해 달라고 말해 보렴. 그리고, 용서를 빌어야지."

만일 모범 소년인 에밀이 아니고 다른 동무였다면, 나는 용서를 비는 것쯤 서슴지 않았을 것이다. 그가 나의 고백을 이해해 준다거나 나의 사과를 믿어 주지 않을 것을 나는 미리부터 잘 알고 있었다. 〈중략〉

나는 에밀을 찾아갔다. 그는 나를 만나자 곧 점박이에 관한 말을 꺼냈다. 누가 그랬는지 점박이를 아주 못 쓰게 만들어 놓았다고 하면서, 사람의 소행인지 혹은 고양이가 그랬는지 알 수 없는 일이라 하였다. 나는 그 나비를 좀 보여 달라고 청했다.

두 사람은 방으로 올라갔다. 그는 촛불을 켰다. 못 쓰게 된 그 나비가 날개판 위에 올려져 있었다.

에밀이 그 날개를 손질하느라고 무척 고심한 흔적이 역력히 보였다. 그는 부서진 날개를 정성껏 주워 모아서 작은 압지 위에 펴 놓았다. 그러나, 그것은 도저히 본디 모양으로 바로 잡힐 가망이 없었다. 촉각도 떨어진 그대로이다.

나는 그제서야 그것이 나의 소행인 것을 밝혔다. 그랬더니, 에밀은 격분한다거나 나를 큰소리로 꾸짖지 않고, 혀를 차며 한동안 나를 지켜보다가, 나직한 소리로 말하였다.

"알았어. 말하자면 너는 그런 자식이란 말이지."

나는 그에게 내 장난감을 모두 주겠다고 하였다. 그래도 그는 듣지 않고 냉담하게 도사리고 앉아, 여전히 나를 비웃는 눈으로 지켜보고만 있으므로, 이번에는 내가 수집한 나비의 전부를 주겠다고 하였다.

"뭐, 그렇게까지 하지 않아도 좋아. 나는 네가 모은 것이 어떤 것인지 잘 알고 있어. 게다가 오늘은 네가 나비를 다루는 성의가 어떻다는 것을 알 만큼은 알았어."

그 순간, 나는 녀석의 멱살을 움켜쥐고 늘어지고 싶었다.

이제는 아무런 도리가 없음을 알았다. 나는 아주 나쁜 놈으로 결정이 나고 에밀은 천하에 정직한 사람이 되어, 냉정히 정의를 방패로 하고 모멸적인 태도로 내 앞에 버티는 것이다.

그는 욕설을 늘어놓지도 않았다. 다만 나를 바라보면서 경멸할 따름이었다.

그때 나는 비로소, 한번 저지른 일은 어떻게 해도 바로잡을 도리가 없다는 것을 깨달았다.

나는 그 자리를 물러섰다. 경과를 물어보려고도 하지 않고, 나에게 키스만을 하고 내버려 두는 어머니가 고마웠다. 어머니는 나더러 그만 잠자리에 들라고 하였다. 여느 날보다는 시간이 늦어진 편이기는 하였다.

그러나 나는 그 전에 가만히 식당으로 가서, 갈색으로 된 두껍고 커다란 종이 상자를 찾아 가지고 와서 침대 위에 올려놓고, 어둠 속에서 뚜껑을 열었다.

그리고 그 속에 든 나비들을 하나하나 끄집어내어 손끝으로 비벼서 못 쓰게 가루를 내어 버렸다.

소행 이미 해 놓은 일이나 짓
역력히 자취나 기미, 기억 따위가 환히 알 수 있을 정도로 또렷하게.
멱살 사람의 멱 부분의 살. 또는 그 부분.
도리 어떤 일을 해 나갈 방도.
모멸적 업신여기고 얕잡아 보는 느낌이 있는. 또는 그런 것.
경멸하다 깔보아 업신여기다.

7 윗글에서 '나'가 점박이 사건을 통해 깨달은 것으로 적절한 것은?

① 한번 잘못된 일은 다시 바로잡을 수 없다.

② 가까운 사이일수록 예의를 갖추어야 한다.

③ 다른 사람의 잘못을 감싸 줄 수 있는 마음이 필요하다.

④ 같은 상황을 접하더라도 사람마다 생각이 다를 수 있다.

⑤ 말만 잘하면 어려운 일이나 불가능해 보이는 일도 해결할 수 있다.

8 〈보기〉에서 밑줄 친 부분의 예에 해당하는 장면으로 가장 적절한 것은?

> 성장 소설이란 주인공이 어린 시절부터 어른이 되기까지 자신의 인격을 완성해 가는 성장 과정을 그린 소설이다. 대개 <u>정신적 성장과 사회에 대한 각성</u> 등의 과정이 드러나며, 어린 주인공이 자신의 고유한 존재 가치나 세계의 의미를 깨닫는 것으로 이야기가 마무리된다.

① '나'가 에밀에게 점박이를 보여 달라고 하는 장면

② 에밀이 욕설을 늘어놓지 않고 '나'를 경멸하는 장면

③ '나'가 에밀에게 사실대로 자신의 잘못을 털어놓은 장면

④ '나'가 자신이 채집한 나비를 비벼서 가루로 만드는 장면

⑤ 어머니가 '나'에게 아무것도 묻지 않고 키스만 해 주시는 장면

 9 집으로 돌아온 '나'에게 어머니가 조언을 한다면 활용할 수 있는 속담으로 가장 적절한 것은?

① 백지장도 맞들면 낫다

② 비 온 뒤에 땅이 굳어진다

③ 누울 자리 봐 가며 발을 뻗어라

④ 가지 많은 나무에 바람 잘 날이 없다

⑤ 콩 심은 데 콩 나고 팥 심은 데 팥 난다

속담·한자 성어 익히기

• **백지장도 맞들면 낫다** 쉬운 일이라도 협력하여 하면 훨씬 쉽다는 말.

• **비 온 뒤에 땅이 굳어진다** 어떤 시련을 겪은 뒤에 더 강해짐을 비유적으로 이르는 말.

• **누울 자리 봐 가며 발을 뻗어라** 어떤 일을 할 때 그 결과가 어떻게 되리라는 것을 생각하여 미리 살피고 일을 시작하라는 말.

• **가지 많은 나무에 바람 잘 날이 없다** 자식을 많이 둔 어버이에게는 근심, 걱정이 끊일 날이 없음을 비유적으로 이르는 말.

• **콩 심은 데 콩 나고 팥 심은 데 팥 난다** 모든 일은 근본에 따라 거기에 걸맞은 결과가 나타나는 것임을 비유적으로 이르는 말.

심리 변화

1 사건 전개에 따른 '나'의 심리 변화를 정리하여 빈칸에 들어갈 내용을 써 보자.

사건 전개	'나'의 심리
점박이 나비를 들고 에밀의 방을 나왔을 때	• 점박이 나비를 가졌다는 것에 (　　　　　).
아래편에서 위로 올라오는 발자국 소리를 들었을 때	• 도둑질한 것을 들킬까 봐 (　　　　). • 해서는 안 될 일을 했다는 생각에 부끄러움.
점박이 나비를 다시 돌려놓으려고 할 때	• 점박이 나비를 가져서는 안 된다는 생각에 괴로움. • 다른 사람의 눈에 뜨일까 봐 (　　　　).
점박이 나비가 망가진 것을 확인했을 때	• 도둑질을 했다는 생각보다도 점박이 나비를 망가뜨린 것이 더 괴로움. • 점박이 나비를 원래대로 돌려놓고 싶은 마음이 (　　　　).

소설의 주제

2 등장인물이 겪은 갈등과 그 해결 과정을 바탕으로 이 소설의 주제를 정리하여 빈칸에 들어갈 내용을 써 보자.

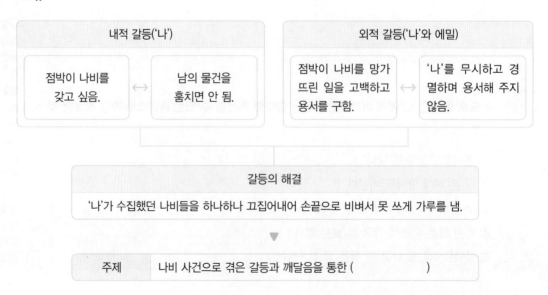

내적 갈등('나')		외적 갈등('나'와 에밀)	
점박이 나비를 갖고 싶음.	↔ 남의 물건을 훔치면 안 됨.	점박이 나비를 망가뜨린 일을 고백하고 용서를 구함.	↔ '나'를 무시하고 경멸하며 용서해 주지 않음.

갈등의 해결

'나'가 수집했던 나비들을 하나하나 끄집어내어 손끝으로 비벼서 못 쓰게 가루를 냄.

▼

주제	나비 사건으로 겪은 갈등과 깨달음을 통한 (　　　　　)

깊이 읽기

헤르만 헤세

헤르만 헤세는 1877년 7월 2일 독일 슈바르츠발트 지방의 소도시인 칼프에서 부친 요하네스 헤세와 모친 마리 군데르트 슬하의 둘째로 태어났습니다. 그의 친가는 발트해 연안의 독일계 출신이었고, 외가는 슈바벤 지방의 스위스계 출신이었습니다. 헤르만 헤세의 친가와 외가는 모두 경건주의적 기독교 신앙(17세기 말 독일의 개신교가 교의와 형식에 치우치는 것에 반대하여, 개인의 믿음과 영적 생활 및 실천을 중시한 당시 신흥 교회의 원칙)을 가지고 있었고, 양가 모두 인도에서 선교사 활동을 하여 그 영향으로 신학교에 입학했으나, 결국 시인을 꿈꾸며 신학교를 벗어나 서점의 견습 점원이 되었습니다. 1899년 시집 『낭만적인 노래』와 산문집 『자정 이후의 한 시간』을 출판하며 릴케에게 인정을 받았고, 1904년 장편 소설 「페터 카멘친트」로 유명세를 타게 되었습니다.

그는 제1차 세계 대전 중 독일의 문단과 출판계로부터 극단적인 애국주의에 동조하지 않는다는 비난과 공격을 받기도 하였고, 제2차 세계 대전 중 나치의 폭정에 저항하는 등 수많은 어려움을 겪기도 하였지만, 자신의 정체성을 찾는 과정에서 내면을 탐구하고 자아실현을 추구하는 문학의 길을 꾸준히 걸었습니다. 그의 주요 작품으로는 「수레바퀴 밑에서」, 「데미안」, 「싯다르타」 등이 있으며, 1946년에는 「유리알 유희」로 노벨 문학상을 수상하였습니다.

▲ 헤르만 헤세가 사용하던
타자기와 그의 모습

사고력 키우기

이 소설에서 '나'가 자신의 잘못을 에밀에게 사실대로 말하지 않았다면 '나'의 성장에 어떤 영향을 미쳤을지 자신의 생각을 정리해 보자.

_____

_____

_____

_____

II

시

기본 개념 **시 기본 개념**

시 01 현대시 | **돌담에 속삭이는 햇발** _ 김영랑

시 02 현대시 | **진달래꽃** _ 김소월

시 03 현대시 | **나룻배와 행인** _ 한용운

시 04 현대시 | **엄마 걱정** _ 기형도

시 05 현대시 | **우리가 눈발이라면** _ 안도현

시 06 고전 시가 | **하여가/단심가** _ 이방원/정몽주

기본 개념

◉ 시의 개념과 형식적 요소

마음속에 떠오르는 생각이나 느낌을 운율이 있는 언어로 압축하여 나타낸 문학

시어	시에 사용된 말(단어)로 사전적 의미와는 다른 함축적 의미를 지니는 경우가 많음.
시구	시어가 모여서 이루어진 구절(2어절 이상)
시행	시의 한 줄 한 줄을 이르는 말
연	하나 이상의 시행이 모여서 이루어진 완결된 의미의 단위

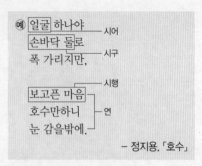

◉ 시의 구성 요소

음악적 요소
시를 읽을 때 느껴지는
말의 가락(리듬) = 운율

시의
구성 요소

회화적 요소
시를 읽을 때 마음속에 떠오르는
감각적인 느낌 = 심상(이미지)

의미적 요소
시인이 시를 통해 전하고자 하는
중심 생각 = 주제

바로 확인 ✔

01 다음은 시의 개념을 정리한 것이다. 빈칸에 들어갈 말을 순서대로 쓰시오.

> 시란 마음속에 떠오르는 생각이나 느낌을 ☐☐이 있는 언어로 ☐☐하여 표현한 문학이다.

(   )

02 밑줄 친 부분에 해당하는 시의 형식적 요소를 일컫는 말로 알맞은 것은?

> 보고픈 마음
> 호수만하니
> 눈 감을밖에.
>   – 정지용, 「호수」

① 연   ② 시어   ③ 시구
④ 시행   ⑤ 문장 구조

◉ 시의 운율

시를 읽을 때 느껴지는 말의 가락(리듬)

외형률	내재율
시에서 겉으로 뚜렷하게 드러나는 운율로, 주로 시조와 같은 고전 시가에서 많이 나타남.	외형상의 규칙성은 나타나지 않지만, 시 안에서 은근히 느껴지는 운율로 대부분의 현대시에서 많이 나타남.

◉ 시의 운율 형성 방법

같거나 비슷한 소리·단어·구절·문장 반복	같거나 비슷한 모음이나 자음, 시어, 시구, 문장 구조 등을 반복함. 예) 갈래 갈래 갈린 길 / 길이라도　　　　　　　　　　　－ 김소월, 「길」 ▶ 자음 'ㄱ', 'ㄹ'을 반복하여 운율을 형성함.
일정한 음절 수 반복	일정한 음절(글자) 수를 반복함. 예) 나 보기가 역겨워 / 가실 때에는 / 말 없이 고이 보내 드리우리다. 　　　　　　　　　　　　　　　　　　　　　－ 김소월, 「진달래꽃」 ▶ 7·5조의 글자 수를 반복하여 운율을 형성함.
일정한 음보 반복	일정한 소리 마디(음보)를 규칙적으로 반복함. 예) 비 오자∨장독대에∨봉선화∨반만 벌어 　해마다∨피는 꽃을∨나만 두고∨볼 것인가　　　－ 김상옥, 「봉선화」 ▶ 4음보를 반복하여 운율을 형성함.
일정한 위치에서 같은 소리·단어 반복	일정한 위치에서 특정한 소리나 단어를 반복함. 예) 돌담에 속삭이는 햇발같이 　풀 아래 웃음 짓는 샘물같이　　　　　　－ 김영랑, 「돌담에 속삭이는 햇발」 ▶ 행의 중간에서 '-는'을, 행의 끝에서 '같이'를 반복하여 운율을 형성함.

■ 정답과 해설 22쪽

03 시의 운율에 대한 설명으로 알맞지 **않은** 것은?

① 시를 읽을 때 느껴지는 말의 가락이다.
② 크게 외형률과 내재율로 나눌 수 있다.
③ 일반적으로 '반복'을 통해 형성되는 경우가 많다.
④ 정해진 규칙에 따라 표면적으로 드러나야만 한다.
⑤ 일정한 위치에서 특정한 소리가 반복되어 형성되기도 한다.

04 다음 시의 운율 형성 방법으로 알맞은 것은?

> 비 오자 장독대에 봉선화 반만 벌어
> 해마다 피는 꽃을 나만 두고 볼 것인가　　　－ 김상옥, 「봉선화」

① 시어의 반복
② 시구의 반복
③ 일정한 음보의 반복
④ 비슷한 문장 구조의 반복
⑤ 일정한 위치에서 같은 소리 반복

✤ 시의 심상

시를 읽을 때 마음속에 떠오르는 감각적인 모습이나 느낌

청각적 심상
귀로 듣는 감각과 관련된 심상

예 깊은 생각은 아득이는데
저 바람에 새가 슬피 운다.
    – 김억, 「봄은 간다」

시각적 심상
눈으로 보는 감각과 관련된 심상

예 어두운 방 안엔
바알간 숯불이 피고,
    – 김종길, 「성탄제」

후각적 심상
코로 냄새를 맡는 감각과 관련된 심상

예 산골짜기 오막살이 낮은 굴뚝엔 / 살랑살랑 솟아나네 감자 굽는 내.
    – 윤동주, 「굴뚝」

심상(이미지)

공감각적 심상
둘 이상의 감각이 결합된 심상

예 우리들의 입 속에서는 푸른 휘파람 소리가 나거든요.
    – 박성룡, 「풀잎」

▶ 청각의 시각화

미각적 심상
혀로 맛을 보는 감각과 관련된 심상

예 물새알은 / 간간하고 짭조름한 / 미역 냄새 / 바람 냄새.
    – 박목월, 「산새알 물새알」

촉각적 심상
피부로 느끼는 감각과 관련된 심상

예 가난하다고 해서 사랑을 모르겠는가 / 내 볼에 와 닿던 네 입술의 뜨거움
    – 신경림, 「가난한 사랑 노래」

바로 확인 ✔

05 다음 시구에 사용된 주된 심상이 나머지 넷과 <u>다른</u> 하나는?

① 금잔디 넓은 벌엔 호랑나비 떼
② 몽기몽기 웬 연기 대낮에 솟나
③ 살랑살랑 솟아나네 감자 굽는 내
④ 벚꽃 지는 걸 보니 푸른 솔이 좋아
⑤ 개울물 맑게 흐르는 곳에 마을을 이루고

06 비유에 대한 설명으로 알맞지 <u>않은</u> 것은?

① 직유법과 은유법이 대표적이다.
② 인상적인 표현을 통해 신선한 느낌을 준다.
③ 대상을 구체적으로 표현하여 생생한 느낌을 준다.
④ 시를 읽을 때 마음속에 떠오르는 감각과 관련된다.
⑤ 표현하고자 하는 대상을 그와 유사한 다른 대상에 빗대어 표현하는 방법이다.

◉ 시의 표현 - 비유

표현하고자 하는 사물이나 관념(원관념)을 그와 유사한 다른 대상(보조 관념)에 빗대어 표현하는 방법

직유법	'~처럼, ~같이, ~듯이, ~인 양' 등의 말을 사용해 원관념과 보조 관념을 직접 빗대어 표현하는 방법
	예 눈이 내린다 / 봄이라서 / <u>봄빛처럼</u> 포근한 눈　　　　　　　　　　　　　– 오규원, 「포근한 봄」
	▶ '(봄)눈'(원관념)을 '봄빛'(보조 관념)에 빗대어 표현함.
은유법	'A는 B이다.'와 같은 형식으로 원관념과 보조 관념을 동일한 것처럼 표현하는 방법
	예 <u>내 마음은 호수요,</u> / 그대 노 저어 오오.　　　　　　　　　　　　　　– 김동명, 「내 마음은」
	▶ '내 마음'(원관념)을 '호수'(보조 관념)에 빗대어 표현함.
의인법	사람이 아닌 사물이나 관념을 사람인 것처럼 표현하는 방법
	예 밤하늘은 / 별들의 운동장 　　오늘따라 별들 <u>부산하게 바자닌다</u>　　　　　　　　　　　　　　　　– 오세영, 「유성」
	▶ '별'들이 반짝이는 모습을 사람이 움직이는 것처럼 표현함.

효과	• 인상적인 표현을 통해서 신선한 느낌을 줌. • 대상을 구체적으로 표현하여 느낌이나 정서를 더욱 생생하게 전달함.

◉ 시의 표현 - 상징

표현하고자 하는 원관념은 숨기고 보조 관념만 제시하여, 추상적인 사물이나 관념을 구체적으로 나타내는 방법

예 내를 건너서 숲으로 / 고개를 넘어서 마을로
　어제도 가고 오늘도 갈 / 나의 길 새로운 길
　　　　　　　　　　　　　　– 윤동주, 「새로운 길」

▶ 길 → 삶, 인생

예 풀이 눕는다. / 바람보다도 더 빨리 눕는다.
　바람보다도 더 빨리 울고 / 바람보다 먼저 일어난다.
　　　　　　　　　　　　　– 김수영, 「풀」

▶ 풀 → 끈질긴 생명력을 지닌 민중

효과	• 추상적이고 관념적인 대상을 보다 정확하고 효과적으로 전달할 수 있음. • 작품을 다양하고 깊게 해석할 수 있도록 도와줌.

---

07 다음 시구에 사용된 비유의 종류를 쓰시오.

(1) 봄빛처럼 포근한 눈 ·················· (　　　　)

(2) 나는 나룻배 / 당신은 행인 ·········· (　　　　)

(3) 나무야, 너는 아프냐. / 너 가까이 있으면 / 두 팔 벌려 말없
이 / 나를 껴안아 주는 나무야. ··········· (　　　　)

08 다음 설명에 해당하는 시의 표현 방법은 무엇인지 한 단어로 쓰시오.

> 표현하고자 하는 원관념은 숨기고 보조 관념만 제시하여, 추상적인 사물이나 관념을 구체적으로 나타내는 방법

(　　　　　　　　　　　　　)

돌담에 속삭이는 햇발 | 김영랑

문제 풀이
작품 해제
관련 영상
어휘 퀴즈

김영랑(1903~1950)
일제강점기의 시인이다. 대
표 작품으로는 「내 마음을
아실 이」, 「독을 차고」, 「모란
이 피기까지는」, 「오-매 단
풍 들겄네」 등이 있다.

| 작품 개관 |
·**갈래**: 자유시, 서정시
·**성격**: 서정적, 낭만적, 비유적
·**제재**: 봄 하늘

돌담에 속삭이는 햇발같이

풀 아래 웃음 짓는 샘물같이

내 마음 고요히 고운 봄 길 위에

오늘 하루 하늘˚을 우러르고 싶다.

새악시˚ 볼에 떠 오는 부끄럼같이

㉠시의 가슴˚에 살포시 젖는 물결같이

보드레한˚ 에메랄드 얇게 흐르는

실비단˚ 하늘을 바라보고 싶다.

◆
하늘 시적 화자가 소망하는
세계.
새악시 새색시의 방언.
시의 가슴 시의 순수한 마
음. 시의 정서가 가득한 마
음. 시에 대한 애정으로 가득
한 마음.
보드레하다 꽤 보드라운 느
낌이 있다.
실비단 가는 실로 짠 비단.

1 위 시의 전체적인 분위기와 어울리는 단어로만 묶은 것은?

① 곱다, 애달프다, 조용하다

② 부드럽다, 따뜻하다, 곱다

③ 순수하다, 맑다, 우울하다

④ 밝다, 깨끗하다, 어수선하다

⑤ 포근하다, 부드럽다, 쓸쓸하다

◆
애달프다 마음이 안타깝거나 쓰라리다. 또는 애처롭고 쓸쓸하다.

2 위 시의 운율 형성 방법으로 적절하지 <u>않은</u> 내용을 말한 사람은?

보기

정희: 1연과 2연이 대구를 이루고 있어서 운율을 느낄 수 있었어.

효민: 의도적으로 일정한 글자 수를 반복한 것도 운율 형성 방법에 해당하는 것 같아.

지원: 'ㄴ, ㄹ, ㅁ, ㅇ'과 같은 울림소리가 반복하여 사용되었기 때문에 운율을 느낄 수도 있지.

태윤: 일정한 간격으로 끊어 읽을 수 있도록 시행을 배치한 것 또한 운율을 느낄 수 있게 해 주는 것이라고 생각해.

성훈: '~는, ~같이, ~고 싶다'와 같이 같은 위치에서 일정한 소리가 반복되도록 하였기 때문에 운율이 느껴지는 것 같아.

① 정희 　　② 효민 　　③ 지원 　　④ 태윤 　　⑤ 성훈

개념＋ 운율 형성 방법

• 일정한 간격으로 끊어 읽는 음보의 반복(2음보, 3음보, 4음보)

• 일정한 글자 수의 반복(3·4조, 7·5조)

• 같은 문장 구조의 반복(대구)

• 수미상관

• 같거나 유사한 소리, 단어, 구절의 반복

• 의도적인 시어의 변형

3 ㉠이 의미하는 바로 적절하지 <u>않은</u> 것은?

① 시의 순수한 마음

② 시의 정서가 가득한 마음

③ 시를 사랑하고 좋아하는 마음

④ 시에 대한 애정으로 가득한 마음

⑤ 시를 창작하는 데 어려움을 느끼는 마음

(작품 독해)

(시의 구조)

1 이 시의 구조를 다음과 같이 정리할 때, 빈칸에 들어갈 내용을 써 보자.

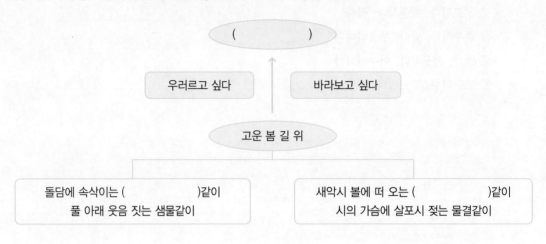

(시어의 의미)

2 이 시의 '시의 가슴'에 담긴 의미를 다음과 같이 정리할 때, 빈칸에 들어갈 내용을 써 보자.

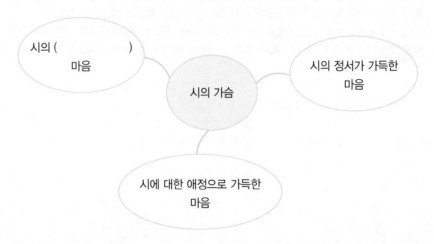

(시의 운율)

3 이 시의 운율 형성 방법과 효과를 다음과 같이 정리할 때, 빈칸에 들어갈 내용을 써 보자.

운율 형성 방법	효과
• (　　　　　) 마디씩 끊어 읽는 것이 규칙적으로 반복됨. • 같은 위치에서 일정한 (　　　　　)가 반복됨. • 같은 문장 구조의 반복으로 대구를 이룸. • 울림소리가 반복됨.	• 부드럽고 경쾌한 정서와 분위기를 형성함. • 시의 주제를 효과적으로 전달함. • (　　　　　) 효과를 통해 시를 읽을 때 즐거움을 줌.

1930년대 시 문학파

일제 강점 당시 시인들은 시를 통해 현실의 어려움을 토로하거나 일제에 저항하는 태도를 드러냈습니다. 하지만 시가 목적성을 드러내면 드러낼수록 아름다움을 표현하려는 시의 본질은 사라지기 쉽다는 고민을 하던 중, 1930년대에 시 전문 잡지인 『시 문학』이 생겨났습니다. 이때 『시 문학』 잡지에 참여하여 활동했던 시인들을 가리켜 시 문학파 시인이라고 합니다. 시 문학파 시인들의 가장 큰 특징은 시에서 특정한 사상이나 정치성을 모두 몰아내고 순수 서정시를 지향하고자 했다는 것입니다. 시 문학파로 활동했던 시인에는 김영랑, 박용철, 정지용 등이 있으며, 이들은 시의 내용과 형식이 조화를 이룰 수 있는 작품 창작에 노력을 기울였습니다. 특히 시의 언어가 산문이나 일상의 언어와 다르다는 사실을 자각하고, 시가 언어의 예술임을 내세워 언어를 갈고 닦아 쓰는 데 뚜렷한 성과를 거두었습니다.

시 문학파를 대표하는 김영랑 시인의 시에서는 음성 구조와 의미 구조 사이의 조화와 긴장을 바탕으로 창조적 리듬을 느낄 수 있고, 정지용 시인의 시에서는 1920년대의 시와는 차별되는 은유와 심상을 활용한 참신한 감각을 엿볼 수 있습니다. 이 때문에 일반적으로 시 문학사에서 시 문학파를 현대시의 출발점으로 여기고 있습니다.

▲ 전라남도 강진군 가우도에 있는 김영랑 동상

이 작품의 시인이 바라보고 싶어 하는 하늘의 의미를 생각해 보고, 이를 표현하기 위해 시인이 어떠한 방법을 활용하여 시를 창작했을지 추측해 보자.

_____

_____

_____

_____

진달래꽃 | 김소월

문제 풀이
작품 해제
관련 영상
어휘 퀴즈

김소월(1902~1934)
일제강점기의 시인이다. 대
표 작품으로는 「먼 후일」,
「산유화」, 「금잔디」, 「엄마야
누나야」 등이 있다.

| 작품 개관 |
·**갈래**: 자유시, 서정시
·**성격**: 전통적, 민요적, 애상
적, 향토적
·**제재**: 임과의 이별

나 보기가 역겨워

가실 때에는˙

말없이 고이 보내 드리우리다.

영변(寧邊)에 약산(藥山)˙

진달래꽃˙

아름 따다 가실 길에 뿌리우리다.

가시는 걸음걸음

놓인 그 꽃을

사뿐히 즈려밟고˙ 가시옵소서.

나 보기가 역겨워

가실 때에는

㉠죽어도 아니 눈물 흘리우리다.˙

◆
나 보기가 ~ 때에는 이별의
상황을 가정하고 있음.
영변에 약산 시인의 고향(평
안북도)에 있는 지역 이름.
구체성을 높여 시에 향토적
느낌을 더함.
진달래꽃 시적 화자가 떠나
가는 이를 축복하기 위해 딴
꽃이자 자신의 슬픔을 승화
하기 위한 소재.
즈려밟다 '지르밟다'(위에서
내리눌러 밟다)의 잘못.
죽어도 ~ 흘리우리다. '너무
슬퍼서 눈물을 흘릴 것이다.'
라는 속마음을 강조하기 위
한 반어적 표현.

1 위 시에 대한 설명으로 적절하지 <u>않은</u> 것은?

① 미래의 상황을 가정하여 시상을 전개하고 있다.

② 자연물을 소재로 하여 주제 의식을 드러내고 있다.

③ 수미상관의 구조를 취하여 형태적 안정감을 주고 있다.

④ 동일한 시구를 반복하여 시의 리듬감을 형성하고 있다.

⑤ 4음보의 전통적 율격을 사용하여 애상적 분위기를 나타내고 있다.

2 위 시의 '진달래꽃'이 의미하는 바와 거리가 <u>먼</u> 것은?

① 시적 화자의 분신과 같은 존재이다.

② 임에게 헌신하려는 시적 화자의 순종을 상징한다.

③ 임에 대한 시적 화자의 아름다운 사랑을 의미한다.

④ 임에 대한 시적 화자의 원망과 슬픔이 담긴 소재이다.

⑤ 시적 화자가 임과 다시 만나게 될 희망적인 미래를 암시한다.

3 〈보기〉는 ㉠에 사용된 표현 방법에 대한 설명이다. 다음 중 이와 유사한 표현 방법이 사용된 것은?

> ㉠은 겉으로 표현한 내용과 시적 화자의 속마음에 있는 내용을 서로 반대로 말함으로써 독자에게 강한 인상을 주고 있다. 이처럼 반어법은 나타내려는 내용과 반대되는 표현을 함으로써 그 의미를 강조하는 효과를 얻을 수 있다.

① 현준이는 아침에 활짝 피어 있는 무궁화를 보고 "<u>우리 누나와 같이 생긴 꽃이군.</u>"이라고 말하였다.

② 민재는 깃발이 바람에 몹시 흔들리는 모습을 보고 "<u>이것은 소리 없는 아우성이군.</u>"이라고 말하였다.

③ 외삼촌은 현장 학습을 갔다가 늦게 귀가한 딸에게 "보고 싶어서 <u>하루 종일 숨도 쉬지 못했어.</u>"라고 말씀하셨다.

④ 아버지는 공부를 하지 않고 시험을 봐서 30점을 받은 종수의 성적을 보시고는 혀를 끌끌 차시며 "<u>정말 잘했구나.</u>"라고 말씀하셨다.

⑤ 어머니는 남들이 버린 헌 옷을 수거해서 되파는 사업으로 크게 성공한 사람의 이야기를 듣고서 "<u>길이 없는 곳에도 길이 있었구나.</u>"라고 말씀하셨다.

개념+ 반어법

• **개념**: 말하고자 하는 내용과 반대로 표현하는 방법

• **특징**: 표면적 의미와 작가의 의도가 서로 반대되며, 이때 시적 화자의 의도는 전체적인 맥락을 통해 파악할 수 있음.

• **효과**: 인물의 심리나 상황을 강조하여 인상적으로 표현할 수 있음.

시의 내용

1 이 시의 흐름에 따라 각 연의 내용을 다음과 같이 정리할 때, 빈칸에 들어갈 내용을 써 보자.

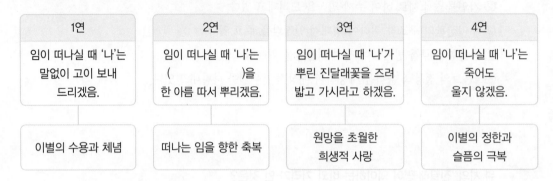

1연	2연	3연	4연
임이 떠나실 때 '나'는 말없이 고이 보내 드리겠음.	임이 떠나실 때 '나'는 (　　　　　)을 한 아름 따서 뿌리겠음.	임이 떠나실 때 '나'가 뿌린 진달래꽃을 즈려 밟고 가시라고 하겠음.	임이 떠나실 때 '나'는 죽어도 울지 않겠음.
이별의 수용과 체념	떠나는 임을 향한 축복	원망을 초월한 희생적 사랑	이별의 정한과 슬픔의 극복

시의 운율

2 이 시의 운율 형성 방법과 효과를 파악하여 빈칸에 들어갈 내용을 써 보자.

운율 형성 방법	효과
• 첫 연과 마지막 연에서 비슷한 문장 구조가 반복됨.(수미상관) • 1, 2, 4연의 마지막이 '–우리다'로 끝남. • 전통적인 (　　　　　)의 율격이 드러남. • 각 연마다 비슷한 글자 수(7 · 5자)가 반복됨.	• 시의 애상적인 분위기를 형성함. • 시적 화자의 슬픈 감정이 효과적으로 드러남. • 음악을 듣는 듯한 느낌을 줌.

표현 효과

3 4연의 내용을 바탕으로 반어적 표현의 효과를 다음과 같이 정리할 때, 빈칸에 들어갈 내용을 써 보자.

4연	시적 화자의 속마음		
나 보기가 역겨워 가실 때에는 죽어도 아니 눈물 흘리우리다.	내가 싫어져 떠나신다면 '나'는 너무 슬퍼서 눈물을 흘릴 것입니다.	속마음을 표현한 방식	사랑하는 사람이 떠나서 너무 슬프지만 겉으로는 울지 않겠다고 말함. → 자신이 말하고자 하는 의미와 반대로 표현하는 (　　　　　)을 사용함.
		효과	'임을 향한 사랑'이라는 주제를 (　　　　　) 하며, 사랑하는 임을 떠나보내는 시적 화자의 슬픔과 서러움이 좀 더 애절하게 나타남.

깊이 읽기

김소월의 시 경향

　　시인 김소월의 본명은 김정식이며 1902년 8월 6일 평안북도 정주군에서 출생하였습니다. 오산 학교 재학 시절 스승이자 시인이었던 김억을 만나면서 본격적으로 시를 창작하기 시작하였고, 1920년에 「낭인(浪人)의 봄」, 「야(夜)의 우적(雨滴)」, 「오과(午過)의 읍(泣)」, 「그리워」 등을 『창조(創造)』지에 발표하며 등단하였습니다. 이후 1922년 배재 고등 보통학교에 진학하면서부터 작품 창작 활동을 활발하게 하였는데, 『개벽』에 실린 「금잔디」, 「엄마야 누나야」, 「진달래꽃」, 「강촌」 등이 당시에 창작된 작품들입니다. 작품 창작 초기에는 민요조의 서정적인 목소리가 담긴 작품을 주로 창작하였으나, 창작 후기에는 「바라건대는 우리에게 우리의 보습 대일 땅이 있었더면」과 같은 작품에서 찾아볼 수 있듯이 비극적 현실을 극복하고자 하는 의지를 강하면서도 참여적인 목소리로 표현한 작품을 창작하기도 하였습니다.

　　김소월은 부드러운 어조로 우리나라의 전통적인 한(恨)의 정서를 노래한 시인, 민요조의 율격으로 토속적인 정서를 노래한 시인, 세시 풍속이나 전통 설화를 소재로 활용하여 노래한 시인 등과 같이 다양한 평가를 받고 있으며, 1981년 예술 분야에서 대한민국 최고인 금관 문화 훈장을 추서받았습니다.

▲ 서울시 성동구 행당동에 있는 김소월 시비

사고력 키우기

이 시에 사용된 시어 '즈려밟다'의 의미로 볼 때, 이 시의 화자가 임에게 자신이 따다 뿌린 진달래꽃을 즈려밟고 가라고 말한 이유를 추측해 보자.

_____

_____

_____

_____

_____

나룻배와 행인 | 한용운

문제 풀이
작품 해제
관련 영상
어휘 퀴즈

한용운(1879~1944)
일제강점기의 승려, 시인이
자 독립운동가이다. 「조선
독립의 서(書)」 외에, 시 「님
의 침묵」, 소설 「흑풍」 등을
남겼다.

| 작품 개관 |
·갈래: 자유시, 서정시
·성격: 상징적, 명상적
·제재: 나룻배와 행인

나는 나룻배
당신은 행인.

당신은 흙발로 나를 짓밟습니다.
나는 당신을 안고 물을 건너갑니다.
나는 당신을 안으면 깊으나 옅으나 급한 여울이나 건너갑니다.

만일 당신이 아니 오시면, 나는 바람을 쐬고 눈비를 맞으며 밤에서 낮까지 당신을
기다리고 있습니다.
당신은 물만 건너면 나를 돌아보지도 않고 가십니다그려.
그러나 당신이 언제든지 오실 줄만은 알아요.
㉠나는 당신을 기다리면서 날마다 날마다 낡아 갑니다.

나는 나룻배
당신은 행인.

나는 나룻배 / 당신은 행인. '나'와 '당신'의 관계를 표현하고 있으며 은유법과 대구법이 사용됨.
바람을 쐬고 ~ 밤에서 낮까지 고난을 겪으며 오랜 시간이 걸리더라도 '당신'을 기다리겠다는 의지의 표현.
그러나 당신이 ~ 오실 줄만은 알아요. '당신'이 반드시 돌아올 것을 믿음.
나는 당신을 ~ 낡아 갑니다. '당신'에 대한 '나'의 헌신적 사랑과 영원한 기다림.

1 위 시에 대한 설명으로 적절하지 <u>않은</u> 것은?

① '나'와 '당신'을 다른 대상에 빗대어 표현하고 있다.

② 단정적이고 확신에 찬 강한 어조가 드러나고 있다.

③ 참된 사랑의 본질인 희생과 믿음을 주제로 하고 있다.

④ 쉬운 우리말과 경어체를 사용하여 주제를 드러내고 있다.

⑤ 수미상관의 형식을 활용하여 '나'와 '당신'의 관계를 강조하고 있다.

2 〈보기〉의 내용을 참고하여 위 시를 감상한 내용으로 적절하지 <u>않은</u> 것은?

> 〈보기〉
>
> 　이 시에서는 '나'와 '당신'을 각각 나룻배와 행인에 비유함으로써 '나'를 다소 소극적이고 수동적인 여성적 화자로 설정하고 있다. 시적 화자의 맹목적인 헌신과 기다림은 주어진 것에 순종하는 전통적인 여성상을 닮아 있는 것 같다.
> 　그러나 이러한 태도는 오히려 적극적인 것으로 다시 읽힐 수 있다. '당신'은 강을 건너기 위해 '나'를 필요로 하는 나약한 존재이며, 반대로 '나'는 사랑의 힘을 통해 어떤 역경도 이겨 낼 수 있는 강인한 존재이다. '나'는 '당신'에 의해 수동적으로 구원을 받는 것이 아니라 '당신'에 대한 '나'의 사랑을 통해 스스로 능동적으로 구원되는 것이다.
> 　　　　　　　　　　　　　　　　　　　　– 한계전, 『한계전의 명시 읽기』

① '나'의 헌신적 태도는 강인하기에 가능한 것이었군.

② '당신'은 '나'에게 무관심하지만 나약한 존재일 수 있겠군.

③ '당신'이 짓밟아도 '나'가 순종하는 모습은 전통적 여성상을 닮았어.

④ '나'는 항상 나약한 존재이고, '당신'은 항상 강인한 존재라고 볼 수 있겠어.

⑤ '나'를 '나룻배', '당신'을 '행인'으로 비유한 것은 '나'를 수동적인 인물로 본 것이군.

> **개념➕ 시적 화자**
>
> • **개념**: 시 속에서 이야기하는 사람을 의미하는 것으로 시적 자아 또는 서정적 자아라고도 함.
> • **특징**: 시적 화자는 남성 혹은 여성일 수도 있고, 어른 혹은 어린아이일 수도 있으며, 시인 자신이거나 혹은 시인이 창조한 대리인일 수도 있음. 또한 시적 화자가 누구인지, 시적 화자의 태도나 어조가 어떠한지에 따라 시의 정서와 분위기가 달라질 수 있음.

3 ㉠과 같이 행동할 수 있는 근거로 적절한 것은?

① '나'는 '당신'이 돌아올 것을 확신하기 때문이다.

② '당신'에 대한 '나'의 사랑이 부질없기 때문이다.

③ '당신'에 대한 '나'의 마음이 변할 수 있기 때문이다.

④ '나'에 대한 '당신'의 마음이 변할 수 있기 때문이다.

⑤ '나'에 대해 무관심한 '당신'의 모습이 원망스럽기 때문이다.

1 (인물의 태도)

이 시에서 '나'와 '당신'의 행동이 드러난 시행을 바탕으로 인물의 태도를 정리하여 빈칸에 들어갈 내용을 써 보자.

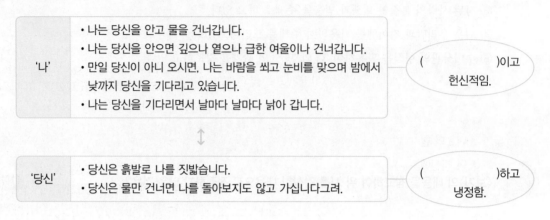

'나'
- 나는 당신을 안고 물을 건너갑니다.
- 나는 당신을 안으면 깊으나 옅으나 급한 여울이나 건너갑니다.
- 만일 당신이 아니 오시면, 나는 바람을 쐬고 눈비를 맞으며 밤에서 낮까지 당신을 기다리고 있습니다.
- 나는 당신을 기다리면서 날마다 날마다 낡아 갑니다.

(   )이고 헌신적임.

'당신'
- 당신은 흙발로 나를 짓밟습니다.
- 당신은 물만 건너면 나를 돌아보지도 않고 가십니다그려.

(   )하고 냉정함.

2 (시의 구조)

이 시의 구조를 다음과 같이 정리할 때, 빈칸에 들어갈 내용을 써 보자.

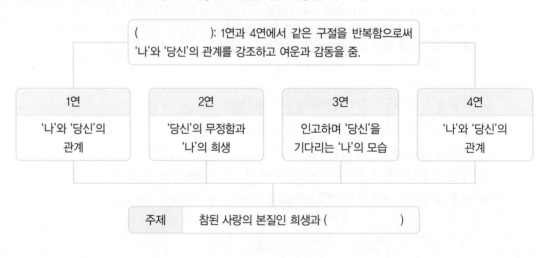

(   ): 1연과 4연에서 같은 구절을 반복함으로써 '나'와 '당신'의 관계를 강조하고 여운과 감동을 줌.

1연	2연	3연	4연
'나'와 '당신'의 관계	'당신'의 무정함과 '나'의 희생	인고하며 '당신'을 기다리는 '나'의 모습	'나'와 '당신'의 관계

주제 : 참된 사랑의 본질인 희생과 (   )

3 (시어의 의미)

승려이자 독립운동가였던 시인의 삶을 바탕으로 '당신'의 의미를 파악하여 빈칸에 들어갈 내용을 써 보자.

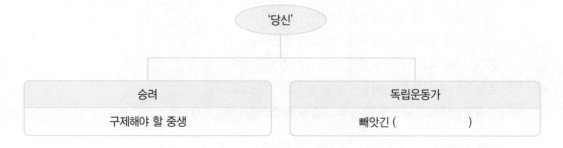

'당신'

승려	독립운동가
구제해야 할 중생	빼앗긴 ( )

깊이 읽기

한용운의 삶

한용운은 1879년 8월 29일 충청남도 홍성군에서 태어났으며 호는 만해(萬海)입니다. 어려서는 한학을 배우며 자랐고 청년 시절에는 동학 농민 운동에 참여하기도 하였습니다. 이후 출가하여 승려가 된 후에는 1910년 당시 모순과 부패가 만연하던 우리나라 불교계의 현실을 안타깝게 여겨 백담사에서 『조선 불교 유신론』을 탈고함으로써 불교계의 개혁과 대중화에 앞장섰습니다. 또한 한일 강제 병합으로 일제에게 나라를 빼앗긴 뒤에는 만주 지방 여러 곳에 있던 독립군의 훈련장을 순방하며 그들에게 독립 정신과 민족혼을 심어 주는 일에 전력하기도 하였습니다. 1919년 3·1 운동 때에는 독립 선언서의 행동 강령인 '공약 3장'을 썼고, 민족 대표의 한 사람으로서 독립운동에 참여했다가 감옥살이까지 하게 되었습니다. 감옥살이 이후에도 그의 저항 정신에는 변함이 없었으며, 1926년에는 시집 『님의 침묵』을 펴냈습니다. 이 시집에 수록된 88편의 시는 불교적 비유와 고도의 상징적 수법으로 이루어진 서정시로서, 기(이별의 시편), 승(슬픔과 고통의 시편), 전(희망으로의 전환 시편), 결(만남을 향한 시편)이라는 연작시와 같은 구성 방식을 지니고 있습니다. 그리고 이 작품들은 만해 한용운의 사상뿐만 아니라 일제에 대한 저항 의식과 민족에 대한 애정 또한 잘 드러나 있다고 평가받고 있습니다.

이처럼 불교 개혁을 위해 헌신한 승려, 일제에 맞서 싸운 독립운동가, 빼어난 서정시를 남긴 시인이었던 한용운은 1944년 6월, 서울 성북동 심우장(尋牛莊)에서 숨을 거두었습니다.

▲ 서울시 성북구 성북동에 있는 심우장 전경

사고력 키우기

시인이 이 시의 시적 화자를 '-ㅂ니다, -요'와 같은 경어체를 사용하는 사람으로 설정한 까닭은 무엇일지 생각해 보자.

_____

_____

_____

_____

_____

엄마 걱정 | 기형도

문제 풀이
작품 해제
관련 영상
어휘 퀴즈

기형도(1960~1989)
시인이자 신문 기자이다. 시집
『입 속의 검은 잎』, 산문집 『짧
은 여행의 기록』 등을 남겼다.

| 작품 개관 |
· **갈래**: 자유시, 서정시
· **성격**: 회상적, 애상적
· **제재**: 유년 시절의 기억

열무 삼십 단을 이고

시장에 간 우리 엄마

안 오시네, 해는 시든 지 오래

나는 찬밥처럼 방에 담겨

아무리 천천히 숙제를 해도

엄마 안 오시네, 배춧잎 같은 발소리 타박타박

안 들리네, 어둡고 무서워

금 간 창틈으로 고요히 빗소리

빈방에 혼자 엎드려 훌쩍거리던

아주 먼 옛날

지금도 내 눈시울을 뜨겁게 하는

그 시절, 내 유년의 윗목

◆

열무 삼십 단을 이고 고단한
엄마의 삶을 드러냄.

안 오시네 비슷한 표현의 반
복을 통해 아무리 기다려도
엄마가 오지 않는 상황과 외
롭고 쓸쓸한 '나'의 처지를
강조하여 드러냄.

나는 찬밥처럼 방에 담겨
홀로 방에 있는 외로운 '나'
의 처지를 '찬밥'에 비유하여
표현함.

**배춧잎 같은 발소리 타박타
박** 엄마의 지친 발소리를
'배춧잎'에 비유하여 표현함.

아주 먼 옛날 화자가 유년
시절을 회상하는 어른임을
짐작할 수 있음.

내 유년의 윗목 불길이 잘 닿
지 않아 차가운 '윗목'에 자신
의 유년을 빗대어 표현함으로
써, 화자는 여전히 유년을 떠
올리며 외로움과 슬픔을 느끼
고 있음을 알 수 있다.

1 위 시를 감상한 후 이해한 내용으로 적절하지 <u>않은</u> 것은?

① 1연의 '나'와 2연의 '나'는 동일 인물이다.

② 시의 화자는 자신의 유년 시절을 회상하는 어른이다.

③ 비유법을 활용하여 화자의 정서를 효과적으로 드러낸다.

④ 청각적 심상을 활용하여 외롭고 쓸쓸한 분위기를 고조한다.

⑤ 어른이 된 화자가 가난했던 유년 시절을 잘 이겨 낸 보람에 대해 말하고 있다.

2 〈보기〉와 같은 화자의 마음을 드러내는 시어로 볼 수 <u>없는</u> 것은?

┌─────────── 보기 ───────────┐

이 시의 화자는 자신의 유년 시절을 슬프고 안타깝게 생각한다.

└─────────────────────────────┘

① 찬밥   ② 윗목   ③ 숙제   ④ 빈방   ⑤ 빗소리

3 위 시와 〈보기〉를 비교하여 감상한 내용으로 적절한 것은?

┌─────────── 보기 ───────────┐

아, 아버지가 눈을 헤치고 따 오신 / 그 붉은 산수유 열매─ //

나는 한 마리 어린 짐승, / 젊은 아버지의 서늘한 옷자락에

열(熱)로 상기된 볼을 말없이 부비는 것이었다. //

이따금 뒷문을 눈이 치고 있었다. / 그날 밤이 어쩌면 성탄제의 밤이었을지도 모른다.

어느새 나도 / 그때의 아버지만큼 나이를 먹었다. //

옛것이라곤 찾아볼 길 없는 / 성탄제 가까운 도시에는

이제 반가운 그 옛날의 것이 내리는데, //

서러운 서른 살, 나의 이마에 / 불현듯 아버지의 서느런 옷자락을 느끼는 것은, //

눈 속에 따 오신 산수유 붉은 알알이 / 아직도 내 혈액 속에 녹아 흐르는 까닭일까.

                                                                    ─ 김종길, 「성탄제」

└─────────────────────────────┘

① 두 작품의 화자는 모두 아버지에 대한 그리움을 이야기하고 있다.

② 두 작품의 화자는 모두 각박하고 메마른 도시의 삶을 힘겨워 하는 사람이다.

③ 두 작품 모두 어린 시절의 회상에서 어른이 된 현재로 시상이 전개되고 있다.

④ 두 작품 모두 붉은 색을 활용하여 외로움 속에서도 느껴지는 따뜻함을 드러내고 있다.

⑤ 위 시의 화자는 유년 시절 어머니의 사랑을, 〈보기〉의 화자는 유년 시절 아버지의 엄한 가르침을 떠올리며 그리워하고 있다.

개념+ 시상 전개 방식

• **개념:** 시상은 시에 담긴 시인의 생각으로, 이를 좀 더 효과적으로 전달하기 위해 시를 조직하는 것을 시상 전개 방식이라고 함.

• **종류:** 시간의 흐름에 따라 시상을 전개하는 방식, 공간의 이동에 따라 시상을 전개하는 방식, 시어의 의미나 화자의 정서, 시적 상황을 점차 고조시키며 시상을 전개하는 방식, 형태적 안정감과 의미 강조를 위해 시의 처음과 끝에 동일하거나 유사한 시구를 배치하여 시상을 전개하는 방식 등이 있음.

시의 구조

1 이 시의 구조를 다음과 같이 정리할 때, 빈칸에 들어갈 내용을 써 보자.

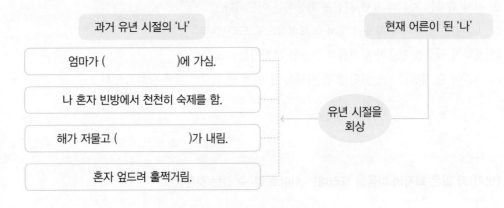

과거 유년 시절의 '나'		현재 어른이 된 '나'
엄마가 ( )에 가심.		
나 혼자 빈방에서 천천히 숙제를 함.	유년 시절을 회상	
해가 저물고 ( )가 내림.		
혼자 엎드려 훌쩍거림.		

화자의 특징

2 제시된 시구를 바탕으로 이 시에 드러나는 화자의 처지를 다음과 같이 정리할 때, 빈칸에 들어갈 내용을 써 보자.

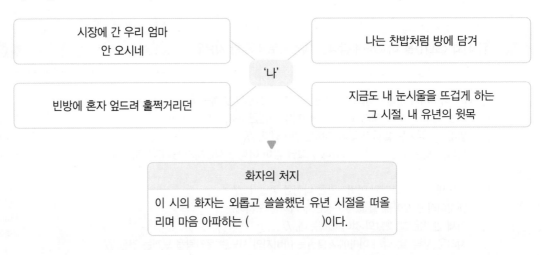

시장에 간 우리 엄마
안 오시네

나는 찬밥처럼 방에 담겨

'나'

빈방에 혼자 엎드려 훌쩍거리던

지금도 내 눈시울을 뜨겁게 하는
그 시절, 내 유년의 윗목

▼

화자의 처지

이 시의 화자는 외롭고 쓸쓸했던 유년 시절을 떠올리며 마음 아파하는 ( )이다.

시의 주제

3 유년 시절을 바라보는 화자의 태도를 바탕으로 이 시의 주제를 파악하여 정리할 때, 빈칸에 들어갈 내용을 써 보자.

유년 시절을 바라보는 화자의 태도		주제
슬프고 안타까운 마음으로 바라봄.	▶	빈방에서 혼자 엄마를 기다리던 ( ) 시절의 ( )과 슬픔

기형도의 삶

1960년 3월 13일 경기도 옹진군에서 태어난 기형도 시인은 어린 시절 아버지의 병환과 누이의 죽음으로 힘든 유년 시절을 보냈습니다. 하지만 어릴 때부터 책을 읽고 이해하는 수준이 남달랐으며, 신림 중학교와 중앙 고등학교를 수석으로 졸업한 후 1979년 연세 대학교 정치 외교학과에 입학했습니다. 대학 입학 후 문학 동아리인 연세 문학회에 가입하여 성석제, 조병준, 이영준, 원재길 등과 같은 동문들과 함께 활동하였습니다. 1982년에는 시 「식목제」가 연세 대학교 윤동주 문학상에 당선되어 문학적 재능을 인정받기 시작하였습니다. 대학을 졸업하기 전 『중앙 일보』에 입사하여 정치부, 문화부, 편집부에서 기자 생활을 하면서도 다수의 작품을 투고하였으며, 1985년 시 「안개」가 『동아 일보』 신춘문예에 당선되어 등단하였습니다. 하지만 그는 자신의 시집을 보지 못한 채 1989년 3월 7일 새벽, 만29세의 젊은 나이에 뇌졸중으로 종로의 파고다 극장에서 숨진 채 발견되었습니다. 같은 해 5월에는 그의 죽음을 안타깝게 생각하던 지인들이 유고를 모으고, 기형도 시의 해설을 맡았던 평론가 김현이 제목을 붙여 시집 『입 속의 검은 잎』이 간행되었습니다. 이 시집에 실린 62편의 시에는 주로 유년 시절의 가난, 사랑의 상실, 부조리한 현실, 도시인들의 생활이 담겨 있으며, 이를 통해 우리 사회를 비판적으로 읽어 내게 하는 새로운 경향을 형성했다는 평가를 받고 있습니다.

▲ 기형도 25주년 문학제

이 시의 제목인 '엄마 걱정'이 지닌 의미는 무엇일지 자신의 생각을 써 보자.

_____

_____

_____

_____

_____

05

우리가 눈발이라면 | 안도현

문제 풀이
작품 해제
관련 영상
어휘 퀴즈

안도현(1961~)
시인 겸 교수이다. 주요 작품으로 「너에게 묻는다」, 「사랑」, 그리고 소설 「연어」 등이 있다.

| 작품 개관 |
· 갈래: 자유시, 서정시
· 성격: 참여적, 의지적, 상징적
· 제재: 함박눈

우리가 눈발이라면[◆]

허공에서 쭈빗쭈빗 흩날리는

진눈깨비[◆]는 되지 말자

세상이 바람 불고 춥고 어둡다 해도

사람이 사는 마을

가장 낮은 곳으로

따뜻한 함박눈[◆]이 되어 내리자

우리가 눈발이라면

잠 못 든 이의 창문가에서는

편지가 되고[◆]

그이의 깊고 붉은 상처 위에 돋는

새살이 되자[◆]

◆
우리가 눈발이라면 가정적인 표현으로, 반복을 통해 운율을 형성하며 주제를 드러냄.
진눈깨비 비가 섞여 내리는 눈으로, 어려운 사람들에게 아무런 도움이나 위로가 되지 못하는 존재를 상징적으로 표현함.
함박눈 굵고 탐스럽게 내리는 눈으로, 어렵고 소외된 사람들에게 따뜻한 위로와 희망을 주는 존재를 상징적으로 표현함.
편지가 되고 / 새살이 되자 힘든 현실 때문에 괴로워하는 사람들에게 희망을 주는 존재가 되고, 고통과 슬픔을 겪는 사람들에게 위안이 되는 존재가 되자는 의미를 상징적으로 표현함.

1 위 시의 화자에 대한 설명으로 적절하지 <u>않은</u> 것은?

① 각박하고 삭막한 현실로 인해 고통받는 사람들을 떠올리고 있다.

② 누군가에게 희망을 줄 수 있는 삶을 가치 있는 삶이라 여기고 있다.

③ 자신이 겪은 상처로 인해 이웃에게 다가가지 못하고 머뭇거리고 있다.

④ 서로가 서로의 불행을 어루만지고 감싸 주는 삶을 살기를 바라고 있다.

⑤ 가장 불행하고, 어렵고, 소외된 이웃까지 포용하려는 마음을 지니고 있다.

2 〈보기〉를 참고하여 시어의 상징적 의미를 파악한 내용으로 적절하지 <u>않은</u> 것은?

> 개념⁺ 상징의 종류

> ┌─────────[보기]─────────┐
>
> 상징은 추상적인 것을 구체적인 대상을 통해 표현하는 것으로, 본래 의미 외에 다른 영역의 의미를 암시하거나 여러 가지 의미를 아울러 담는 표현 방법이다. 예를 들어 '우리가 눈발이라면'에서 '눈'은 하늘에서 내리는 눈일 수도 있지만 암담한 현실이나, 혹은 누군가에게 어떤 의미가 되는 존재를 의미할 수도 있다. 이처럼 상징은 다양하게 해석할 수 있기 때문에 시의 맥락 안에서 그 의미를 파악해야 한다.
>
> └────────────────────────┘

① '함박눈'은 소외된 이웃을 따뜻하게 감싸는 사람을 의미한다.

② '진눈깨비'는 어려운 이웃에게 위안이 되지 못하는 사람을 의미한다.

③ '편지'는 잠 못 드는 이들의 괴로운 사연을 담고 있는 것을 의미한다.

④ '깊고 붉은 상처'는 힘든 현실로 인한 고통, 슬픔, 괴로움을 의미한다.

⑤ '새살'은 삶의 시련과 고통을 다독이며 위로해 주는 존재를 의미한다.

> **상징의 종류**
>
> • **개인적 상징**: 어떤 하나의 작품 속에서만 의미를 가지거나, 특정 시인이 자신의 작품에서 특별한 의미로 사용하는 상징으로 숨겨진 의미를 파악하기 위해서는 복잡한 사고 과정이 필요함.
> • **관습적 상징**: 오랜 세월 동안 널리 쓰이며 보편화된 상징 예 비둘기 – 평화 / 국화 – 절개, 지조 등
> • **원형적 상징**: 역사, 종교, 문학 등에서 무수히 되풀이되어 인류에게 유사한 정서나 의미를 불러일으키는 상징 예 해 – 밝음, 희망, 절대자 / 별 – 이상, 꿈 / 땅 – 생명, 풍요로움 등

 3 위 시와 〈보기〉의 공통점으로 적절하지 <u>않은</u> 것은?

> ┌─────────[보기]─────────┐
>
> 눈은 살아 있다. / 죽음을 잊어버린 영혼과 육체를 위하여
> 눈은 새벽이 지나도록 살아 있다. //
> 기침을 하자. / 젊은 시인이여 기침을 하자.
> 눈을 바라보며 / 밤새도록 고인 가슴의 가래라도 / 마음껏 뱉자.   – 김수영, 「눈」
>
> └────────────────────────┘

① 시구의 반복을 통해 운율을 형성하고 있다.

② 대립적인 소재를 통해 주제 의식을 드러내고 있다.

③ 청유형 표현을 사용하여 함께 행동할 것을 권유하고 있다.

④ 가정적 표현을 통해 다가올 미래에 대한 희망을 표현하고 있다.

⑤ '눈'의 상징적 의미를 활용하여 말하고자 하는 바를 전하고 있다.

시의 내용

1 이 시의 내용을 다음과 같이 정리할 때, 빈칸에 들어갈 시어를 찾아 써 보자.

1~3행 — 우리가 눈발이라면 ( )는 되지 말자.

▼

4~7행 — 우리가 눈발이라면 ( )이 되어 내리자.

▼

8~12행 — 우리가 눈발이라면 편지가 되고 ( )이 되자.

시어의 의미

2 이 시의 '진눈깨비'와 '함박눈'이 상징하는 바를 다음과 같이 정리할 때, 빈칸에 들어갈 내용을 써 보자.

허공에서 쭈빗쭈빗 흩날리는
진눈깨비는 되지 말자

진눈깨비

▼

어려운 이웃에게 도움이나 ( )가 되
지 못하고 그들을 더 힘들게 하는 존재

↔

사람이 사는 마을 / 가장 낮은 곳으로
따뜻한 함박눈이 되어 내리자

함박눈

▼

어려운 사람들에게 위로가 되고 ( )
을 주는 존재

시의 주제

3 화자의 태도를 바탕으로 이 시의 주제를 다음과 같이 정리할 때, 빈칸에 들어갈 내용을 써 보자.

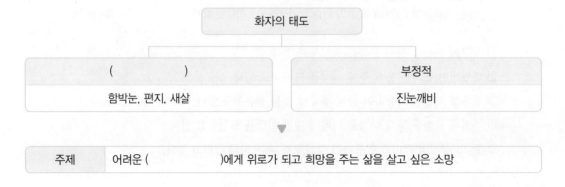

화자의 태도

( )
함박눈, 편지, 새살

부정적
진눈깨비

▼

주제 | 어려운 ( )에게 위로가 되고 희망을 주는 삶을 살고 싶은 소망

깊이 읽기

'눈'의 다양한 의미

「우리가 눈발이라면」의 중심 소재는 하늘에서 내리는 눈입니다. 사전에서 눈의 의미를 찾아보면 '대기 중의 수증기가 찬 기운을 만나 얼어서 땅 위로 떨어지는 결정체.'라고 되어 있습니다. 이러한 눈의 종류는 함박눈, 가루눈, 싸라기눈, 진눈깨비와 같이 매우 다양하고, 눈의 결정 모양은 일반적으로 육각형이지만 그 모양 또한 주변 환경의 기온이나 습도 등에 따라 다양한 형태로 변하기도 합니다. 이처럼 일상에서 다양한 이름과 모양을 가진 눈은 문학 작품 속에서도 다양한 의미로 사용되거나 해석됩니다. 눈은 일반적으로 차가움을 의미하지만 더 나아가 깨끗함 또는 순수함을 의미하기도 합니다. 또한 함박눈, 싸라기눈이나 진눈깨비의 경우 하늘에서 내리는 눈의 모습, 땅 위나 지붕 위에 쌓인 눈의 모습, 하늘에서 내리는 눈을 손으로 만졌을 때의 느낌, 쌓인 눈을 발로 밟았을 때의 느낌 등에 따라 다른 의미로 사용되기도 합니다. 예를 들어 함박눈은 추운 겨울 누군가를 보듬어 주는 듯한 따스함이나 포근함 등을 의미하거나, 첫사랑에 대한 그리움이나 설렘, 행복한 기다림과 같은 긍정적인 의미로 사용되는 경우가 많습니다. 반면 싸라기눈이나 진눈깨비의 경우에는 사랑하는 사람과의 이별로 인한 시련이나 고통, 어려움을 겪고 있는 현실 상황, 변덕스러운 마음 등과 같은 부정적인 의미로 사용되는 경우가 많습니다.

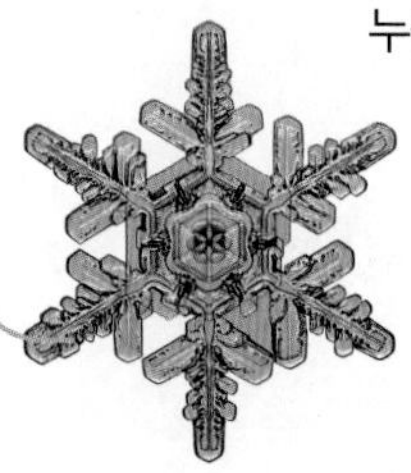

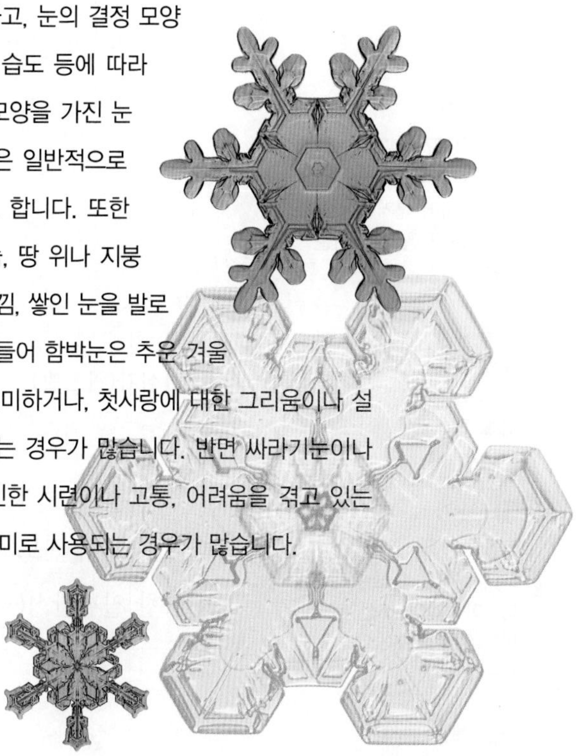

사고력 키우기

이 시의 시인과 동일한 주제 의식을 가지고 시를 쓴다고 할 때, '진눈깨비'와 '함박눈'을 대신할 수 있는 대상을 선택하고 그렇게 선택한 이유는 무엇인지 상징적 의미와 연관 지어 설명해 보자.

_____

_____

_____

_____

_____

하여가 / 단심가

가 하여가

이방원(1367~1422)
조선의 제3대 왕 태종이다. 조선 건국에 크게 공헌하였으며, 조선 왕조의 기틀을 세웠다.

│작품 개관│
· **갈래:** 평시조, 단시조, 정형시
· **성격:** 회유적, 설득적, 우회적
· **제재:** 칡덩굴

나 단심가

정몽주(1337~1392)
고려 말기의 충신·유학자이다. 이성계의 조선 건국에 반대하고, 끝까지 고려를 받들었다.

│작품 개관│
· **갈래:** 평시조, 단시조, 정형시
· **성격:** 직설적, 의지적
· **제재:** 일편단심, 절개

◆
만수산 개성에 있는 송악산의 다른 이름.
우리도 이같이 ~ 누리리라. 칡덩굴처럼 서로 어울려 한평생을 누려 보자고 회유하고 설득함.
이 몸이 ~ 있고 없고, 반복법, 점층법을 통해 극단적인 상황을 가정하여 변하지 않는 자신의 충성심을 강조하여 나타냄.
진토 티끌과 흙.
임 향한 ~ 가실 줄이 있으랴. 설의법을 사용하여 고려 왕조에 대한 변함없는 충성심을 표현함.

가 하여가(何如歌)

│ 이방원

이런들 어떠하며 저런들 어떠하리.
만수산(萬壽山) ㉠드렁칡이 얽어진들 그 어떠하리.
우리도 이같이 얽어져 백 년까지 누리리라.

나 단심가(丹心歌)

│ 정몽주

이 몸이 죽어 죽어 일백 번 고쳐 죽어,
백골(白骨)이 진토(塵土)되어 넋이라고 있고 없고,
임 향한 일편단심(一片丹心)이야 가실 줄이 있으랴.

1 **가**의 ㉠이 비유하는 삶의 태도로 가장 적절한 것은?

① 속세를 떠나 자연으로 돌아가는 삶

② 낮은 자세로 겸손함을 잃지 않는 삶

③ 주어진 상황에 유연하게 대처하는 삶

④ 현실적 이익보다는 명분을 추구하는 삶

⑤ 한쪽으로 치우치지 않고 균형을 이루는 삶

2 **나**를 창작하는 과정에서 떠올렸을 법한 생각으로 적절하지 <u>않은</u> 것은?

① 단호한 어조를 사용하여 시적 화자의 의사를 나타내야지.

② 점층적 표현을 사용하여 정서 표현의 효과를 극대화해야지.

③ 물음의 형식을 활용하여 주제 의식을 효과적으로 드러내야지.

④ 동일한 시어의 반복을 통해 작품의 지배적인 정서를 강조해야지.

⑤ 인간사와 대비되는 자연의 모습을 제시하여 상황의 비극성을 부각해야지.

> **개념⁺ 설의법과 점층법**
>
> • **설의법**: 쉽게 판단할 수 있는 사실을 일부러 의문의 형식으로 표현함으로써 독자가 스스로 생각해 보고 판단하게 하여 그 의미를 강조하는 표현 방법
>
> • **점층법**: 점점 강도를 높이는 방법으로, 문장의 뜻을 점차로 강하게, 크게, 높게 함으로써 마침내 절정에 이르도록 하는 표현 방법

3 〈보기〉의 내용을 참고하여 **가**와 **나**를 감상한 내용으로 가장 적절한 것은?

〈보기〉

이성계가 조선을 건국하고자 할 때 고려의 신하들은 조선 건국의 정당성을 인정하는 편과 그 부당성을 주장하는 편으로 갈라졌다. 이성계의 아들 이방원은 반대편인 정몽주를 설득하기 위해 잔치를 베풀고 노래도 지었다. 그러나 정몽주는 조선 건국을 가장 앞장서서 반대하다가, 이방원이 보낸 부하들에 의해 피살되고 만다. 한편, 이방원은 아버지 이성계를 도와 조선 건국에 적극적으로 참여하였고, 후에 조선의 3대 왕으로 등극했다.

① (가)의 '만수산'은 쓰러져 가는 고려 왕조를 상징하는군.

② (가)의 '우리'에는 이방원과 함께 어울리고자 하는 정몽주의 의지가 담겨 있어.

③ (가)의 '누리리라'는 고려 왕조의 지속을 염원하는 마음이 담긴 표현이야.

④ (나)의 '이 몸'은 정몽주를, '임'은 당시 고려의 임금이었던 이성계를 의미해.

⑤ (나)의 '일편단심'은 조선 건국의 부당함을 주장하던 사람들의 마음에 해당해.

화자의 태도

1 당시 시대적 상황에 대응하는 시적 화자의 태도를 다음과 같이 정리할 때, 빈칸에 들어갈 내용을 써 보자.

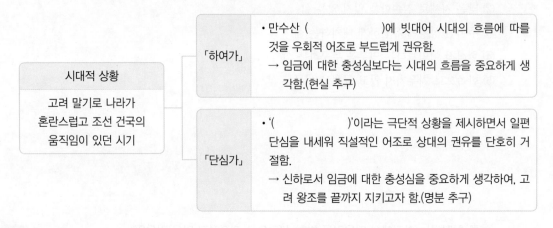

시대적 상황

고려 말기로 나라가 혼란스럽고 조선 건국의 움직임이 있던 시기

「하여가」
- 만수산 ( )에 빗대어 시대의 흐름에 따를 것을 우회적 어조로 부드럽게 권유함.
→ 임금에 대한 충성심보다는 시대의 흐름을 중요하게 생각함.(현실 추구)

「단심가」
- '( )'이라는 극단적 상황을 제시하면서 일편단심을 내세워 직설적인 어조로 상대의 권유를 단호히 거절함.
→ 신하로서 임금에 대한 충성심을 중요하게 생각하여, 고려 왕조를 끝까지 지키고자 함.(명분 추구)

시어의 의미

2 두 시조의 내용을 바탕으로 '드렁칡'과 '일편단심'의 의미를 다음과 같이 정리할 때, 빈칸에 들어갈 내용을 써 보자.

만수산 드렁칡이 얽어진들 그 어떠하리.

변하는 상황에 맞추어 유연하게 ( )하는 자세를 의미함.

임 향한 일편단심이야 가실 줄이 있으랴.

죽음도 두려워하지 않는 굳센 ( )을 의미함.

시조의 주제

3 두 시조의 주제를 다음과 같이 정리할 때, 빈칸에 들어갈 내용을 써 보자.

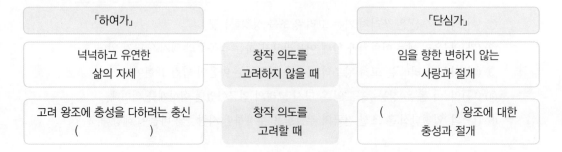

「하여가」

넉넉하고 유연한 삶의 자세

창작 의도를 고려하지 않을 때

「단심가」

임을 향한 변하지 않는 사랑과 절개

고려 왕조에 충성을 다하려는 충신 ( )

창작 의도를 고려할 때

( ) 왕조에 대한 충성과 절개

「하여가」와 「단심가」

고려 말기에는 홍건적과 왜구의 침입이 잦았는데, 이들을 격퇴하는 데 큰 공을 세운 대표적인 무인이 최영과 이성계였습니다. 이들 신흥 무인 세력은 신진 사대부들과 손을 잡고 하나의 세력을 형성하였습니다. 하지만 요동 정벌에 대한 의견이 최영과 달랐던 이성계는 위화도 회군을 통해 권력을 잡은 뒤 신진 사대부들과 힘을 합쳐 토지 제도를 바로잡기 위해 과전법을 시행하고, 문란한 조세 제도를 개혁하여 농민 생활을 안정시킴으로써 고려의 개혁에 앞장섰습니다. 그런데 이때 신진 사대부 세력은 고려의 개혁 방향에 대한 의견이 달라 온건파와 급진파로 나뉘었습니다. 정몽주를 비롯한 온건파는 고려 왕조를 유지하고 잘못된 제도를 고쳐 고려 사회를 개혁하려 하였고, 정도전을 비롯한 급진파는 고려 내에서의 개혁은 한계가 있으니 고려 왕조를 무너뜨리고 새로운 나라를 세워야 한다고 주장하였습니다. 두 세력이 치열하게 대립하던 중 1392년 3월, 명나라에서 돌아오는 세자를 마중 나갔던 이성계가 말에서 떨어져 위독하다는 소식을 들은 정몽주는 이를 기회로 삼아 이성계 일파를 제거하려고 하였습니다. 이를 알게 된 이방원은 시를 지어 정몽주의 마음을 떠보았고, 정몽주는 단호한 자신의 마음을 시로 대신하였습니다. 이때 이방원이 지은 시조가 「하여가」이고, 정몽주가 지은 시조가 「단심가」입니다. 결국 정몽주는 집으로 돌아가다 선죽교에서 습격을 당하여 죽음을 맞았고, 이성계 일파는 조선이라는 새로운 나라를 열었습니다.

▲ 황해북도 개성시 선죽동에 있는 선죽교

정몽주가 보낸 「단심가」를 받은 이방원은 정몽주를 설득할 수 없음을 깨닫고 부하를 보내 정몽주를 죽이고, 아버지를 도와 새로운 나라 '조선'을 세운다. 정몽주를 죽인 이방원의 선택에 대해 어떻게 생각하는지 자신의 의견을 정리해 보자.

_____

_____

_____

_____

_____

III

수필·극

기본 개념	수필·극 기본 개념
수필·극 01	현대 수필 | 하필이면 _ 장영희
수필·극 02	현대 수필 | 폭포와 분수 _ 이어령
수필·극 03	고전 수필 | 이옥설 _ 이규보
수필·극 04	희곡 | 결혼 _ 이강백

기본 개념

✦ 수필의 개념

글쓴이가 일상에서 체험하거나 느낀 바를 내용이나 형식에 제한을 받지 않고 자유롭게 표현한 글

✦ 수필의 특성

자기 고백적인 글

자기 고백적인 성격이 강한 글로, 자신의 경험을 통해 알게 된 것, 생각한 것 등을 솔직하게 씀.

자유로운 형식의 글

일정한 형식에 얽매이지 않고 자유롭게 씀.

제재가 다양한 글

생활 주변에서 발견된 것, 글쓴이의 체험, 글쓴이의 사상 등 모든 것이 소재가 됨.

개성적인 글

글쓴이가 자신의 이야기를 쓰기 때문에 글쓴이의 성격, 취미, 가치관 등 개성이 잘 드러남.

비전문적인 글

전문적인 작가가 아니더라도 누구나 쓸 수 있음.

간결한 글

대체로 다른 산문 양식에 비해 길이가 짧음.

✦ 희곡의 개념

무대 상연을 전제로 하여 쓴 연극의 대본

바로 확인 ✓

01 다음은 수필의 개념을 정리한 것이다. 빈칸에 들어갈 말을 순서대로 쓰시오.

> 수필이란 글쓴이가 ☐☐에서 체험하거나 느낀 바를 내용이나 ☐☐에 제한을 받지 않고 자유롭게 표현한 글이다.

(   )

02 수필에 대한 설명으로 알맞은 것은?

① 육하원칙에 맞게 써야 하는 글이다.
② 특정한 자격을 갖춘 사람만 쓸 수 있는 글이다.
③ 정확한 사실이나 지식을 전달해야 하는 글이다.
④ 현실에 있을 법한 일을 상상하여 꾸며 쓰는 글이다.
⑤ 일정한 형식이나 틀에 얽매이지 않고 쓸 수 있는 글이다.

✸ 희곡의 구성 단위

막(幕)	무대의 막이 올랐다가 다시 내릴 때까지의 한 단위
장(場)	막의 하위 단위로, 무대 장면이 변하지 않고 이루어지는 사건의 한 토막

대사가 모여 '장'을 이루고, '장'이 모여 '막'을 이룬다. 짧은 단막극의 경우, '막'이나 '장'의 구분이 없는 경우도 많다.

✸ 희곡의 형식 요소

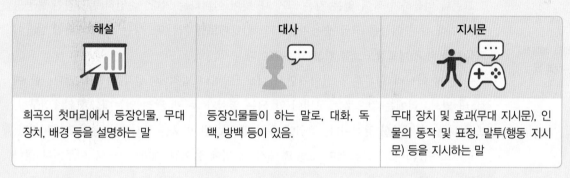

해설	대사	지시문
희곡의 첫머리에서 등장인물, 무대 장치, 배경 등을 설명하는 말	등장인물들이 하는 말로, 대화, 독백, 방백 등이 있음.	무대 장치 및 효과(무대 지시문), 인물의 동작 및 표정, 말투(행동 지시문) 등을 지시하는 말

✸ 희곡의 구성 단계

발단	전개	절정	하강	대단원
인물과 배경 소개, 사건의 실마리 제시	갈등과 긴장감 발생, 사건의 발전	갈등과 긴장감의 최고조	갈등 해결의 실마리 제시	갈등의 해소, 사건의 마무리

■ 정답과 해설 27쪽

03 희곡에 대한 설명으로 알맞지 <u>않은</u> 것은?

① 막과 장을 기본 구성 단위로 한다.
② 무대 상연을 전제로 쓴 연극의 대본이다.
③ 대체로 다른 산문 양식에 비해 길이가 짧다.
④ 대사와 행동을 통해 이야기를 관객에게 전달한다.
⑤ '발단 – 전개 – 절정 – 하강 – 대단원'의 구성 단계를 지닌다.

04 다음 설명에 해당하는 희곡의 형식 요소를 쓰시오.

> 등장인물의 동작이나 표정, 말투, 입장 및 퇴장, 무대 장치 및 효과 등을 지시하는 말

(   )

하필이면 | 장영희

장영희(1952~2009)
교수 겸 작가이다. 수필집
『내 생에 단 한번』, 『문학의
숲을 거닐다』, 『살아온 기적
살아갈 기적』 등을 저술하였
다.

| 작품 개관 |
· 갈래: 수필
· 성격: 감상적, 사색적, 체험적
· 제재: '하필이면'이라는 말

◆
전제 어떠한 사물이나 현상
을 이루기 위하여 먼저 내세
우는 것.
탄탄대로 험하거나 가파른
곳이 없이 평평하고 넓은 큰
길. 또는 아무런 어려움 없이
순탄한 장래를 이르는 말.
경악하다 소스라치게 깜짝
놀라다.

몇 년 전인가 십 대들이 즐겨 부르던 유행가 중에 「머피의 법칙」이라는 노래가 있었다. 확실히 기억은 안 나지만 가사가 대충 이랬다.

'화장실이 있으면 휴지가 없고, 휴지가 있으면 화장실이 없고, 미팅에 가도 하필이면 제일 맘에 안 드는 애랑 파트너가 되고, 한 달에 한 번 목욕탕에 가도 하필이면 그날이 정기 휴일이고' 등 '무슨 일이든 어차피 잘못되게 마련이다.'라는 「머피의 법칙」을 코믹하게 묘사하고 있다.

이 노래에 나오는 '하필이면'이란 말은 분명히 '왜 나만?'이라는 의문을 전제로 한다. 그러니까 남의 인생은 별로 큰 노력 없이도 모든 일이 잘되어 나갈 뿐더러 가끔은 ㉠호박이 넝쿨째 굴러오는 것 같은데, 왜 '하필이면' 내 인생만은 아무리 ㉡기를 쓰고 노력해도 걸핏하면 일이 꼬이고, 그래서 공짜 호박은커녕 내 몫도 제대로 못 챙겨 먹기 일쑤냐는 것이다.

그런데 억울하기 짝이 없는 것은 그게 내 탓이 아니라는 거다. 순전히 운명적인 불공평으로 인해 다른 이들은 고급 승용차를 타고 탄탄대로를 가는데, 나는 바퀴가 터진 딸딸이 고물차를 타고 비포장도로를 가고 있는 것이다.

아닌 게 아니라 하루하루 살아가면서 나도 「머피의 법칙」을 생각할 때가 많다. 한 예로 내 열쇠고리에는 겉으로는 구별이 안 되는 열쇠가 두 개 달려 있는데, 하나는 연구실, 또 하나는 과 사무실 열쇠이다. 열쇠에 유성 펜으로 방 번호를 표시해 놓으면 그만이지만, 그러기도 귀찮고 또 그냥 재미도 있고 해서 내 방에 들어갈 때마다 둘 중 아무거나 꽂아 본다.

그런데 참으로 이상한 것이, 수학적으로 따져 볼 때 확률은 분명히 반반인데, '하필이면' 연구실 열쇠가 아니라 거의 과 사무실 열쇠가 먼저 손에 잡혀 두 번씩 열쇠를 돌려야 하는 일이 ㉢열이면 아홉이다.

그뿐인가. '하필이면' 큰맘 먹고 세차한 날은 갑자기 맑은 하늘에서 비가 오고, 무엇을 사기 위해 줄을 서면 바로 내 앞에서 매진되고.

더욱이 얼마 전에는 길거리를 걸어가다가 내 어깨에 새똥이 떨어지는 일도 있었다. 나는 ㉣망연자실, 한동안 서서 나의 '하필이면'의 운명에 경악했다. 1천만 서울 인구 중에 새똥 맞아 본 사람은 아마 ㉤손가락으로 꼽을 정도일 텐데 '하필이면' 그게 나라니!

물론 이보다 더 중요하고 근본적인 '하필이면'도 있다. 남들은 멀쩡히 잘도 걸어 다니는데 왜 하필이면 나만 목발에 의지해야 하고, 어떤 사람은 펜만 잡으면 멋진 글이 술술 잘도 나오는데 왜 하필이면 나만 이 짤막한 글 하나 쓰면서도 머리를 벽에 박아야 하는가.

그렇다고 다른 재주가 있느냐 하면 노래, 그림, 손재주 그 어느 것 하나 내세울 게 없다. 하느님은 누구에게나 나름의 재능을 골고루 나눠 주신다지만, 아무리 생각해도 '하필이면' 나만 깜빡하신 듯하다.

1 윗글에 대한 설명으로 가장 적절한 것은?

① 단정적 어조로 내용을 전개하고 있다.

② 대상에 대한 글쓴이의 주장을 논리적으로 전개하고 있다.

③ 일상의 경험을 예로 들어 글쓴이의 생각을 진솔하게 드러내고 있다.

④ 현실에서 일어날 만한 일을 글쓴이가 상상하여 이야기를 꾸며 내고 있다.

⑤ 상반되는 상황을 통해 오늘날 사회의 문제점을 비판적으로 제시하고 있다.

2 윗글의 글쓴이가 실제로 경험한 일이 <u>아닌</u> 것은?

① 길거리를 걸어가다가 어깨에 새똥이 떨어졌다.

② 바퀴가 터진 고물차를 타고 비포장도로를 갔다.

③ 물건을 사려고 줄을 서면 바로 앞에서 매진됐다.

④ 세차를 한 날 갑자기 맑은 하늘에서 비가 내렸다.

⑤ 열쇠를 두 번 씩 돌려야 하는 일이 열에 아홉이나 일어났다.

3 〈보기〉를 참고하여 ㉠~㉤의 의미를 이해한 내용으로 적절하지 <u>않은</u> 것은?

보기

　관용어는 둘 이상의 단어가 결합하여 관습적으로 널리 쓰이는 말로, 단어들 각각의 의미로 전체의 의미를 파악할 수 없는, 특수한 의미를 나타내는 말이다. 속담은 단어들이 모여 새로운 의미를 획득한다는 점에서 관용어와 유사한데, 대체로 완결된 문장의 형식이며 교훈적 의도, 혹은 풍자적 의도를 담고 있다. 한자 성어는 두 개 이상의 한자가 결합하여 만들어진 말로, 말하고자 하는 바를 비유적으로 드러내는 효과가 있다.

① ㉠: '뜻밖에 좋은 물건을 얻거나 행운을 만났다.'라는 뜻의 속담으로, 남들은 인생을 살면서 행운을 만나기도 하는 것 같다는 글쓴이의 생각을 비유적으로 드러낸다.

② ㉡: '있는 힘을 다하다.'라는 뜻의 관용어로, 온갖 노력을 하며 살아가는 모습을 표현하고 있다.

③ ㉢: '거의 모두.'를 뜻하는 관용어로, 두 번씩 열쇠를 돌려야 하는 일이 대부분임을 뜻하고 있다.

④ ㉣: '멍하니 정신을 잃음.'을 뜻하는 한자 성어로, 어깨에 새똥이 떨어지는 상황에 어쩌지도 못하고 있는 모습을 효과적으로 드러낸다.

⑤ ㉤: '간절히 기다리다.'라는 뜻의 관용어로, 불행이 비켜가고 행운이 찾아오기를 기다리는 간절한 마음을 표현하고 있다.

개념+ 관용어

• **생성**: 관용어는 일상생활에서 자주 쓰이는 말들이 새로운 의미를 획득하면서 만들어짐.

• **예**: '국수를 먹다.'라는 말은 실제로 이 음식을 먹는다는 뜻으로도 사용하지만, 전통적으로 결혼식 피로연에서 국수 음식이 나오던 것을 떠올려 '결혼하다'의 뜻으로 사용하면 관용어가 되는 것임.

• **역할**: 관용어는 '손'이나 '발', '눈', '코', '입' 등 일상생활에서 자주 쓰이는 말을 주로 활용하여 만들어지며, 우리 민족의 오랜 언어 습관을 나타내어 민족의 문화를 이해하는 데 도움이 됨.

언젠가 치과에서 본 여성지에는 모 배우가 화장품 광고 출연료로 3억 원을 받았다는 기사가 실려 있었다. 나는 내가 잘빠진 육체는 가지지 못했어도 그런대로 꽤 아름다운 영혼을 가졌다고 생각하지만, 아마 내 아름다운 영혼에는 3억 원은커녕 3백 원도 주는 사람이 없을 것이다. 그러니 어차피 둘 다 못 가지고 태어날 바에야 아름다운 몸뚱이를 갖고 태어날 일이지 왜 '하필이면' 3백 원도 못 받는 아름다운 영혼을 갖고 태어났는가 말이다.

그래서 '하필이면'이라는 말은 내게 한심하고 슬픈 말이다.

그런데 어제저녁 초등학교 2학년짜리 조카 아름이가 내게 던진 '하필이면'은 전혀 그렇지 않았다. 길거리에서 귀여운 팬더 곰 인형을 하나 사서 아름이에게 갖다 주자 아름이는 눈을 동그랗게 뜨고 환한 미소를 지으며, "그런데 이모, 이걸 왜 하필이면 내게 주는데?" 하는 것이었다. 다른 형제나 사촌들도 많고, 암만 생각해도 특별히 자기가 받을 자격도 없는 듯한데, 뜻밖의 선물을 받았다는 아름이 나름의 고마움의 표시였다.

[A]
외국에서 살다 와 우리말이 아직 서툰 아름이가 '하필이면'이라는 말을 부적합하게 쓴 예였지만, 아름이처럼 '하필이면'을 좋은 상황에 갖다 붙이자, 나의 '하필이면' 운명도 갑자기 찬란한 빛을 발하기 시작한다는 걸 깨달았다. 내가 누리는 많은 행복이 참으로 가당찮고 놀라운 것으로 변하는 것이었다.

도대체 내가 전생에 무슨 좋은 일을 했기에, 하고 많은 사람 중에 '하필이면' 내가 훌륭한 부모님 밑에 태어나 좋은 형제들과 인연 맺고 이 아름다운 세상을 살고 있는가. 아무리 노력해도 헐벗고 굶주리는 사람이 그토록 많은데 왜 '하필이면' 내가 무슨 권리로 먹을 것 입을 것 걱정 없이 편하게 살고 있는가.

또 나보다 머리 좋고 공부 열심히 하는 사람이 얼마나 많은데 왜 '하필이면' 내가 똑똑한 학생들을 가르치고 있는가.

게다가 실수투성이 안하무인인 데다가 남을 위해 하는 일이라곤 하나도 없는 나, 장영희를 '하필이면' 왜 많은 사람이 도와주고 사랑해 주는가(우리 어머니 말씀으로는 양순하고 웃기 좋아하는 나의 성격 때문이라는데, 그렇다면 잘빠진 육체보다 아름다운 영혼을 타고난 것이 얼마나 다행인가).

'하필이면'의 이중적 의미를 생각하니 내가 지고 가는 인생의 짐이 남의 짐보다 무겁다고 아우성쳤던 좁은 소견이 새삼 부끄럽다.

창문을 여니, 우리 학생들이랑 호수 공원에 놀러 가기로 한 오늘, '하필이면' 날씨가 유난히 청명하고 따뜻하다.

안하무인 눈 아래 사람이 없다는 뜻으로, 방자하고 교만하여 다른 사람을 업신여김을 이르는 말.
양순하다 어질고 순하다.
소견 어떤 일이나 사물을 살펴보고 가지게 되는 생각이나 의견.
청명하다 날씨가 맑고 밝다.

4 윗글의 글쓴이가 자신의 조카가 '하필이면'이라는 말을 부적합하게 썼다고 말한 이유로 적절한 것은?

① 의문문에 쓸 수 없는 단어인 '하필이면'을 의문문에 사용했기 때문이다.
② 글쓴이가 '하필이면'이라는 단어의 의미를 정확히 알지 못하기 때문이다.
③ 선물이 마음에 들지 않아 속상한 마음을 '하필이면'이라고 표현했기 때문이다.
④ 부정적 상황에 주로 사용하는 단어인 '하필이면'을 긍정적 상황에 썼기 때문이다.
⑤ 상대방의 의도를 물으려면 '하필이면'을 문장의 제일 앞에 두어야 하기 때문이다.

 5 윗글에 드러난 글쓴이의 깨달음을 〈보기〉와 같이 정리할 때, 빈칸에 들어갈 내용으로 적절한 것은?

> 이 글의 글쓴이는 '하필이면'이라는 단어에 대한 인식 전환을 통해 자신에게 주어진 상황에 대한 의미를 새롭게 부여하고 있다. 이를 통해 글쓴이는 (   )는 깨달음을 전하고 있다.

① 어린아이와 같은 순수한 시각으로 세상을 바라보는 것이 필요하다
② 양순하고 웃기 좋아하는 자신의 성품이 세상을 바꾸는 힘이 되었다
③ 단어의 사전적 의미에서 벗어나 이중적 의미를 파악하는 것이 중요하다
④ 세상일을 긍정적으로 바라볼 때 삶에 대한 감사와 행운을 발견할 수 있다
⑤ 서로의 부족함을 이해하고 채워 주는 사람들의 따뜻한 마음이 세상을 바꾼다

 6 [A]와 같은 글쓴이의 상황을 대신할 수 있는 한자 성어로 적절한 것은?

① 욕속부달(欲速不達)
② 살신성인(殺身成仁)
③ 낭중지추(囊中之錐)
④ 근묵자흑(近墨者黑)
⑤ 전화위복(轉禍爲福)

속담·한자 성어 익히기

• **욕속부달** 일을 빨리하려고 하면 도리어 이루지 못함.
• **살신성인** 자기의 몸을 희생하여 인(仁)을 이룸.
• **낭중지추** 재능이 뛰어난 사람은 숨어 있어도 저절로 사람들에게 알려짐을 이르는 말.
• **근묵자흑** 나쁜 사람과 가까이 지내면 나쁜 버릇에 물들기 쉬움을 비유적으로 이르는 말.
• **전화위복** 재앙과 근심, 걱정이 바뀌어 오히려 복이 됨.

글쓴이의 태도

1 이 수필의 내용을 바탕으로 삶에 대한 글쓴이의 태도가 어떻게 달라졌는지 정리하여 빈칸에 들어갈 내용을 써 보자.

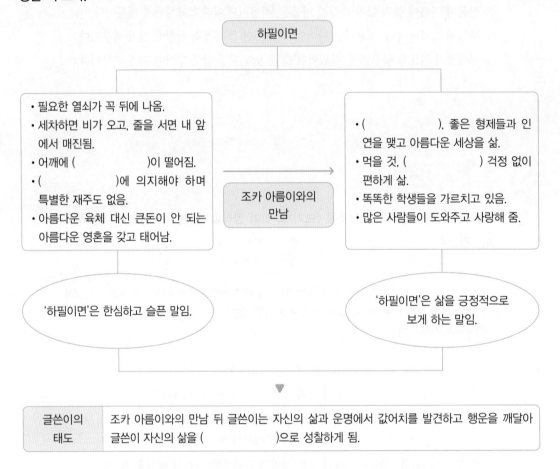

하필이면

· 필요한 열쇠가 꼭 뒤에 나옴.
· 세차하면 비가 오고, 줄을 서면 내 앞에서 매진됨.
· 어깨에 (   )이 떨어짐.
· (   )에 의지해야 하며 특별한 재주도 없음.
· 아름다운 육체 대신 큰돈이 안 되는 아름다운 영혼을 갖고 태어남.

조카 아름이와의 만남

· (   ), 좋은 형제들과 인연을 맺고 아름다운 세상을 삶.
· 먹을 것, (   ) 걱정 없이 편하게 삶.
· 똑똑한 학생들을 가르치고 있음.
· 많은 사람들이 도와주고 사랑해 줌.

'하필이면'은 한심하고 슬픈 말임.

'하필이면'은 삶을 긍정적으로 보게 하는 말임.

▼

글쓴이의 태도	조카 아름이와의 만남 뒤 글쓴이는 자신의 삶과 운명에서 값어치를 발견하고 행운을 깨달아 글쓴이 자신의 삶을 ( )으로 성찰하게 됨.

수필의 주제

2 이 수필의 특징을 바탕으로 주제를 다음과 같이 정리할 때, 빈칸에 들어갈 내용을 써 보자.

특징
· 일상에서 체험한 일과 깨달음을 진솔하게 드러냄. · '(   )'이라는 단어에 대한 글쓴이의 인식 변화를 통해 얻은 깨달음을 드러냄.

▶

주제
'하필이면'이라는 말을 통한 삶의 (   ) 성찰

깊이 읽기

장영희 교수의 삶

장영희 교수는 번역가이자 영문학자, 수필가로 잘 알려져 있습니다. 언뜻 보면 평범한 삶을 살았을 것이라 생각할 수도 있지만, 그녀의 삶은 그리 순탄하지만은 않았습니다. 장영희 교수는 한국 전쟁 중이던 1952년 9월 14일에 태어났습니다. 생후 1년째 되던 해에 소아마비로 고열을 앓은 뒤 평생 두 다리와 오른손을 움직일 수 없게 되었습니다. 학창 시절 성적은 우수하였지만 장애인에 대한 편견 때문에 학교 생활에 어려움을 겪었습니다. 하지만 부모님의 헌신으로 서강 대학교에 진학한 후 1985년에 뉴욕 주립 대학에서 박사 학위를 받아 모교에서 영어 영문학 전임 강사로 일하였습니다. 이후 2001년 말 미국에 체류할 당시 유방암 진단을 받고 2004년 다시 척추암 판정까지 받았습니다. 이처럼 큰 병을 앓으면서도 강단에서 후학을 양성하는 데 노력을 기울였지만, 2007년 간암 진단까지 받아 2009년 5월 9일에 세상을 떠났습니다.

장영희 교수는 태어나자마자 얻은 신체 장애와 세 차례의 암 투병에도 불구하고 세상을 떠나는 날까지 긍정적인 마음으로 현실에 굴복하지 않는 삶을 살았습니다. 다수의 작품들을 번역할 뿐만 아니라 중학교 영어 교과서 집필에도 참여하였으며, 『내 생애 단 한번』, 『살아온 기적 살아갈 기적』과 같은 수필집도 꾸준히 펴내어 1981년에는 한국 번역 문학상, 2002년에는 올해의 문장상을 수상하기도 하였습니다.

▲ 고(故) 장영희 교수

사고력 키우기

이 수필에는 긍정적 인식이 삶에 긍정적 의미를 부여할 수 있다는 글쓴이의 가치관과 태도가 잘 드러난다. 이와 같은 글쓴이의 생각에 동의하는지, 동의하지 않는다면 그 이유는 무엇인지 자신의 견해를 밝혀 써 보자.

_____

_____

_____

_____

_____

폭포와 분수 | 이어령

문제 풀이
작품 해제
관련 영상
어휘 퀴즈

이어령(1934~2022)
언론인, 교수, 평론가이다.
저서로는 「눈물 한 방울」 등
이 있다.

| 작품 개관 |
·**갈래**: 수필
·**성격**: 분석적, 철학적
·**제재**: 폭포수와 분수

수필·극

폭포수와 분수는 동양과 서양의 각기 다른 두 문화의 원천이 되었다고 해도 지나친 말은 아니다. 대체 그것은 어떻게 다른가를 보자. 무엇보다도 폭포수는 자연이 만든 물줄기이며, 분수는 인공적인 힘으로 만든 물줄기이다. 그래서 폭포수는 심산유곡(深山幽谷)에 들어가야 볼 수 있고, 거꾸로 분수는 도시의 가장 번화한 곳에 가야 구경할 수가 있다. 하나는 숨어 있고, 하나는 겉으로 드러나 있다. 폭포수는 자연의 물이요, 분수는 도시의 물, 문명의 물인 것이다.

장소만이 그런 것은 아니다. 물줄기가 정반대이다. 폭포수도 분수도 그 물줄기는 시원하다. 힘차고 우렁차다. 소리도 그렇고 물보라도 그렇다. 그러나 가만히 관찰해 보자. 폭포수의 물줄기는 높은 데서 낮은 곳으로 낙하한다. 만유인력(萬有引力), 그 중력의 거대한 자연의 힘 그대로 폭포수는 하늘에서 땅으로 떨어지는 물이다.

물의 본성은 높은 데서 낮은 데로 흐르는 것이다. 하늘에서 빗방울이 대지를 향해 떨어지는 것과 같다. 아주 작은 도랑물이나 도도히 흐르는 강물이나 모든 물의 그 움직임에는 다를 것이 없다. 폭포수도 마찬가지이다. 아무리 거센 폭포라 해도 높은 데에서 낮은 곳으로 흐르고 떨어지는 중력에의 순응이다. 폭포수는 우리에게 물의 천성을 최대한으로 표현해 준다.

그러나 분수는 그렇지가 않다. 서구의 도시에서 볼 수 있는 분수는 대개가 다 하늘을 향해 솟구치는 분수들이다. 화산이 불을 뿜듯이, 혹은 로켓이 치솟아 오르듯이, 땅에서 하늘로 뻗쳐 올라가는 힘이다. 분수는 대지의 중력을 거슬러 역류(逆流)하는 물이다. 자연의 질서를 거역하고 부정하며 제 스스로의 힘으로 중력과 투쟁하는 운동이다. 물의 본성에 도전하는 물줄기이다. 높은 데서 낮은 데로 흐르는 천연의 성질, 그 물의 운명에 거역하여 그것은 하늘을 향해서 주먹질을 하듯이 솟구친다. 가장 물답지 않은 물, 가장 부자연스러운 물의 운동이다.

㉠그들은 왜 분수를 좋아했는가? 어째서 비처럼 낙하하고 강물처럼 흘러내리는 그 물의 표정과 정반대의 분출하는 그 물줄기를 생각해 냈는가? 같은 힘이라도 폭포가 자연 그대로의 힘이라면 분수는 거역하는 힘, 인위적인 힘의 산물이다. 여기에 바로 운명에 대한, 인간에 대한, 자연에 대한 동양인과 서양인의 두 가지 다른 태도가 생겨난다.

그들이 말하는 창조의 힘이란 것도, 문명의 질서란 것도, 그리고 사회의 움직임이란 것도 실은 저 광장에서 내뿜고 있는 분수의 운동과도 같은 것이다. 중력을 거부하는 힘의 동력, 인위적인 그 동력이 끊어지면 분수의 운동은 곧 멈추고 만다. 끝없이 끝없이 인위적인 힘, 모터와 같은 그 힘을 주었을 때만이 분수는 하늘을 향해 용솟음칠 수 있다. 이 긴장, 이 지속, 이것이 서양의 역사와 그 인간 생활을 지배해 온 힘이다.

◆
원천 사물의 근원.
심산유곡 깊은 산속의 으슥한 골짜기.
만유인력 질량을 가지고 있는 모든 물체가 서로 잡아당기는 힘.
천성 본래 타고난 성격이나 성품.
역류 물이 거슬러 흐름. 또는 그렇게 흐르는 물.
동력 전기 또는 자연에 있는 에너지를 쓰기 위하여 기계적인 에너지로 바꾼 것. 또는 어떤 일을 발전시키고 밀고 나가는 힘.

1 윗글에서 '폭포수'의 특성을 드러내는 단어로 적절하지 <u>않은</u> 것은?

① 긴장   ② 낙하   ③ 순응   ④ 자연   ⑤ 천성

2 〈보기〉를 참고하여 윗글의 내용 전개 방식을 평가한 내용으로 적절한 것은?

> 보기
>
> 글을 쓸 때 글쓴이는 정의, 예시, 비교나 대조, 분류와 구분 등과 같은 설명 방법을 활용하여 독자가 글의 내용을 쉽게 이해할 수 있도록 한다. 또한 글을 짜임새 있게 구성함으로써 말하고자 하는 바를 효과적으로 드러낸다.

① 폭포수와 분수의 특성을 대조적으로 설명하여, 동서양 문화의 차이를 효과적으로 드러내고 있다.

② 산속 풍경과 도시의 풍경을 예로 들어, 우리 주변에 아름다운 풍경이 많이 있음을 알려 주고 있다.

③ 서양인들이 분수를 만드는 과정을 상세하게 보여 줌으로써 서양 문화의 형성 과정을 설명하고 있다.

④ 동양과 서양 문화의 공통점을 비교하여 설명함으로써 인류 문화의 보편적 속성에 대해 알려 주고 있다.

⑤ 물이 흐르는 방향에 따라 물의 종류를 구분 지어 설명함으로써 다양한 물의 종류에 대한 이해를 돕고 있다.

개념⁺ 내용 전개 방식

• 개념: 글쓴이가 독자에게 글의 내용을 좀 더 효과적으로 전달하기 위해 활용하는 구체적인 글쓰기 방식

• 종류

정의	어떤 대상의 본질이나 특성, 성격 등을 명확하게 규정하는 방식
예시	구체적인 사례를 들어 설명하는 방식
비교	어떤 대상의 공통점이나 유사성을 밝히는 방식
대조	어떤 대상의 차이점을 밝히는 방식
분류	어떤 대상들을 공통적인 특성에 따라 묶어 설명하는 방식
구분	상위 항목을 일정한 기준에 따라 하위 항목으로 나누어 설명하는 방식
분석	어떤 대상을 잘게 쪼개어 설명하는 방식
인과	원인과 결과를 짝지어 전개하는 방식

3 윗글을 읽고 ㉠의 질문에 답한 내용으로 적절하지 <u>않은</u> 것은?

① 제 스스로의 힘으로 중력과 투쟁하기 때문이다.

② 인위적인 힘의 동력을 보여 주고 있기 때문이다.

③ 끝없는 도전을 통해 운명과 본성으로부터 벗어나기 때문이다.

④ 자연의 질서를 거역하고 새로운 문명을 만들어 내기 때문이다.

⑤ 하늘로 솟았다가 거세게 땅으로 떨어지며 낙하하는 모습 때문이다.

수필의 내용

1 이 수필의 내용을 다음과 같이 정리할 때, 빈칸에 들어갈 내용을 써 보자.

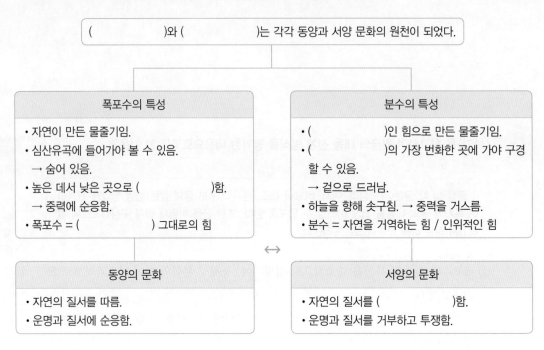

(   )와 (   )는 각각 동양과 서양 문화의 원천이 되었다.

폭포수의 특성

• 자연이 만든 물줄기임.
• 심산유곡에 들어가야 볼 수 있음.
  → 숨어 있음.
• 높은 데서 낮은 곳으로 (   )함.
  → 중력에 순응함.
• 폭포수 = (   ) 그대로의 힘

분수의 특성

• (   )인 힘으로 만든 물줄기임.
• (   )의 가장 번화한 곳에 가야 구경할 수 있음.
  → 겉으로 드러남.
• 하늘을 향해 솟구침. → 중력을 거스름.
• 분수 = 자연을 거역하는 힘 / 인위적인 힘

↔

동양의 문화

• 자연의 질서를 따름.
• 운명과 질서에 순응함.

서양의 문화

• 자연의 질서를 (   )함.
• 운명과 질서를 거부하고 투쟁함.

수필의 주제

2 이 수필의 특징과 주제를 다음과 같이 정리할 때, 빈칸에 들어갈 내용을 써 보자.

특징

• 폭포수와 분수의 차이점을 중심으로 대상의 특성을 드러내는 (   )의 방식으로 내용을 전개함.
• 폭포수와 분수라는 구체적 사물의 특성에서 동양과 서양의 문화적 특성이라는 보편적 의미를 추론함.

▶

주제

폭포수와 분수를 통해 바라본 동양과 서양의 (   ) 차이

문화를 바라보는 다양한 견해

한 사회나 집단이 가지고 있는 독특한 생활 방식으로 의식주, 언어, 풍습, 종교, 학문, 예술, 제도 등을 모두 포함하는 것을 문화라고 합니다. 문화를 이해하는 태도는 크게 세 가지로 나누어 살펴볼 수 있는데 첫 번째는 문화 상대주의입니다. 이는 우리가 살고 있는 사회는 각각 특수한 문화를 가지고 있기 때문에 세계 문화의 다양성을 인정하고, 각 문화를 그 문화만의 독특한 환경과 역사적·사회적 상황을 고려하여 이해해야 한다는 견해입니다.

두 번째는 문화 절대주의입니다. 이는 문화를 절대적인 기준으로 평가하고 우열을 가릴 수 있다는 견해입니다. 각 문화의 고유한 특성이나 상대적 가치를 인정하지 않고 자국 문화만 우월하게 여기거나 다른 집단의 문화를 무시하거나 열등하게 보려는 경향이 드러나기 때문에 문화 상대주의와 반대되는 견해라고 볼 수 있습니다.

세 번째는 문화 제국주의입니다. 이는 국력이 강한 국가가 다른 국가를 문화적으로 지배할 수 있다는 견해입니다. 문화 제국주의는 대부분 경제력을 바탕으로 영향력을 행사하다 보니 주로 강대국과 약소국 사이에서 문화적 지배가 이루어지는 경우가 많습니다.

문화는 어느 한 개인이 아닌 한 사회나 집단이 오랜 세월 동안 누리던 생활 방식이므로, 어느 하나의 견해에 치우쳐 문화를 이해하는 것보다는 각 문화들을 폭넓게 이해하려는 마음가짐이 필요합니다.

이 수필에는 동양과 서양의 문화를 바라보는 글쓴이의 관점이 두드러지게 드러난다. 동양과 서양의 문화적 차이와 특성에 대한 글쓴이의 생각에 동의하는지 자신의 의견을 밝혀 써 보자.

_____

_____

_____

_____

_____

이옥설 | 이규보

이규보(1168~1241)
고려 중기의 문인이다. 『동명왕편(東明王篇)』, 『동국이상국집(東國李相國集)』 등을 저술하였다.

| 작품 개관 |
·갈래: 고전 수필(설), 한문 수필
·성격: 교훈적, 유추적, 경험적
·제재: 행랑채를 수리한 경험

행랑채가 퇴락하여 지탱할 수 없게끔 된 것이 세 칸이었다. 나는 마지못하여 이를 모두 수리하였다. 그런데 그중의 두 칸은 앞서 장마에 비가 샌 지가 오래되었으나, 나는 그것을 알면서도 이럴까 저럴까 망설이다가 손을 대지 못했던 것이고, 나머지 한 칸은 비를 한 번 맞고 샜던 것이라 서둘러 기와를 갈았던 것이다. 이번에 수리하려고 본즉, 비가 샌 지 오래된 것은 그 서까래·추녀·기둥·들보가 모두 썩어서 못 쓰게 되었던 까닭으로 수리비가 엄청나게 들었고, 한 번밖에 비를 맞지 않았던 한 칸의 재목들은 완전하여 다시 쓸 수 있었던 까닭으로 그 비용이 많지 않았다.

나는 이에 느낀 것이 있었다. 사람의 몸에 있어서도 마찬가지라는 사실을. 잘못을 알고서도 바로 고치지 않으면 곧 그 자신이 나쁘게 되는 것이 마치 나무가 썩어서 못 쓰게 되는 것과 같으며, 잘못을 알고 고치기를 꺼리지 않으면 해(害)를 받지 않고 다시 착한 사람이 될 수 있으니, 저 집의 재목처럼 말끔하게 다시 쓸 수 있는 것이다.

뿐만 아니라 나라의 정치도 이와 같다. 백성을 좀먹는 무리들을 내버려 두었다가는 백성들이 도탄에 빠지고 나라가 위태롭게 된다. 그런 연후에 급히 바로잡으려 하면 이미 썩어 버린 재목처럼 때는 늦은 것이다. 어찌 삼가지 않겠는가.

◆
행랑채 대문간 곁에 있는 집채.
퇴락 낡아서 무너지고 떨어짐
서까래 마룻대에서 도리 또는 보에 걸쳐 지른 나무.
추녀 네모지고 끝이 번쩍 들린. 처마의 네 귀에 있는 큰 서까래. 또는 그 부분의 처마.
들보 칸과 칸 사이의 두 기둥을 건너질러 도리와는 'ㄴ'자 모양. 마룻대와는 '+'자 모양을 이루는 나무.
재목 목조의 건축물·기구 따위를 만드는 데 쓰는 나무.
좀먹다 어떤 사물에 드러나지 않게 조금씩 조금씩 자꾸 해를 입히다.
도탄 진구렁에 빠지고 숯불에 탄다는 뜻으로, 몹시 곤궁하여 고통스러운 지경을 이르는 말.

1 윗글을 통해 알 수 있는 글쓴이의 깨달음으로 적절한 것은?

① 잘못을 알았을 때 곧바로 고치려는 태도가 중요하다.

② 무슨 일이든지 시작을 잘해야 끝까지 지속될 수 있다.

③ 세상을 살아가다 보면 좋은 일도 있고 나쁜 일도 있다.

④ 몸이 편해야 가정이 편하고 가정이 편해야 나라가 편하다.

⑤ 잘못된 일도 열심히 노력하면 얼마든지 개선해 나갈 수 있다.

2 윗글에서 주제를 이끌어 내기 위해 사용한 방법으로 적절한 것은?

① 다양한 사례를 바탕으로 주장을 이끌어 낸다.

② 대전제와 소전제를 바탕으로 결론을 이끌어 낸다.

③ 일반적 원리를 바탕으로 개별적인 사실을 이끌어 낸다.

④ 유사한 대상의 공통점을 바탕으로 결론을 이끌어 낸다.

⑤ 일단 대상을 부정(否定)한 후 새로운 결론을 이끌어 낸다.

 개념➕ 설(說)

· **개념**: 한문학 양식의 한 갈래임.

· **짜임**: '사실＋의견' 또는 '체험＋깨달음'의 2단 구성을 보이는 것이 일반적임.

· **특징**: '설'은 다른 사물에 빗대어 비유적인 뜻을 나타내거나 풍자하는 방법으로 글쓴이의 깨달음을 전달하기 때문에 전달하고자 하는 바를 독자에게 보다 쉽게 전달할 수 있음.

 3 〈보기〉를 참고하여 윗글에 사용된 소재들의 의미를 추측한 것으로 적절하지 <u>않은</u> 것은?

 보기

윗글의 글쓴이는 고려 시대 무신 정권 시기에 높은 벼슬에까지 올랐던 문신이었다. 무신 정권은 약 100년간 유지되었으며 이 시기에는 몽고의 침략으로 백성들이 심한 고통을 겪었다. 그러나 이러한 상황 속에서도 나라의 안위보다는 자신의 안위와 가문의 이익만을 위해 힘을 쏟는 세력들이 있었다.

① 행랑채 – 고려 왕조

② 재목 – 나라의 인재

③ 수리비 – 백성들의 부담, 고통

④ 집을 수리하는 것 – 새로운 왕조를 세우는 것

⑤ 비가 새는 것 – 정치가 혼란스러워 나라가 어려워지는 것

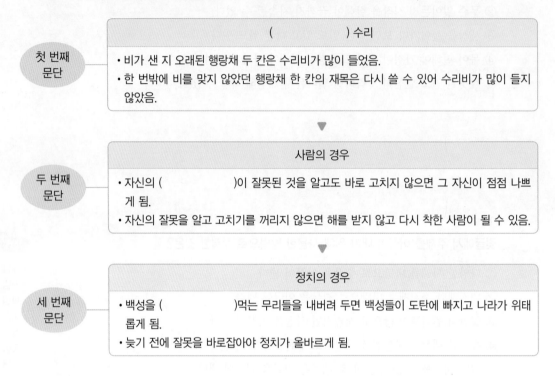

수필의 구조

1 이 수필의 구조를 다음과 같이 정리할 때, 빈칸에 들어갈 내용을 써 보자.

첫 번째 문단

( ) 수리

- 비가 샌 지 오래된 행랑채 두 칸은 수리비가 많이 들었음.
- 한 번밖에 비를 맞지 않았던 행랑채 한 칸의 재목은 다시 쓸 수 있어 수리비가 많이 들지 않았음.

▼

두 번째 문단

사람의 경우

- 자신의 ( )이 잘못된 것을 알고도 바로 고치지 않으면 그 자신이 점점 나쁘게 됨.
- 자신의 잘못을 알고 고치기를 꺼리지 않으면 해를 받지 않고 다시 착한 사람이 될 수 있음.

▼

세 번째 문단

정치의 경우

- 백성을 ( )먹는 무리들을 내버려 두면 백성들이 도탄에 빠지고 나라가 위태롭게 됨.
- 늦기 전에 잘못을 바로잡아야 정치가 올바르게 됨.

수필의 주제

2 이 수필의 내용 전개 방법과 주제를 다음과 같이 정리할 때, 빈칸에 들어갈 내용을 써 보자.

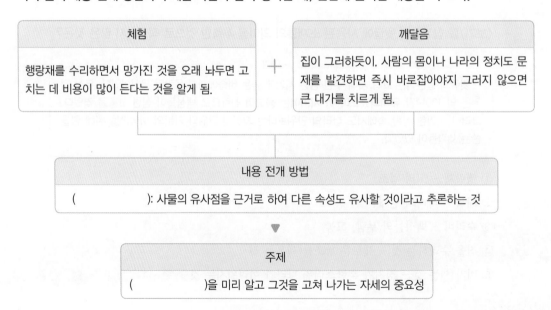

체험

행랑채를 수리하면서 망가진 것을 오래 놔두면 고치는 데 비용이 많이 든다는 것을 알게 됨.

+

깨달음

집이 그러하듯이, 사람의 몸이나 나라의 정치도 문제를 발견하면 즉시 바로잡아야지 그러지 않으면 큰 대가를 치르게 됨.

내용 전개 방법

( ): 사물의 유사점을 근거로 하여 다른 속성도 유사할 것이라고 추론하는 것

▼

주제

( )을 미리 알고 그것을 고쳐 나가는 자세의 중요성

고려 시대 무신 정권

고려 시대에 문신과 무신은 모두 고려의 지배층이었지만, 고려 전기에 무신들은 문신들에 비해 대우를 받지 못했습니다. 당시 문신들은 중요한 관직을 독차지했고 심지어 군대를 통솔하는 최고 지휘관도 문신들이 차지하였습니다. 이에 정중부를 비롯한 무신들이 1170년 무신 정변을 일으켜 문신들을 쫓아내고 권력을 차지하였습니다. 무신들이 고려를 통치한 기간은 100년이나 되었지만, 무신들끼리 서로 권력을 차지하기 위해 다투면서 최고 지도자가 자주 바뀌었습니다. 무신 정권 초기 최고 권력자는 이의방, 정중부, 경대승, 이의민이었으며, 이후에 최충헌이 권력을 잡은 후에는 최우, 최항, 최의 등 최씨 무신 정권이 60여 년간 통치를 이어 갔습니다. 무신들은 중방이나 교정도감 등과 같은 최고 권력 기관을 만들어 나라를 다스렸으며, 몽골의 침입 때는 항쟁에 나서기도 하였습니다.

무신 정변으로 고려의 지배층은 바뀌었지만 권력자들의 수탈은 더욱 심해져 백성들의 생활은 더욱 어려워졌습니다. 또한 중앙 정부의 힘이 약해지면서 일반 농민이나 천민들이 민란을 일으키는 일이 잦았습니다. 만적의 난, 망이·망소이의 난, 김사미·효심의 난 등이 이 시기에 일어난 대표적인 민란으로, 그들은 사회적 지위 상승 또는 신분 해방을 요구하였습니다. 이러한 무신 정권은 최씨 가문의 노비 출신인 김준이 정권을 잡은 후부터 서서히 내리막길을 걷다가 1270년 말에 막을 내렸습니다.

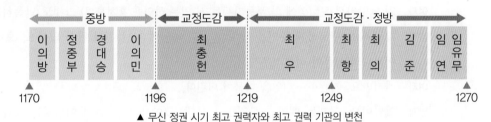

▲ 무신 정권 시기 최고 권력자와 최고 권력 기관의 변천

이 수필의 주제를 나타내기에 적절한 속담을 떠올려 보고, 그렇게 생각한 이유를 설명해 보자.

_____

_____

_____

_____

_____

문제 풀이
작품 해제
어휘 퀴즈

결혼 | 이강백

이강백(1947~)
희곡 작가이다. 대표 작품으로 「파수꾼」, 「셋」, 「알」 등이 있다.

| 작품 개관 |
·갈래: 희곡
·성격: 참여적, 희극적
·제재: 결혼

전체 줄거리 | 가난한 사기꾼 남자는 결혼을 하기 위해 최고급 저택, 모자와 넥타이, 호사스러운 의복, 건장한 하인까지 빌렸지만 이것들은 모두 일정 시간이 지나면 되돌려 주어야 한다. 시간이 지날 때마다 하인이 남자의 구두, 넥타이 등을 차례로 빼앗자 여자는 남자에게 이별을 고한다. 하지만 남자가 여자에게 진정한 소유의 의미를 이야기하며 사랑을 고백하자 여자는 남자의 청혼을 받아들여 결혼을 하러 간다.

여자 저는요, 솔직히 말씀드려서……, 당신이 이렇게 부자리라곤 꿈도 못 꿨죠. 전보에 알려 주신 대로 찾아왔더니……, 이건 너무 어마어마한 저택이잖겠어요? 문 앞에서 저는요, 한참이나 망설였어요. / **남자** 어려워 마시고 그냥 들어오실걸.

여자 아뇨. 황홀해서 망설였던 거예요. / **남자** (미소를 짓고) 아, 그랬어요?

여자 네. 당신의 전보를 받았을 때요. 저희 어머닌 말씀하셨답니다. 애야, 어서 가 봐라. 가 봐서 빈털터리 같거든 아예 되돌아오렴. 그러나 부자거든 꼭 붙들어야 한다.

남자 그래 당신은 뭐라 했습니까?

여자 알았어요, 어머니. 오른손을 들고서 그렇게 대답했죠. 〈중략〉

하인, 또다시 남자에게 달려들어서 넥타이를 풀어낸다. 남자는 빼앗기지 않으려 힘껏 저항하지만 하인의 억센 힘을 당해 내지 못한다. 〈중략〉

여자 왜 빼앗기셨죠? (옆에 와 부동자세로 서 있는 하인을 훔쳐보며) 그것도 난폭하게.

남자 그렇지요. 난폭하게 주인을 덮치는 그런 하인에겐 난 전혀 관심 없어요. 오히려 당신 어머니의 성품˚이 너그러우신지…….

여자 하지만요, 저는……. (입을 다물어 버린다.)

남자 알았어요. 문제는 빼앗긴 물건인가 본데, 그야 되돌려 받기 어렵지는 않습니다. (하인에게 큰 소리로) 여봐, 가져와! (묵묵부답˚인 하인에게 다가가 그의 귀에 속삭인다.) 여봐! 그 가져간 것 오 분만 더 빌려 주게. / **하인** (대답이 없다.)

남자 딱 오 분만 더. 사정해도 안 되겠나, 응? / **하인** (반응이 없다.) / **남자** 좋아, 좋다고.

여자 뭐래요, 하인이?

남자 네. 날더러 잘해 보라고 그럽니다.

남자, 관객석을 투덕투덕 걸어 다니다가 넥타이를 맨 남성 관객 앞에 앉는다.

[A] ┌ **남자** 물론 그래요. 저 인정사정도 없는 하인이 날더러 잘해 보라고 그런 말 한마디 하진 않았어요. 하지만 말입니다, 나도 그래요, 기죽을 필요야 없는 겁니다. 그렇잖아요? 도대체 지가 뭐라고 겨우 심부름이나 하는 주제에……. 속 좀 상합니다만, 그야 뭐 그건 당신에게도 마찬가지니까 말해 보나 마나겠고……. 저, 당신 넥타이 참 좋습니다. 정말 좋아요. 아름다운 색깔, 기막히게 멋진 무늬, 딱 오 분만 빌립시다. 정확하게 오 분만. 더 이상은 어기지 않겠습니다. 빌려 주시렵니까? (남성 관객으로부터 넥타이를 빌려 착용하며) 고맙습니다. 빌린 동안에는 소중히 다룰

◆
부동자세 움직이지 아니하고 똑바로 서 있는 자세.
성품 사람의 성질이나 됨됨이.
묵묵부답 잠자코 아무 대답도 하지 않음.

겁니다. 사실 이건 내 것이 아니라 당신 것인데……. 혹시 모르긴 하지요, 당신도 누구에게서 빌려 온 건지는. 아무튼 잘 사용하고 돌려드리겠어요. 자아, 그럼 당신은 시간을 재고, 난 이만. 〈중략〉

1 윗글의 내용을 이해한 것으로 적절한 것은?

① 여자는 남자가 전보를 보내는 순간 황홀함을 느꼈다.
② 여자는 결혼 상대자의 조건에 대한 생각이 어머니와 같다.
③ 남자는 하인이 자신더러 잘해 보라고 한 말에 속이 상했다.
④ 여자는 결혼 상대자의 조건으로 외모를 중요하게 생각한다.
⑤ 남자가 큰 소리로 하인을 꾸짖자 그는 위축되어 말을 하지 못했다.

2 [A]에 대한 설명으로 적절한 것은? (정답 2개)

① 무대와 객석을 구분하는 역할을 한다.
② 관객의 참여를 유도하기 위한 장치이다.
③ 둘 이상의 등장인물들이 서로 주고받는 말이다.
④ 관객에게만 들리고 무대 위 다른 배우에게는 들리지 않는 대사이다.
⑤ 상대방 없이 혼자 하는 말로, 자기반성이나 내면의 고백이 담겨 있다.

개념+ 희곡의 대사

• **개념**: 등장인물이 하는 말로, 사건을 전개하고 주제를 구현하는 역할을 함.
• **종류**

대화	등장인물들 사이에 주고받는 말로, 사건을 진행시키는 역할을 함.
독백	등장인물이 상대방 없이 혼자 하는 말로, 자기반성이나 내면의 고백을 담는 경우가 많음.
방백	관객에게는 들리지만 무대 위의 상대방에게는 들리지 않는 것으로 약속하고 하는 말로, 인물의 속마음을 관객들에게 직접 이야기할 때 쓰임.

3 〈보기〉는 윗글의 작가가 작성한 '작가 노트'이다. 〈보기〉의 빈칸에 들어갈 말로 알맞은 것은?

보기

이 작품은 응접실 또는 아담한 소극장 같은 곳, 그런 실내에서 공연하기에 알맞도록 썼다. 음악으로 비교한다면 실내악 같은 것이다.
무대를 따로 만들 필요도 있지 않고 별다른 조명이나 음향 효과의 도움을 받지 않아도 된다. 그러나 절대적으로 필요한 것은 (   )이다. 이 연극의 등장인물, 하인은 그들로부터 잠시 모자라든가 구두, 넥타이 등을 빌려야 한다. 이 빌린 물건들을 단순히 소도구로 응용하기 위해서만이 아니다. 이 작품을 검토하면 알겠으나, 이 잠시 빌렸다가 되돌려 준다는 것엔 보다 더 깊은 의미가 있고, 이 연극에 있어 중대한 역할을 차지하게 된다.

① 무대   ② 관객   ③ 작가   ④ 소품   ⑤ 대본

　　여자 어렸을 때 제 별명이 뭔지 아시겠어요? 덤이에요, 덤. / 남자 덤?

　　여자 네. 왜 조금 더 주는 것 있잖아요. 그거래요, 제가. 아버진 어머니에게 사랑을 주
　　　　　고, 그리고 또 덤으로 저를 주었죠. 그러니까 덤 아니겠어요? 덤, 이 말 속엔 뭔가
　　　　　그리운 게 있어요. 덤, 덤, 덤…… 아버진 덤이 태어나자 달아나셨대요. 말하자면
　　　　　뺑소닐 치신 거죠. 나중에 알고 보니 사기꾼이었고 어머니에게 보여 줬던 그 많은
　　　　　재산은 모두 다 잠시 빌렸던 거래요. / 남자 덤, 덤, 덤……

　　여자 하지만요, 저는 아버질 미워 안 해요. 덤, 혹시 그분도 그렇게 이 세상에 태어나셨
　　　　　던 건 아닐지……. 안 그래요? / 남자 덤, 덤, 덤……

[A]　여자 어머니에겐 안됐지만요, 덤이라는 그 점이 저에겐 좋아요. 이런 말을 하면 어머닌
　　　　　화를 내시곤 한답니다. 하긴 그렇죠. 고생 많으셨어요. 홀로 덤을 낳아 키운다는
　　　　　건……. 그만둘까요, 제 이야기? / 남자 덤, 더 해 주세요.

　　여자 그래서 어머니는요, 단단히 벼르시는 거예요. 이 덤을 키워서는 결코 사기꾼에겐
　　　　　주지 않겠다고요. 전 어머니 말을 이해해요. / 남자 나도 알 만합니다.

　　여자 고마워요. / 남자 뭘요, 고맙기는요.

　　여자 사실 이런 덤 이야긴 처음인걸요. 남자한테는 말하지 않았답니다. 그냥 가슴속에
　　　　　덮어 두었었죠. 그리고 보면 당신은 참 이해심 많고 친절하신 분이에요. 〈중략〉

　여자 뭘 하고 계세요?

　남자 덤 …… 저어, 내 재산이 얼마쯤 될까, 그걸 생각하고 있었습니다.

　여자 하필 이럴 때 그런 걸 생각하셔요?

　남자 ㉠부자의 인색한 버릇입니다. 그런데 난 재산이 너무 많아서 차라리 생각지도 말자,
　　　　그렇게 마음먹었습니다. 이젠 됐습니까?

　　여자, 남자의 어깨에 기댄다. 사이.

　　하인, 위압적으로 한 걸음씩 남자에게 다가온다. 〈중략〉

　　하인, 남자에게 덤벼든다. 호주머니를 뒤져서 소지품들을 몽땅 털어 간다.

　남자 이번엔 자질구레한 여러 가지 것들이 떠나가고 있습니다. 그런데 난 자꾸만 행복해집
　　　　니다. / 여자 (눈을 감은 채 미소를 짓고 있다.)

　남자 그렇습니다, 덤. 여러 가지 것들, 헤아릴 수 없이 많은 것들이 떠나갔습니다. 뭐, 놀
　　　　랄 건 못 되지요. 그저 시간이 지난 것뿐이니까요. 어떤 나무는요, 가을이 되자 수천
　　　　개의 이파리들을 몽땅 되돌려 주고도 아무 소리 없습니다. 덤, 나는 고양이 한 마리
　　　　를 길러 봤습니다. 고양이는 차츰 늙어지고, 그래서 시간이 다 지나가자 그 생명을
　　　　돌려주고도 태연했습니다. 덤, 덤, 덤……. 난 뭔가 진실한 걸 안 것 같습니다. 덤,
　　　　덤. 그래요. 난 이제 자랑거리 하나가 생겼습니다. ㉡그런 진실을 알았다는 것, 나에
　　　　게는 그게 유일한 자랑이 될 겁니다. 〈중략〉

◆ **덤** 제 값어치 외에 거저로 조금 더 얹어 주는 일. 또는 그런 물건.
벼르다 어떤 일을 이루려고 마음속으로 준비를 단단히 하고 기회를 엿보다.
인색하다 재물을 아끼는 태도가 몹시 지나치다. 또는 어떤 일을 하는 데 대하여 지나치게 박하다.
위압적 위엄이나 위력 따위로 압박하거나 정신적으로 억누르는 것.
자질구레하다 모두가 잘고 시시하여 대수롭지 아니하다.

4 [A] 부분을 감상한 독자의 반응으로 적절하지 <u>않은</u> 것은?

① 여자의 아버지는 여자와 마찬가지로 덤처럼 이 세상에 태어났군.

② 여자는 '덤'이라는 단어를 통해 아버지에 대한 그리움을 떠올리고 있어.

③ 남자는 여자의 아버지와 자신이 비슷하다는 생각이 들어 뜨끔했을 거야.

④ 여자는 부모의 계획 없이 태어났기 때문에 '덤'이라는 별명을 얻게 되었군.

⑤ 여자가 남자에게 처음으로 덤 이야기를 한 것은 그에 대한 호감의 표현이야.

5 ㉠과 〈보기〉의 밑줄 친 '꽃'의 말하기 방식의 공통점으로 가장 적절한 것은?

> 〈보기〉
>
> 어느 날 아침, 바로 해가 떠오르는 시각에, 그 꽃은 모습을 드러냈다. 그런데 그처럼 공들여 몸치장을 한 그 꽃은 하품을 하며 말하는 것이었다.
> "아! 이제 막 잠이 깼답니다……. 용서하세요……. 제 머리가 온통 헝클어져 있네요……."
> 어린 왕자는 그때 감탄을 억제할 수 없었다.
> "참 아름다우시군요!" / "그렇죠? 그리고 난 해와 같은 시간에 태어났답니다……."
> 꽃이 살며시 대답했다. 어린 왕자는 그 꽃이 그다지 겸손하지는 않다는 점을 알아챘다. 하지만 그 꽃은 너무도 감동적이 아닌가!
> "아침 식사할 시간이군요. 제 생각을 해 주실 수 있으실는지요……."
> 잠시 후 그 꽃이 다시 말했다. 그래서 몹시 당황한 어린 왕자는 신선한 물이 담긴 물뿌리개를 찾아 그 꽃의 시중을 들어주었다.
> 이렇게 그 꽃은 태어나자마자 까다로운 허영심으로 그를 괴롭혔다. 어느 날은 자기가 가진 네 개의 가시를 보이면서 어린 왕자에게 이렇게 말하기도 했다.
> "호랑이들이 발톱을 세우고 와도 좋아요!"
> – 생텍쥐페리, 「어린 왕자」

① 허세를 부리면서 말하고 있다.

② 상대방을 배려하며 말하고 있다.

③ 객관적 근거를 들어 말하고 있다.

④ 역설적 표현을 사용하여 말하고 있다.

⑤ 자신 처지를 숨김없이 솔직하게 말하고 있다.

6 ㉡이 의미하는 바로 가장 적절한 것은?

① 시간은 한 번 지나면 되돌릴 수 없다.

② 내가 가진 것이 모두 빌린 것은 아니다.

③ 자질구레한 것보다는 중요한 것을 소유해야 한다.

④ 결혼한다는 것은 그 사람의 완전한 소유가 되는 것이다.

⑤ 소중한 모든 것들은 한동안 빌려 쓰는 것으로, 소유할 수 없다.

남자 결혼해 주십시오. 당신을 빌린 동안에 오직 사랑만을 하겠습니다.

여자 ……, 아, 어쩌면 좋아? 〈중략〉

여자 맹세는요, 맹세는 어떻게 하죠? 어머니께 오른손을 든…….

남자 글쎄 그건……. (탁상 위의 사진들을 쓸어 모아 여자에게 주면서) 이것을 보여 드립시다. 시간이 ㉠가고 남자에게 남는 건 사랑이라면, 여자에게 남는 건 무엇이겠습니까? 그건 사진 석 장입니다. 젊을 때 한 장, 그다음에 한 장, 늙고 나서 한 장. 당신 어머니도 이해하실 겁니다.

여자 이해 못하실걸요, 어머닌. (천천히 슬프고 낙담해서 사진들을 핸드백 속에 담는다.) 오늘 즐거웠어요. 정말이에요……. 그럼, 안녕히 계세요. 〈중략〉

남자 잠깐만요, 덤……. / 여자 (멈칫 선다. 그러나 얼굴은 남자를 외면한다.)

남자 가시는 겁니까, 나를 두고서? / 여자 (침묵)

남자 덤으로 내 말을 조금 더 들어 봐요.

여자 (악의적인 느낌이 없이) 당신은 사기꾼이에요.

남자 그래요, 난 사기꾼입니다. 이 세상 것을 잠시 빌렸었죠. 그리고 시간이 되니까 하나둘씩 되돌려 줘야 했습니다. 이제 난 본색이 드러나고 이렇게 빈털터리입니다. 그러나 덤, 여기 있는 사람들에게 물어봐요. 누구 하나 자신 있게 이건 내 것이다, 말할 수 있는가를. 아무도 없을 겁니다. 없다니까요. 모두들 덤으로 빌렸지요. 언제까지나 영원한 것이 아닌, 잠시 빌려 가진 거예요. (누구든 관객석의 사람을 붙들고 그가 가지고 있는 물건을 가리키며) 이게 당신 겁니까? 정해진 시간이 얼마지요? 잘 아꼈다가 그 시간이 되면 돌려주십시오. 덤, 이젠 알겠어요?

여자, 얼굴을 외면한 채 걸어 나간다. / 하인, 서서히 그 무거운 구둣발을 이끌고 남자에게 다가온다. / 남자는 뒷걸음질을 친다. 그는 마지막으로 절규하듯이 여자에게 말한다.

남자 덤, 난 가진 것 하나 없습니다. 모두 빌렸던 겁니다. 그런데 덤, 당신은 어떻습니까? 당신이 가진 건 뭡니까? 무엇이 정말 당신 겁니까? (넥타이를 빌렸었던 남성 관객에게) 내 말을 들어 보시오. 그럼 당신은 나를 이해할 거요. 내가 당신에게서 넥타이를 빌렸을 때, 그때 내가 당신 물건을 어떻게 다뤘었소? 마구 험하게 했었소? 어딜 망가뜨렸소? 아니요, 그렇진 않았습니다. 오히려 빌렸던 것이니까 소중하게 아꼈다간 되돌려 드렸지요. 덤, 당신은 내 말을 듣고 있어요? 여기 증인이 있습니다. 이 증인 앞에서 약속하지만, 내가 이 세상에서 덤 당신을 빌리는 동안에, 아끼고, 사랑하고, 그랬다가 언젠가 끝나는 그 시간이 되면 공손하게 되돌려 줄 테요. 덤! 내 인생에서 당신은 나의 소중한 덤입니다. 덤! 덤! 덤!

남자, 하인의 구둣발에 걷어차인다.

여자, 더 이상 참을 수 없다는 듯 다급하게 되돌아와서 남자를 부축해 일으키고 포옹한다.

◆
낙담 너무 놀라 간이 떨어지는 듯하다는 뜻으로, 바라던 일이 뜻대로 되지 않아 마음이 몹시 상함.
악의적 나쁜 마음이나 좋지 않은 뜻을 가진. 또는 그런 것.
본색 본디의 특색이나 정체.
절규 있는 힘을 다하여 절절하고 애타게 부르짖음.

여자 그만해요! / 남자 이제야 날 사랑합니까?

여자 그래요! 당신 아니고 또 누굴 사랑하겠어요!

 7 **윗글을 연극으로 공연하기 위한 계획으로 적절하지 않은 것은?**

① 남자의 압박감이 관객에게 전해지도록 하인의 구두는 크게 만들면 좋겠어.

② 여자가 남자를 부축하고 포옹할 때 음악이 따뜻한 분위기로 바뀌면 좋겠어.

③ 남자가 여자에게 청혼하는 말을 할 때 그 말투에서 진심이 느껴지면 좋겠어.

④ 여자가 남자에게 작별 인사를 할 때 안타깝고 슬픈 표정을 지었으면 좋겠어.

⑤ 남자가 관객에게 질문할 때 관객이 냉소적인 반응을 보이도록 유도하면 좋겠어.

8 **윗글의 남자와 〈보기〉를 쓴 글쓴이의 공통된 생각으로 가장 적절한 것은?**

 보기

> 사람이 가지고 있는 것 가운데 남에게 빌리지 않은 것이 또 무엇이 있다고 하겠는가. 임금은 백성으로부터 힘을 빌려서 존귀하고 부유하게 되는 것이요, 신하는 임금으로부터 권세를 빌려서 총애를 받고 귀한 신분이 되는 것이다. 그리고 자식은 어버이에게서, 지어미는 지아비에게서, 비복은 주인에게서 각각 빌리는 것이 또한 심하고도 많은데, 대부분 자기가 본래 가지고 있는 것처럼 여기기만 할 뿐 끝내 돌이켜 보려고 하지 않는다. 이 어찌 미혹된 일이 아니겠는가.
> – 이곡, 「차마설」

① 소유는 사람이 살아갈 힘을 준다.

② 소유에 집착하는 마음을 버려야 한다.

③ 빌린 것을 소유하기란 쉬운 일이 아니다.

④ 한 번 소유한 것은 영원히 소유할 수 있다.

⑤ 재물보다는 권세를 소유하는 것이 더 낫다.

 9 **다음 밑줄 친 '가고'의 의미가 ㉠과 같은 것은?**

① 내일은 중학교 동창회에 <u>가고</u>, 오늘은 공부할 작정이다.

② 교통사고가 나서 다리뼈에 금이 <u>가고</u> 발가락이 부러졌어.

③ 여름이 <u>가고</u> 가을이 오면 나뭇잎은 붉게 물들 준비를 한다.

④ 지갑에 있던 돈은 모두 어디로 <u>가고</u> 너는 빈털터리가 되었니?

⑤ 전후 사정도 짐작이 <u>가고</u>, 마음고생했을 것을 생각하니 딱하군.

<u>인물의 특징</u>

1 이 희곡에 등장하는 인물의 특징을 다음과 같이 정리할 때, 빈칸에 들어갈 내용을 써 보자.

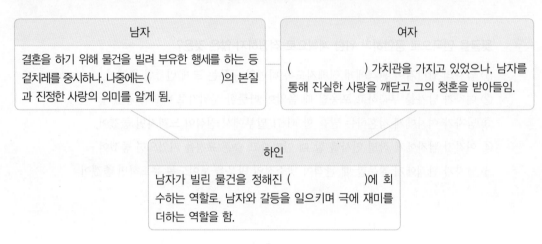

남자	여자
결혼을 하기 위해 물건을 빌려 부유한 행세를 하는 등 겉치레를 중시하나, 나중에는 (　　　　　　)의 본질과 진정한 사랑의 의미를 알게 됨.	(　　　　　　　　) 가치관을 가지고 있었으나, 남자를 통해 진실한 사랑을 깨닫고 그의 청혼을 받아들임.

하인

남자가 빌린 물건을 정해진 (　　　　　　)에 회수하는 역할로, 남자와 갈등을 일으키며 극에 재미를 더하는 역할을 함.

<u>희곡의 특징</u>

2 이 희곡에서 관객을 극에 참여하게 함으로써 얻는 효과를 다음과 같이 정리할 때, 빈칸에 들어갈 내용을 써 보자.

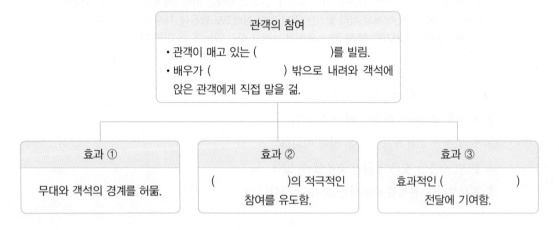

관객의 참여

• 관객이 매고 있는 (　　　　　　　)를 빌림.
• 배우가 (　　　　　) 밖으로 내려와 객석에 앉은 관객에게 직접 말을 걺.

효과 ①	효과 ②	효과 ③
무대와 객석의 경계를 허묾.	(　　　　　)의 적극적인 참여를 유도함.	효과적인 (　　　　　) 전달에 기여함.

<u>희곡의 주제</u>

3 이 희곡 속 남자의 깨달음을 바탕으로 작가가 추구하는 바람직한 삶에 대해 정리하여 빈칸에 들어갈 내용을 써 보자.

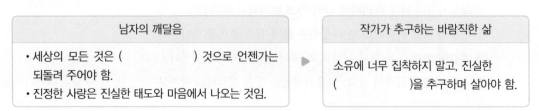

남자의 깨달음	작가가 추구하는 바람직한 삶
• 세상의 모든 것은 (　　　　　　) 것으로 언젠가는 되돌려 주어야 함. • 진정한 사랑은 진실한 태도와 마음에서 나오는 것임.	소유에 너무 집착하지 말고, 진실한 (　　　　　　　)을 추구하며 살아야 함.

「결혼」에 사용된 실험적 기법과 그 효과

　이 작품에서는 다른 희곡들과는 조금 다른 다양한 실험적 기법이 사용된 것을 찾아볼 수 있습니다. 우선 가장 큰 특징은 조명이나 효과 등과 같은 특별한 무대 장치가 없고, 극 중 인물이 관객에게 질문을 던진다는 것입니다. 이는 관객이 자연스럽게 극에 참여할 수 있도록 하여 극 중 인물에게 보다 쉽게 친근감을 느낄 수 있도록 도움을 줍니다.

　그리고 극이 시작될 때 주인공이 극의 사건 전개와 일치하는 내용의 이야기책을 읽는데, 이는 관객이 극의 상황을 자연스럽게 알 수 있게 해 주는 기능을 합니다.

　다음은 관객의 역할입니다. 극 중 인물은 관객의 물건을 소품으로 활용하고, 사건 전개 과정에서 관객을 증인으로 내세우기도 합니다. 이를 통해 관객은 연극에 동참함으로써 극에 친밀감을 느낄 뿐만 아니라 작품의 주제를 실감 나게 느낄 수 있는 경험을 하게 됩니다.

　마지막으로 이 작품에는 다양한 소재들이 많이 사용되고 있습니다. 주인공이 빌린 최고급 저택, 모자와 넥타이, 호사스러운 의복, 건장한 하인은 모두 일정 시간이 경과하면 돌려주어야 하는 것으로 작가가 전달하고자 하는 주제 의식을 강조하는 역할을 하고 있습니다.

작가는 이 희곡을 통해 결혼을 위해서는 진실한 사랑이 최우선임을 이야기하고 있다. 이외에도 남녀가 만나 행복한 삶을 살기 위해 중요하게 생각해야 할 기준에는 무엇이 있는지 작품의 내용을 근거로 자신의 생각을 써 보자.

_____

_____

_____

_____

_____

메모

깊이 읽기

설(說)의 특징

　이 작품은 말을 빌려 탄 경험으로부터 인간의 보편적 삶의 자세와 사물의 본질에 대한 깨달음을 이끌어 내고 있습니다. 전반부에서는 개인의 경험을 제시하고, 후반부에서는 그로부터 얻은 깨달음을 인생과 세계를 이해하는 데 확대 적용하고 있는데, 이는 한문 양식상의 한 갈래인 설(說)의 특징에 해당합니다.

　설(說)이라는 글자는 '말씀', '이야기하다'라는 뜻을 가지고 있습니다. 이러한 글자의 뜻이 말하듯이 사물의 이치를 풀이하고 의견을 덧붙여 서술하는 문체를 설이라고 합니다. 설은 이치에 따라 사물을 해석하고 시비를 밝히면서 자기 의견을 설명하는 형식의 한 문체로, 주로 '사실+의견(해석, 깨달음)'의 2단으로 구성됩니다. 즉, 사실을 전달하거나 체험을 서술하는 부분과 그에 대한 의견이나 깨달음을 나타내는 부분으로 구성되는 것입니다. 이러한 짜임은 사실로부터 의견(깨우침)에 이르는 과정이 직관적 통찰에 의해 바로 이루어지고 있어서 내용을 압축적으로 전달하는 데 적절합니다. 또한 비유나 유추의 방법을 많이 사용하는데, 이를 통해 독자에게 전달하고자 하는 바를 쉽게 풀어 쓰면서 세계에 대한 글쓴이 자신의 통찰을 효과적으로 보여 줄 수 있습니다.

사고력 키우기

이 수필에서는 사람이 가지고 있는 것 가운데 남에게 빌리지 않은 것이 없다고 하였다. 우리가 어떠한 것을 빌려서 살고 있는지 생각해 보고, 이에 대한 자신의 생각을 정리해 보자.

_____

_____

_____

_____

살아 있는 이중생 각하 | 오영진

문제 풀이
작품 해제
관련 영상
어휘 퀴즈

오영진(1916~1974)
극작가이자 시나리오 작가 겸 영화 이론가이다. 대표 작품으로는 「맹 진사 댁 경사」, 「시집가는 날」 등이 있다.

| **작품 개관** |
·갈래: 희곡, 사회 풍자극
·성격: 풍자적, 해학적
·배경: 광복 직후, 서울

국회 특별 조사 위원회 친일 파와 민족 반역자를 처단하기 위해 1948년에 국회 내에 설치했던 특별 위원회. '반민족 행위 특별 조사 위원회'라고도 함.
수의 염습할 때 송장에 입히는 옷.
오 푼 변 5%의 이자.
금전판 예전에, 주로 수공업적 방식으로 작업하던 금광의 일터. 여기에서는 금붙이를 취급하는 가게를 뜻함.
채근하다 남에게 받을 것을 달라고 독촉하다.
도시 도무지.
경문 고사를 지내거나 푸닥거리를 할 때 외는 주문.
양인 서양 여러 나라의 사람.
상등 상급.
분망하다 매우 바쁘다.

전체 줄거리 | 일제 강점기에 친일파로 큰 재산을 모은 이중생은 광복 후 재산을 다 잃을 위기에 처한다. 이중생은 자신의 재산을 지키기 위해 전 재산을 사위인 송달지에게 상속한다는 유서를 남기고 거짓 자살극을 벌이나, 자신의 재산이 모두 사회에 환원될 위기에 처하자 정말로 자살을 한다.

그때 전화벨 소리. 이중생, ㉠깜짝 놀라 옆방으로 굴러간다. 송달지 전화를 받는다.

송달지 ㉡네 네, 잠깐 기다리세요. 아버지 전화…….

이중생 에끼……. 죽은 내가 전화를 받는단 말이냐?

송달지 아아 참, (전화를 계속 받으며) 네, 네, 알겠습니다.

이중생 (옆방에서) 누구한테서 온 거야?

송달지 임 선생님허구 최 변호사허구 곧 오신다구요. 국회 특별 조사 위원회의 김 의원 한 분이 같이 오신답니다.

이중생 (다시 나온다.) 휘유……. 그 좁은 델 드러누워 손가락, 발가락 달싹 못 허구 있으려니 신경이 칼날같이 되는군그래. 그래, 김 의원 한 사람밖엔 안 온댔어?

송달지 딴 이얘긴 없는데요.

이중건 (중생에게) 너 어서 들어가거라. 수의 입은 놈과 상복 한 놈을 마주 놓고 보기가 으째 으스스허구나.

이중생 어 참, 내 잊었군. 형님, 금방 여기 앉았던 것들이 홍 주사, 변 주사, 김 주사 아니오?

이중건 글쎄, 초면 인사에 기억이 잘 안 된다. 〈중략〉

이중생 다시 오거들랑 아예 술상 내지 마슈. 나 죽기를 기다리던 놈들이야. 홍가 놈은 전쟁 전에 오 푼 변으로 삼만 원 가져가구는 오늘까지 이자 한 푼 안 들여놨습니다. (달지에게) 자네, 잊지 말구 기억해 둬. 김가 놈은 금전판인 종로에 있는 내 가게를 쓰구 집세라군 다달이 오천 환 들여놓군 시치미를 떼는 놈이구, 변가 놈은 어물판 구전 오만 환을 논아 먹기루 약속허군 두 달째 얼씬도 않던 놈이라우. 유서에 써넣을 걸 깜박 잊었군. (달지에게) 기억해 두었다가 이후에라도 다시 오거들랑 채근해 받어. 알았어?

송달지 제가……, 그런 걸…….

이중생 ㉢그러구 또 한 번 얘기하네만, 유산이니 재산이니 그런 얘길랑 딱 잡아떼구 말 말어. 내가 옆방에서 듣고 있지만서두, 도시 모른 척하구 잠자쿠 있으란 말야. 자넨 그런 것 아랑곳할 리두 없지만 대꾸허단 큰일 저지를 테니, 알았어?

이중건 쉬잇, 누가 나온다.

이중생 이크! (㉣황급히 옆방으로 가다가 책상에 걸려 넘어진다. 옆방으로 가서 병풍 뒤에 숨는다. 맹인 안방에서 나오며 중얼중얼 경문을 외치며 다다미방을 거쳐 사라진다.)

용석 아범 (㉤왼쪽에서 황급히 나오며) 관가 손님이 오십니다.

이중건 응, 벌써 와? 아범은 어서 들어가 주안상을 탐탁히 봐 내오게. 술은 저 뭐라구 했지? 양인들이 먹는 거 그게 상등이라니 그걸 내오구, 안주도 선별해서 입맛에 당기는 거루 챙기라구 쥔 마나님보구 여쭤.

용석 아범 네, 네, 걱정 마세요. 아침부터 채려 놓구 기다리는 걸요. (안으로 들어가자 최 변호사, 임표운, 김 의원 등장. 이중건, 버선발로 마중 나간다.)

이중건 공사 간 분망허신데 이처럼 오시니 황송합니다. 〈중략〉

1 윗글의 등장인물에 대한 설명으로 적절한 것은?

① 이중생은 자신의 재산에 대한 집착이 강하다.
② 이중생은 송달지를 절대적으로 신뢰하고 있다.
③ 용석 아범은 자신의 일에 최선을 다하지 않는다.
④ 송달지는 이중생과 비슷한 가치관을 갖고 있다.
⑤ 이중건은 이중생의 태도를 못마땅하게 생각한다.

2 ㉠~㉤ 중 〈보기〉의 설명과 관계 있는 것을 모두 고른 것은?

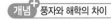
개념＋ 풍자와 해학의 차이

풍자에서 '자(刺)'는 '찌르다'라는 뜻으로, 풍자는 대상을 비판하려는 의도가 강하며 직접 비판하기 어려울 때 간접적으로 돌려 비꼬는 것임. 해학은 풍자보다는 비판적인 의도가 적은 것으로, 익살스러운 행위에 초점이 놓여 있으므로 독자에게 웃음을 준다는 사실은 같지만 성격이 조금 다름.

─ 보기 ─
이 작품은 인물의 과장된 행동·인물의 희화화 등을 통해 웃음을 유발하고 있다.

① ㉠, ㉡　　　　② ㉠, ㉡, ㉣　　　　③ ㉡, ㉢, ㉣
④ ㉡, ㉣　　　　⑤ ㉢, ㉣, ㉤

3 〈보기〉를 참고하여 윗글을 이해한 내용으로 적절하지 <u>않은</u> 것은?

─ 보기 ─
1948년 국회는 친일파의 반민족 행위를 처단하기 위해 국회 특별 조사 위원회를 설치한다. 위원회는 일부 친일파 인사를 검거하고 그들의 재산을 몰수하는 등 성과를 거두기도 했지만 권력을 가지고 있던 친일파 세력의 거센 저항으로 큰 성과를 거두지 못하고 곧 해체되고 말았다.

① 김 의원이 방문한 목적이 순수한 조문은 아니겠군.
② 이중생은 김 의원의 조사에 적극적으로 저항을 하겠군.
③ 이중생이 김 의원의 방문을 두려워하는 이유가 있었군.
④ 김 의원의 방문은 이중생의 친일 행적과 관계가 있겠군.
⑤ 김 의원의 조사에 따라 이중생의 상황이 달라질 수 있겠군.

김 의원 (달지에게) 조용히 선생을 찾아 말씀드릴 일이지만, 고인의 유지두 그러시다니, 우리두 그 유지를 존중하는 의미루 송 선생의 의사를 충분히 참고하여 행정 당국과 사법 당국에게도 댁에 유리하도록 의견서를 제출할 아량이 있습니다. ⊙돈이라는 건 필요하게 쓰구 유익하게 써야 하는 것이 아닙니까? / 최 변호사 아량?

김 의원 (그냥 달지에게) 보건 시설 같은 것은 어떻습니까, 선생이 의사라구 허시니 말씀입니다만……. / 최 변호사 보건 시설?

김 의원 네, 우리나라처럼 보건 시설이 불충분한 나라도 없지요. (이중생 펄펄 뛴다.) 그야 그럴 것이, 지금꺼정은 저마다 도회지서만 개업할랴 했구 주사 한 대두 돈 있는 이만 맞게 생겼구, 돈 몇 환 있구 없구루 귀중한 생명이 왔다 갔다 하지 않았습니까? 무료루 치료해 주는 국립 병원이 있지만, 아주 시설이 불충분하거든요.

송달지 ⊙(의외로 흥분해서) 그렇습니다. 내가 의사 공부를 시작한 것두 그런 의미에서 한 것이죠. 의사란 상업이 아닙니다.

김 의원 잘 알겠습니다. ⓒ판결 결과가 이렇다 저렇다 경솔히 말할 수 없으나 송 선생의 생각을 관계 당국에 보고해서 고인의 재산을랑 특별히 이 방면에 쓰시게 하시죠? (이중생 곤두박질한다.)

최 변호사 고, 고인의 재산을 어데다 써요? 헤헤……. 아, 아니올시다. 고인의 생각은 그렇잖습니다. 좀 더 찬찬히 의논해 가지구설랑 결정허시지……. 헤헤!

김 의원 그야 물론 당국에서 가부간 집행할 일이지 여기서 결정지을 성질의 것이 아니죠.

최 변호사 아, 아니올시다. 그런 의미가 아니구 고인의 가족, 이를테면 고인의 마누라……, 그러니까 바루 여기 앉은 상속인인 송 선생의 장모두 계시구, 그의 딸, 다시 말할 것 같으면 송 선생의 부인두 있구, 아들두 있구, 안 그렇습니까? 그 가족들의 생각두 알아봐야죠. 그렇게 됐지 아마, 송 선생?

송달지 네, 제 의견만으룬…….

최 변호사 암, 그렇구 말구. 가족의 의사두 참작해야지.

김 의원 잘 아실 분이 일부러 오해하시는 것 같구면요. ⓔ사기, 배임, 공금 횡령, 탈세, 공문서 위조 등을 법적으로 청산하면 고인에게는 아무런 재산두 남지 않는 것을 잘 아실 텐데…….

최 변호사 ⑩그렇겠지만 개인 재산이야 침해할 수 없잖아요? 더욱이 이 양반에게 양도된 이상…….

김 의원 그렇기에 우리는 이중생 자신이 이미 자기의 죄를 자각하고 국민으로서의 모든 권리와 의무를 포기하였으므로 고인의 소유였던 재산을 법적으로 처리하기 전에 우선 상속인인 송 선생의 의견을 참고하겠다는 게 아닙니까? 만일 가족 가운데 불만을 가진 분이 계시면 자기 죄과를 자인하고 입증하는 고인의 유설랑은 없애 버리구 이중생을 다시 살려 내 가지구 상속인 송달지 씨를 걸어 고소라두 하시죠. 〈중략〉

유지 죽은 사람이 살아서 이루지 못하고 남긴 뜻.
아량 너그럽고 속이 깊은 마음씨.
도회지 사람이 많이 살고 상공업이 발달한 번잡한 지역.
가부간 옳거나 그르거나, 찬성하거나 반대하거나 어쨌든.
배임 자기의 이익을 위하여 임무를 수행하지 않고 국가나 회사에 재산상의 손해를 줌.
횡령 공금이나 남의 재물을 불법으로 차지하여 가짐.
탈세 납세자가 납세액의 전부 또는 일부를 내지 않는 일.
자인하다 스스로 인정하다.

162 · 중학 국어 문학 독해 2

4 윗글을 연극으로 상연할 때, 감독이 지시할 내용으로 적절하지 <u>않은</u> 것은?

① 최 변호사는 당황하는 듯한 태도로 연기를 하세요.

② 김 의원은 송달지를 다그치는 듯한 태도로 연기를 하세요.

③ 김 의원은 자신감 있는 태도로 자신의 생각을 밝히도록 하세요.

④ 송달지는 최 변호사의 눈치를 보는 듯한 태도로 연기를 하세요.

⑤ 최 변호사는 조심스러운 태도로 자신의 주장을 밝히도록 하세요.

5 <보기>를 바탕으로 윗글을 이해한 내용으로 적절한 것은?

> 보기
>
> 　희곡은 일반적으로 연극으로 상연하는 것을 전제로 하기 때문에 소설에 비해 여러 가지 제약을 받게 된다. 예를 들어 연극은 무대에 등장할 수 있는 인물의 수가 제한적이며, 무대 장치를 자주 바꿀 수가 없다. 그 결과 희곡에는 너무 많은 인물이 등장할 수 없고, 희곡의 공간적 배경은 자주 바뀌지 않는다. 또한 연극 상연 시간은 대체로 1～2시간으로 한정되어 있기 때문에 희곡의 길이도 소설에 비해 제한적이다.

① 윗글은 다른 희곡에 비해 등장인물의 수에 제약이 많겠군.

② 윗글은 일반적인 희곡들과 달리 작품의 길이에 제약이 적겠군.

③ 윗글을 소설로 바꾼다면 공간적 배경을 자주 바꾸어야 하겠군.

④ 윗글을 소설로 바꿀 때 등장인물의 수는 동일하게 유지해도 되겠군.

⑤ 윗글을 연극으로 상연할 때 공간적 배경을 좀 더 자주 바꿀 필요가 있겠군.

개념+ **희곡의 무대 상연 조건**

• 길이: 1～2시간에 공연할 수 있는 길이여야 함.

• 등장인물의 수: 제한된 무대에 설 수 있는 인원이어야 함.

• 장면: 무대 위에서 재현될 수 있는 장면이어야 하며, 무대 장치를 자주 바꿀 수가 없음.

• 심리 묘사: 대사와 행동을 통해 간접적으로 표현하거나 독백을 활용함.

• 작가의 해설과 개입: 작가가 직접 설명하거나 개입할 수 없음.

6 ㉠~㉤에 대한 설명으로 적절하지 <u>않은</u> 것은?

① ㉠: 상대방이 유혹에 넘어가지 않도록 충고하고 있다.

② ㉡: 상대방의 의견에 동의함으로써 상대방의 의견에 힘을 실어 주고 있다.

③ ㉢: 상대방이 생각을 행동으로 옮길 것을 권유하고 있다.

④ ㉣: 논리적인 근거를 들어 상대방의 주장을 반박하고 있다.

⑤ ㉤: 상대방의 주장을 수용하지 않고 자신의 주장을 고수하고 있다.

이중생	하식아 글쎄, 그놈들이 나를 아주 모리꾼, 사기횡령으로 몰아내는구나. 그러니 죽은 시늉이라두 해야만 집 한 간이라두 건져 낼 줄 알았구나. 왜 푼푼이 모아 대대로 물려 오던 재산을 그놈들에게 털꺼덕 내주냐 말이다. 왜 뺏기느냐 말이다. 그래, 갖은 궁리를 다 했다는 게 이 꼴이 됐구나. 에이, 갈아 먹어두 션치 않은 놈! 최 변호사 그놈두 그저 한몫 볼 생각이었지. 하식아, 인제 집엔 돈두 없구 아무것두 없는 벌거숭이다. 내겐 소송할 데두 없구 말 한마디 헐 수도 없게 됐구나. (흐느낀다.) 네 매부 놈이 다 후려 먹었다. 저놈들이 우리 살림을 뒤집어엎었어! 하식아.
하식	아버지!
이중생	오냐, 하식아.
하식	제가 하식인 걸 아시겠습니까? 제 이야긴 왜 하나도 묻지 않으십니까?
이중생	오 참! 그래 얼마나 고생했니?
하식	일본인들에게 끌려가 죽을 고생을 하다가 그것두 모자라 우리나라가 독립된 줄도 모르고 화태에서 십 년이나 고역을 치르고 돌아온 하식이올시다. 화태에서는 아직두 아버지 같은 사람이 떠밀다시피 보낸 젊은이와 북한에서 잡혀 온 수많은 동포가 강제 노동을 허구 있어요.
하주	(달지에게) 여보, 당신은 뭣이 잘났다구 챙견했수?
송달지	누가 하겠다는 걸 시켜 놓구 이래? 이런 탈바가지를 억지로 씌워 논 건 누군데? (상복을 벗어 내동댕이친다.)
하주	누가 당신더러 무료 병원 이야기하랬소?
송달지	하면 어때? 난 의견두 없구 생각두 없는 천치 짐승이란 말야? 난 제 이름 가지구 살 줄 모르는 인간이구? 왜 사람을 가지구 볶는 거야. 〈중략〉
송달지	하식이, 내가 왜 자네 집 재산을 물에 타 버리겠나? 재산두 귀하구 아버님의 명예와 지위두 소중하지만, 어떻게 나라를 속이구 법을 어긴단 말인가? 옳다구 생각하는 처사를 돕지는 못할망정 방해까지 해서야 되겠나 말일세. 우리가 그러면 누가 국가의 사업을 돕구 우리들의 후배는 어떻게 되느냐 말일세. 아버지 일만 해두 한 사람의 욕심과 주변으로 해결할 수 있는 문젠가? 더구나 나 같은 위인이 가운데서 무슨 일을 하구 묘한 꾀를 부리겠나? 또 아무리 내, 내 장인이래두 그럴 필요가 어딨겠나? 나는 구변이 없어 말을 잘 못 하네만, 하여튼 아버지 같은 사람들이 나서서 떠들 때도 아니구, 장차로두 어떤 세력을 믿구 저 혼자의 이익을 위하여 날뛰어서는 안 될 게 아닌가? 그 사람들은 좋겠지만 진정으루 나라를 걱정하는 사람은 어떻게 되느냐 말이지. 하식이, 자넨 내가 장인을 두호허지 않는다구 나를 미워할 텐가? 그렇다구 장인을 고발할 수도 없는 놈이지만. 하식이, 난 어떻게 하면 좋단 말인가? 잘못이 있거들랑 기탄없이 일러 주게나. 광대같이 상복을 입구 꾸벅꾸벅 졸 수 있는 내 신세가 가련허구두 미련하지?

모리꾼 도덕과 의리는 생각하지 않고 오직 부정한 이익만을 꾀하는 사람.

주변 일을 주선하거나 변통함. 또는 그런 재주.

구변 말을 잘하는 재주나 솜씨.

두호하다 남을 두둔하여 보호하다.

기탄없다 어려움이나 거리낌이 없다.

하식 　형님 고정하십쇼. 잘 알겠어요. 아버지 시대는 이미 지났어. 형님두 이미 지나간 과거의 일을 가지구 번민할 게 뭐 있수?

7 윗글에 대한 설명으로 적절한 것은?

① 하주는 송달지의 행동을 긍정적으로 평가한다.

② 송달지는 이중생이 법적 처벌을 받기를 원한다.

③ 이중생은 하식이 고생한 사연을 듣고 슬퍼한다.

④ 하식은 송달지의 행동을 이해하지 못하고 그를 비난한다.

⑤ 송달지는 이중생의 행동이 옳지 못한 행동이라고 생각한다.

8 윗글을 읽고 보인 반응으로 적절한 것은?

① 강제 노동을 할 때 하식은 '조삼모사(朝三暮四)'라는 생각을 했겠군.

② 송달지에게 화를 내는 하주는 '팔방미인(八方美人)'이라 할 수 있군.

③ 이중생이 송달지에게 화를 내는 것은 '자격지심(自激之心)' 때문이군.

④ 이중생이 전 재산을 잃게 된 것은 '사필귀정(事必歸正)'이라 할 수 있군.

⑤ 송달지는 무료 병원 이야기를 하면서 '타산지석(他山之石)'의 심정을 느꼈겠군.

9 〈보기〉의 관점에서 윗글을 이해한 내용으로 적절한 것은?

> 보기
>
> 　문학 작품에서는 부정적 인물을 중심인물로, 긍정적 인물을 보조 인물로 설정하는 경우가 종종 있다. 이러한 설정은 말과 행동을 통해 부정적인 인물의 모습과 문제점을 자세하게 묘사함으로써 그 문제점을 독자들이 자연스럽게 인식할 수 있고, 바람직한 삶의 방향이 무엇인지 제시하는 효과가 있다.

① 송달지가 하주에게 하는 말을 통해 송달지의 문제점이 드러나고 있군.

② 이중생이 하식에게 하는 말을 통해 이중생의 문제점이 부각되고 있군.

③ 이중생이 하식에게 하는 말을 통해 바람직한 삶의 방향이 드러나고 있군.

④ 하주가 송달지에게 하는 말을 통해 하식의 문제점이 명확하게 드러나고 있군.

⑤ 자신의 경험을 이야기하는 하식의 말을 통해 하주의 문제점이 자연스럽게 부각되고 있군.

속담·한자 성어 익히기

• **조삼모사** 간사한 꾀로 남을 속여 희롱함을 이르는 말.

• **팔방미인** 여러 방면에 능통한 사람을 비유적으로 이르는 말.

• **자격지심** 자기가 한 일에 대하여 스스로 미흡하게 여기는 마음.

• **사필귀정** 모든 일은 반드시 바른길로 돌아감.

• **타산지석** 본이 되지 않은 남의 말이나 행동도 자신의 지식과 인격을 수양하는 데에 도움이 될 수 있음을 비유적으로 이르는 말.

인물의 특징

1 주요 인물의 특징을 다음과 같이 정리할 때, 빈칸에 들어갈 내용을 써 보자.

이중생	송달지	김 의원
일제 강점 당시 반민족 행위도 서슴지 않는 친일 잔재 세력으로 자신의 ( )을 가장 중요하게 생각함.	소극적이고 내성적인 성격이나 ( )를 지키기 위해 용기를 냄.	공명정대한 성격으로 합리적으로 이중생의 문제를 해결하려 함.

제목의 의미

2 이 희곡의 제목인 '살아 있는 이중생 각하'에 담긴 의미를 파악하여 빈칸에 들어갈 내용을 써 보자.

살아 있는	이중생	각하
살아 있는 사람에게 '살아 있는' 이라는 표현을 씀. → 살아 있는 것 자체가 이상한 일이라며 조롱함.	• 실제로는 살아 있지만 법적으로는 죽어 있는 이중적인 삶 • 거짓 ( )을 통해 송달지로서 살아가려 했던 이중적인 삶	높은 사람에게 사용하는 호칭을 사용함. → 이중생에게 어울리지 않는 호칭으로 이중생을 조롱함.

이중생과 같은 인물의 유형을 조롱하고 (   )함.

희곡의 주제

3 주요 인물의 태도를 바탕으로 이 희곡의 주제를 정리하여 빈칸에 들어갈 내용을 써 보자.

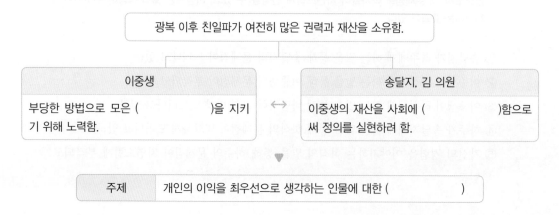

광복 이후 친일파가 여전히 많은 권력과 재산을 소유함.

이중생	송달지, 김 의원
부당한 방법으로 모은 ( )을 지키기 위해 노력함.	이중생의 재산을 사회에 ( )함으로써 정의를 실현하려 함.

주제 개인의 이익을 최우선으로 생각하는 인물에 대한 (   )

깊이 읽기

친일파 청산의 문제를 그린 사회극

이 작품은 광복 직후의 모순된 사회 상황을 풍자적으로 다룬 작품으로, 친일 잔재의 청산 문제를 다루고 있습니다. 광복 직후에 우리 민족이 해결해야 할 가장 중요한 과제는 친일 잔재를 청산하는 것이었지만, 광복 후에도 친일 인사들의 영향력은 줄어들지 않았습니다.

친일파는 일제 강점 당시 일제의 침략에 협조하거나, 독립운동을 한 사람이나 가족 또는 동족을 괴롭히거나, 지속적으로 일본에 협력하면서 이익을 얻은 사람들을 말합니다. 광복 후 대다수의 단체와 국민들은 일제 식민 통치에 적극 협력하였던 친일파 처단을 주장하였습니다. 그리하여 1948년 8월 15일 대한민국 정부가 수립된 후, 제헌 국회는 반민족 행위 처벌법을 제정하여 친일파 청산을 시도하였습니다. 하지만 미 군정기 때부터 친일파들이 등용됨에 따라 정부 내에서 친일파들이 상당한 세력을 형성하게 되었고, 당시 정부 또한 친일파 청산에 소극적이었습니다. 이처럼 정부의 소극적인 태도와 친일파의 방해로 반민족 행위 처벌법은 제대로 된 성과를 거두지 못한 채 끝나고 말았습니다.

▲ 오영진

사고력 키우기

이 희곡에서 송달지는 장인어른인 이중생의 재산을 사회에 환원하는 데에 결정적인 역할을 한다. 이처럼 가족보다 사회 정의를 선택하는 행동을 어떻게 평가해야 할 것인지 자신의 생각을 정리해 보자.

_____

_____

_____

_____

 빠작으로 내신과 수능을 한발 앞서 준비하세요.

빠른시작

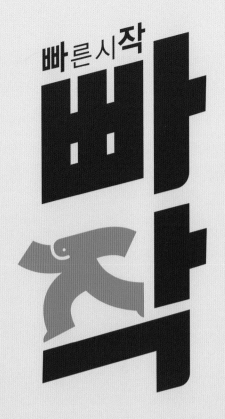

빠작

정답과 해설

중학 국어
문학 독해

1

동아출판

Ⅰ 소설

기본 개념   08~11쪽

01 ④   02 ②   03 ③   04 묘사
05 중요도, 주변   06 직접적 제시   07 ④
08 ④

01 답 ④

소설은 작가의 상상력을 바탕으로 현실 세계에 있음 직한 일을 새롭게 꾸며 낸 허구의 이야기이다.

| 오답 풀이 |

① 소설의 특성 중 '진실성'에 해당한다.
② 소설의 특성 중 '예술성'에 해당한다.
③ 소설의 특성 중 '서사성'에 해당한다.
⑤ 소설의 특성 중 '산문성'에 해당한다.

02 답 ②

주제를 효과적으로 전달하기 위한 이야기의 짜임새는 소설의 3요소 중 '구성'에 대한 설명이다.

| 오답 풀이 |

① 주제는 작가가 작품을 통해 말하고자 하는 중심 생각이다.
③ 문체는 작가의 개성적인 문장 표현 방식이다.
④ 사건은 소설 구성의 3요소 중 하나로 인물들 사이에서 벌어지는 일이다.
⑤ 배경은 소설 구성의 3요소 중 하나로 사건이 일어나는 시간과 공간이다.

03 답 ③

소설의 구성 단계 중 '위기' 단계에서 갈등이 점차 심화되는 것은 맞지만, 사건 해결의 실마리가 제시되는 것은 '절정' 단계의 특징에 해당한다.

04 답 묘사

서술자가 인물, 사건, 배경 등을 마치 그림을 그리듯이 실감 나게 보여 주는 방법은 소설의 표현 방법 중 묘사에 해당한다.

| 오답 풀이 |

소설의 표현 방법 중 '서술'은 서술자가 인물이나 사건, 배경 등을 직접 설명하는 방법이고, '대화'는 인물들이 주고받는 말을 그대로 보여 주는 방법이다.

05 답 중요도, 주변

소설의 인물은 중요도에 따라 사건을 이끌어 가는 주인공이나 그에 버금가는 인물인 주요 인물과, 그러한 주요 인물을 돕거나 돋보이게 하는 인물인 주변 인물로 나눌 수 있다.

| 오답 풀이 |

소설의 인물은 '중요도'에 따라 주요 인물과 주변 인물로 나눌 수 있고, '역할'에 따라 사건과 행동의 주체가 되는 인물인 주동 인물과 이러한 주동 인물의 의지와 행동에 맞서 갈등하는 인물인 반동 인물로 나눌 수 있다.

06 답 직접적 제시

제시된 부분에서는 서술자가 영신이라는 인물의 행동과 심리를 직접적으로 제시하고 있다.

07 답 ④

소설의 갈등은 크게 내적 갈등과 외적 갈등으로 나눌 수 있는데, ④를 제외한 나머지는 모두 외적 갈등에 해당한다.

08 답 ④

1인칭 관찰자 시점은 작품 속 주변 인물인 '나'가 관찰자의 입장에서 주인공에 대한 이야기를 하는 시점을 말한다.

| 오답 풀이 |

- 1인칭 주인공 시점: 작품 속 주인공인 '나'가 자신의 이야기를 하는 시점이다.
- 전지적 작가 시점: 작품 밖에 위치한 서술자가 전지전능한 위치에서 사건의 내막과 인물의 내면 심리까지 모두 알고 이야기하는 시점이다.
- 작가 관찰자 시점: 작품 밖에 위치한 서술자가 관찰자의 입장에서 작품 속 인물들의 행동이나 사건을 관찰하여 이야기하는 시점이다.

간단 확인

1 X   2 O   3 O   4 X

문제

1 ⑤   2 ④   3 ⑤   4 ④   5 ⑤

6 ③   7 ③   8 ②   9 ①

작품 독해

1 조약돌, 개울(도랑), 분홍 스웨터

2 관심, 대추

3 죽음, 사랑

사고력 키우기

예시 답

- 이 작품이 시간을 초월하여 독자들에게 감동을 주는 것은 소년과 소녀의 순수한 사랑을 아름답게 그리고 있기 때문이다. 인간관계에서 이익을 따지지 않고 그저 상대방을 좋아하는 순수한 마음은 시간이나 공간을 초월하여 사람들에게 가치 있게 여겨진다. 또한 이러한 사랑이 결실을 맺지 못했을 때 사람들은 안타까움과 슬픔을 느낀다. 이처럼 이 작품은 '순수한 사랑과 안타까운 이별'이라는 인류의 보편적 가치를 담고 있으며, 이를 시적인 표현과 서정적인 묘사, 열린 결말을 통해 아름답고 애틋하게 표현하였기 때문에 계속해서 독자들의 공감을 이끌어 낼 수 있는 것이라고 생각한다.

| 작품 해제 |

이 작품은 시골을 배경으로 한 소년과 소녀의 순수한 사랑 이야기를 다룬 소설이다. 예상하지 못한 순간 갑자기 내렸다가 그치는 소나기처럼, 갑자기 찾아왔다가 짧게 지나가 버린 소년과 소녀의 순수한 사랑 이야기가 서정적으로 아름답게 그려져 있다. 소설이지만 간결하고 함축적인 문장을 사용하고, 시적 표현을 활용하여 풍경과 인물을 묘사함으로써 마치 시를 감상하는 듯한 느낌을 준다. 또한 상징적 의미를 지닌 다양한 소재를 활용할 뿐만 아니라 비극적 결말을 암시하며 분위기를 형성하는 복선을 활용하여 소년과 소녀의 사랑을 더욱 애틋하고 순수하게 드러내고 있다. 특히 주변 인물의 대화로 소년이 소녀의 죽음을 알게 되는 결말을 통해 감동과 여운을 남기고, 독자의 상상력을 자극하며, 소년과 소녀에 대한 안타까운 감정을 불러일으킴으로써 소년과 소녀의 짧지만 순수한 사랑을 돋보이게 하는 작품이다.

| 주제 |

소년과 소녀의 짧고 순수한 사랑

---

1 이 작품은 작가 관찰자 시점의 소설로, 작품 밖 관찰자가 소년과 소녀의 행동이나 말, 사건 등을 관찰하여 이야기를 전달함으로써 인물의 성격과 심리를 간접적으로 드러내고 있다.

| 오답 풀이 |

① 소녀가 소년에게 던진 조약돌의 물기가 걷혀 있었다는 내용으로 보아 주변 사물의 모습을 통해 시간이 경과되었음을 보여 주고 있다는 것을 알 수 있다.

② 문장이 짧고, 시적인 표현이 사용되어서 마치 시를 읽는 것 같은 느낌을 준다.

③ 소녀의 모습을 '갈꽃'에 빗대어 표현하는 은유법을 활용하여 소녀의 모습을 인상 깊게 드러낸다.

④ 소녀가 갈대밭 사이로 달려가는 모습이 가을 햇살 아래 갈꽃의 풍경과 조화를 이루어 서정적 분위기를 형성한다.

2 작품 속 소년은 소녀에게 적극적으로 다가가지 못하고 개울가에 앉아 소녀가 비키기를 기다리고 있다. 또한 소녀의 행동을 하나하나 살피는 소년의 모습에서 소년이 소녀에게 관심은 있으나 소극적인 성격 때문에 소녀에게 먼저 다가가지 못한다는 것을 알 수 있다.

| 오답 풀이 |

① 자신에게 관심을 보이는 소녀의 마음을 알아채지 못하고 있으므로 소년이 소녀의 마음을 잘 이해한다고 볼 수는 없다.

② 소년이 징검다리를 가로막고 있는 소녀가 비키기를 기다리는 것은 소심한 성격 때문에 말을 걸지 못해서이다.

③ 소녀의 행동을 살피는 소년의 모습을 통해 소년이 소녀에게 관심이 있다는 것을 알 수 있다.

⑤ 소녀가 소년에게 조약돌을 던진 것은 자신의 마음을 알아채지 못하는 소년에게 서운함을 표시한 것인데, 소년이 그러한 소녀의 행동을 자신에게 함부로 대한 것이라고 생각한 내용은 찾아볼 수 없다.

3 〈보기〉에 제시된 부분은 일을 하느라 바쁜 '나'에게 계집애(점순이)가 관심을 보이며 감자를 건네는 장면으로, ⓒ '감자 세 개'는 '나'에 대한 점순이의 관심을 간접적으로 표현하는 소재이다. ⊙ '조약돌' 또한 소년의 소극적인 태도에 대한 소녀의 원망과 함께 소년에 대한 소녀의 관심을 드러내는 소재이다.

4 비를 맞고 있는 소년에게 소녀가 들어와 앉으라고 말을 했고, 그 바람에 꽃묶음이 망가졌으나 소녀는 상관없다고 생각했다.

| 오답 풀이 |

① 입술이 파랗게 질려 어깨를 떠는 소녀에게 소년이 겹저고리를 벗어 어깨를 싸 주는 부분에서 소녀를 안타까워하는 소년의 마음을 짐작할 수 있다.

② 수숫단을 덧세우고 비가 새지 않는 것을 확인하는 부분에서 소년이 어느 정도 안심했을 것이라고 짐작할 수 있다.

③ 수숫단 앞에 앉아 비를 맞는 소년에게 이리 들어오라고 말하는 소녀의 모습에서 소년에게 미안하면서도 고마워하는 소녀의 마음을

짐작할 수 있다.

⑤ 개울을 건너며 물이 올라오자 소녀가 소년의 목을 끌어안는 장면에서 둘 사이의 관계가 친밀해졌음을 짐작할 수 있다.

5 ㉠~㉢은 비극적 결말을 암시하는 복선의 기능을 하는 구절이지만, ㉤은 단순히 소나기가 그쳤음을 의미하는 구절이다.

| 오답 풀이 |
① '보랏빛'은 어두운 이미지로 연결되어 비극적 결말을 암시한다.
②, ③ 소녀의 입술이 파랗게 질려 어깨를 자꾸 떠는 것은 소녀의 건강 상태가 좋지 않음을 드러내는 것으로, 앞으로 소녀에게 좋지 않은 일이 생길 것임을 암시한다.
④ 이 작품에서 '꽃'은 소녀를 비유하는 것으로 꽃묶음이 망그러졌다는 것은 앞으로 소녀에게 좋지 않은 일이 생길 것임을 암시한다.

6 ⓐ의 '듣다'는 '눈물, 빗물 따위의 액체가 방울져 떨어지다.'라는 의미로 쓰였다.

| 오답 풀이 |
① '다른 사람의 말을 받아들여 그렇게 하다.'라는 의미이다.
② '주로 약 따위가 효험을 나타내다.'의 의미이다.
④ '기계, 장치 따위가 정상적으로 움직이다.'라는 의미이다.
⑤ '주로 윗사람에게 꾸지람을 맞거나 칭찬을 듣다.'라는 의미이다.

'듣다'의 다양한 의미
• 사람이나 동물이 소리를 감각 기관을 통해 알아차리다.
  ㉮ 음악을 듣다. / 그의 연주는 듣기에 매우 괴로웠다.
• 다른 사람의 말이나 소리에 스스로 귀 기울이다.
  ㉮ 변명 따위는 듣고 싶지 않아.
• 다른 사람의 말을 받아들여 그렇게 하다.
  ㉮ 아이가 말을 참 잘 듣는다. / 왜 그렇게 말을 안 듣니?
• 기계, 장치 따위가 정상적으로 움직이다.
  ㉮ 말 잘 듣던 청소기가 오늘따라 고장인지 모르겠다.
• 다른 사람에게서 일정한 내용을 가진 말을 전달받다.
  ㉮ 그녀로부터 네가 결혼한다는 소식을 들었어.
• 주로 윗사람에게 꾸지람을 맞거나 칭찬을 듣다.
  ㉮ 선생님께 칭찬을 듣다.
• 주로 약 따위가 효험을 나타내다.
  ㉮ 그 약은 다른 약보다 나에게 잘 듣는다.
• 눈물, 빗물 따위의 액체가 방울져 떨어지다.
  ㉮ 빗방울이 지붕에 듣는다.

7 아버지의 말에서 윤 초시네 가세가 기울어 경제적 형편이 어려워졌기 때문에 소녀에게 약 한번 제대로 지어 먹이지 못했음을 알 수 있다.

| 오답 풀이 |
① '대추'는 이사 소식을 전하며 소녀가 소년에게 건네는 것으로 소년에 대한 소녀의 마음을 전하는 소재이다.
② '갈림길'은 두 갈래로 갈라지는 길로, 소년과 소녀가 이별을 할 것임을 암시한다.
④ 소년이 아버지와 어머니의 대화를 통해 소녀의 죽음을 알게 되는 장면은 주변 인물의 대화를 통해 비극적 결말을 간접적으로 제시

하여 독자에게 감동과 여운을 주는 부분이다.
⑤ '분홍 스웨터'는 소녀가 소년과 함께 산에 갈 때 입었던 옷으로, 소녀는 그것을 소중한 추억이 담긴 옷으로 여긴다.

8 '소나기'의 사전적 의미와 같이 이 작품에서의 '소나기'는 갑자기 세차게 쏟아지다가 곧 그치는 소나기와 같이 짧지만 강한 인상을 남기고 끝나 버린 소년과 소녀의 사랑을 의미한다.

9 윤 초시 댁은 논밭을 다 팔고, 집도 남의 손에 넘어가고, 자식이 죽는 일까지 당한다. 이처럼 계속해서 어려운 일이 일어나는 상황을 표현할 수 있는 속담으로는 '어려운 일이 공교롭게 계속됨을 비유적으로 이르는 말.'인 '눈 위에 서리 친다'가 가장 적절하다.

| 오답 풀이 |
② 소도 언덕이 있어야 비빈다: 누구나 의지할 곳이 있어야 무슨 일이든 시작하거나 이룰 수가 있음을 비유적으로 이르는 말이다.
③ 소문난 잔치에 먹을 것 없다: 떠들썩한 소문이나 큰 기대에 비하여 실속이 없거나 소문이 실제와 일치하지 아니하는 경우를 비유적으로 이르는 말이다.
④ 평안 감사도 저 싫으면 그만이다: 아무리 좋은 일이라도 당사자의 마음이 내키지 않으면 억지로 시킬 수 없음을 비유적으로 이르는 말이다.
⑤ 집안이 망하면 집터 잡은 사람만 탓한다: 무슨 일이 잘못되면 남의 탓만 한다는 말이다.

간단 확인

1 ○   2 X   3 X   4 ○

문제

1 ③   2 ③   3 ④   4 ①   5 ②

6 ②   7 ④   8 ②   9 ④

작품 독해

1 순수한, 부도덕, 신사

2 자전거, 도망침, 아버지

3 물질적

사고력 키우기

예시 답

- 신사의 동의 없이 자전거를 들고 도망친 수남이의 행동은 부도덕한 행동이라고 생각한다. 수남이가 의도적으로 신사의 자동차에 흠집을 낸 것은 아니지만, 수남이의 자전거 때문에 피해가 발생한 것이므로 수남이가 그에 대한 책임을 져야 한다고 생각하기 때문이다. 신사에게 자신의 처지를 솔직하게 고백하고, 신사를 설득하여 자신이 감당할 수 있는 수리비를 지불하기로 약속을 한 후에 자전거를 가지고 가는 것이 최선의 방법이라고 생각한다. 또는 주인 영감님께 사실을 알리고 어른들끼리 문제를 해결하도록 하는 것도 하나의 방법이라고 생각한다.

- 신사의 동의는 없었지만 수남이가 자전거를 들고 도망친 행동은 부도덕한 행동은 아니라고 생각한다. 신사의 자동차에 흠집이 생긴 이유는 수남이의 자전거가 바람에 넘어졌기 때문이므로 전적으로 수남이의 책임이라고 할 수 없기 때문이다. 특히나 이 사고는 수남이가 의도한 것이 아니고, 수남이는 아직 어려 사고에 대한 책임을 질 정도의 능력을 갖추지 못했기 때문에 오히려 신사가 수남이의 자전거를 억지로 빼앗은 것이 올바르지 못한 행동이라고 생각한다.

| 작품 해제 |

이 작품은 산업화와 도시화가 급격하게 이루어졌던 1970년대를 시대적 배경으로 하고 있는 소설이다. 이 소설에는 시골에서 상경하여 세운 상가 전기용품 도매상에서 일하는 수남이가 주인공으로 등장하는데, 그는 서울이라는 물질 중심적이고 이기적인 사회적 분위기가 만연한 곳에서 자기도 모르게 그러한 사회적 분위기에 물들어 간다. 우연한 사고로 신사에게 빼앗긴 자신의 자전거를 들고 도망친 수남이는 자신이 그러한 행동을 했음에도 불구하고 주인 영감에게 칭찬을 받자 도둑질이라는 행위에 대해 내적 갈등을 겪고, 자신의

행동이 도둑질이 아니었다고 합리화하게 된다. 그리고 그러한 자신의 모습에 환멸을 느낀다. 그는 결국 이런 도시를 떠나 자신의 잘못된 행동을 꾸짖어 줄 아버지가 있는 고향으로 돌아가기 위해 짐을 싼다. 서술자가 고향으로 돌아가기 위해 짐을 싸는 수남이의 얼굴이 '누런 똥빛'에서 소년다운 청순함으로 바뀌었다고 표현한 것은 도시의 물질주의에 대한 작가의 비판 의식을 드러내는 것이라고 할 수 있다.

| 주제 |

물질적 이익만을 추구하는 도시 사람들에 대한 비판

1 수남이는 고등학교에 다니는 학생들을 보면 부러운 마음에 심장에 감전을 당한 듯 짜릿함을 느낀다. 이런 감정은 고등학교에 갈 수 있다는 희망과 설렘 때문에 느끼는 것이지 창피함 때문에 느끼는 것과는 거리가 멀다.

| 오답 풀이 |

① 수남이는 손님들에게 귀여움을 받는 인기 있는 점원이다.

② 수남이는 청계천 세운 상가 뒷길의 전기용품 도매상에서 일한다.

④ 수남이는 어린 나이에 전기용품 도매상에서 힘들게 일하고는 있지만 내년에는 야학에 다닐 수 있다는 생각에 행복감을 느낀다.

⑤ 주인 영감은 손님에게 수남이가 일류 야학에 들어가야 한다고 말하곤 하는데, 수남이는 이를 주인 영감님이 자신을 위해 하는 말로 여기고 기뻐한다.

2 〈보기〉에서는 비속어가 상대방에게 불쾌감을 주는 말이지만 그 이면에는 친근감을 표현하기도 하는 특징이 있음을 설명하고 있다. 이러한 관점에서 보면 손님들이 수남이에게 '짜아식'이라고 하는 것은 관심과 친근감을 표현한 것이라고 할 수 있다.

| 오답 풀이 |

① '똥통 학교'라는 표현은 해당 학교를 비하하는 표현의 비속어에 해당하는 것으로, 애정이나 친근감을 표현하는 것은 아니다.

② '돌대가리'는 비속어로, 주인 영감이 손님들의 머리를 낮잡아 표현한 것이므로 대상에 대한 객관적인 평가라고 할 수 없다.

④, ⑤ 손님들이 수남이에게 하는 '짜아식'은 수남이에 대한 애정 표현의 하나로 적대감이 들어 있지 않다.

3 '뼛골이 부러지게'라는 말은 '뼛골이 빠지다'와 유사한 뜻을 가진 말로 '육체적으로 매우 힘든 일을 하여 나가다.'라는 뜻을 가진 관용 표현이다.

| 오답 풀이 |

① 여간(이) 아니다: 보통이 아니고 대단하다.

② 혀를 차다: 마음이 언짢거나 유감의 뜻을 나타내다.

③ 벼락(을) 맞다: 아주 몹쓸 짓을 하여 큰 벌을 받다.

⑤ 눈코 뜰 사이 없다: 정신 못 차리게 몹시 바쁘다.

4 이 글에서는 수남이의 자전거가 바람에 쓰러져 신사의 차를 들이받으면서 발생한 수남이와 신사의 외적 갈등이 드러나 있고, 수남이가 자전거를 들고 도망 온 후에는 자신의 행동이 올바른 행동이었는지를 두고 괴로워하는 수남이의

내적 갈등이 드러나 있다.

5 수남이는 무거운 자전거를 들고 도망을 치면서도 수리비를 물어 주지 않아도 된다는 안도감과 문제에서 벗어났다는 해방감 때문에 신이 나서 쾌감을 느끼고 있다.

6 〈보기〉를 보면 수남이는 주인 영감에게서 따뜻함과 훈훈함을 느끼고 있다. 이는 육친애적인 것으로 아들이 아버지에게서 느끼는 감정이라고 할 수 있다. 하지만 ⓛ과 같은 칭찬을 들은 수남이는 주인 영감이 비도덕적이고 속물적이라고 생각하게 되는데, 흡사 도둑놈 두목 같아 보여 속으로 정이 떨어지고, 그러한 주인 영감의 실체를 이제야 깨달은 것 같아 속이 메스껍다고 하였다. 따라서 수남이는 아버지처럼 느꼈던 주인 영감의 다른 모습에 실망감을 느끼게 되었다고 볼 수 있다.

| 오답 풀이 |
① 물질주의적이고 이기적인 주인 영감의 모습은 수남이가 생각하는 아버지의 모습과 거리가 멀다.
③ 주인 영감이 자신을 지지해 주었지만 수남이가 주인 영감의 모습을 도둑놈 두목 같다고 한 것으로 보아 수남이의 마음이 든든하지는 않았을 것이다.
④ 주인 영감은 오히려 자동차 주인과 반대되는 입장을 가지고 있다.
⑤ 주인 영감은 자전거를 들고 도망 온 수남이를 칭찬하였다.

7 수남이는 자전거를 들고 도망칠 때 쾌감을 느꼈던 것 때문에 내적 갈등을 겪는다. 하지만 서울에서는 부도덕한 자신을 견제해 줄 사람이 없기 때문에 아버지가 있는 고향으로 가기 위해 짐을 꾸린 것이다. 아버지는 자신이 이기적이고 물질적으로 변하는 것을 견제해 줄 수 있는 어른이기 때문이다.

8 수남이의 아버지는 주인 영감이나 수남이의 형과는 대조되는 인물이라고 할 수 있다. 그러므로 '누런 똥빛'과는 거리가 먼 인물이고 수남이가 위로를 받을 수 있는 존재라고 할 수 있다.

| 오답 풀이 |
① 수남이의 형이나 주인 영감은 도둑질을 대수롭지 않게 여기는 인물들로 물질 만능의 가치관을 가졌다고 볼 수 있다.
③ 수남이의 얼굴에서 '누런 똥빛'이 가셨다는 것은 수남이가 가지고 있던 부도덕성에서 벗어났다는 것을 의미한다.
④ '누런 똥빛'은 작가가 부정적으로 생각하는 물질주의와 이기주의를 의미하며 이는 주제와 밀접한 관련이 있다.
⑤ 수남이가 고향으로 돌아가는 것은 물질주의적 세계로부터 벗어나는 것을 의미한다.

9 ㉠에서 수남이는 괴롭고 불안한 마음에 자리에 앉지도 못하고 안절부절못하고 있으므로 '앉아도 자리가 편안하지 않다는 뜻으로, 마음이 불안하거나 걱정스러워서 한군데에 가만히 앉아 있지 못하고 안절부절못하는 모양을 이르는 말.'인 '좌불안석(坐不安席)'이 가장 잘 어울린다.

| 오답 풀이 |
① 좌정관천(坐井觀天): 우물 속에 앉아서 하늘을 본다는 뜻으로, 사람의 견문(見聞)이 매우 좁음을 이르는 말이다.
② 두문불출(杜門不出): 집에서 은거하면서 관직에 나가지 아니하거나 사회의 일을 하지 아니함을 비유적으로 이르는 말이다.
③ 안하무인(眼下無人): 눈 아래에 사람이 없다는 뜻으로, 방자하고 교만하여 다른 사람을 업신여김을 이르는 말이다.
⑤ 표리부동(表裏不同): 겉으로 드러나는 언행과 속으로 가지는 생각이 다름을 뜻한다.

간단 확인

1 ○   2 X   3 ○   4 X

문제

1 ②   2 ①   3 ④   4 ②   5 ②

6 ①   7 ③   8 ②   9 ⑤

작품 독해

1 여섯, 과부, 다정한

2 옥희, 부정적, 사랑

3 어린아이

사고력 키우기

예시 답

• 옥희 어머니가 옥희를 위해 자신의 사랑을 포기하는 것은 바람직하다고 생각한다. 우리의 전통적인 가치관으로 보았을 때, 부모가 자식의 장래를 위해 희생하는 것은 자연스러운 모습이기 때문이다. 만약 어머니가 자신의 삶을 위해 아저씨와의 사랑을 선택하여 재가한다면, 옥희가 사회적으로 손가락질을 받는 모습을 보아야 하기 때문에 더욱 마음이 아플 것이라고 생각한다. 따라서 옥희의 장래를 위해 자신의 사랑을 포기하는 어머니의 행동은 마땅히 칭찬받아야 할 행동이라고 생각한다.

• 옥희의 장래를 위해 자신의 사랑을 포기하는 것은 바람직하지 않다고 생각한다. 자식을 위해 부모가 희생을 해야 한다는 생각은 구시대적 사고방식일 뿐이다. 지금은 자신의 행복을 최고의 가치로 여기는 시대이기 때문에 만약 어머니가 자신의 사랑을 찾아 행복한 삶을 누리게 된다면 옥희의 삶 또한 더욱 행복해질 수 있을 것이다. 물론 사회적인 시선이 두려울 수도 있지만, 그것은 가족들의 사랑으로 얼마든지 극복해 낼 수 있는 문제라고 생각한다.

|작품 해제|

이 작품은 여섯 살 난 옥희의 눈으로 어머니와 사랑손님의 미묘한 애정 심리를 순수하게 묘사한 소설이다. 세상을 떠난 옥희 아버지의 친구이자 큰외삼촌의 친구인 사랑손님이 옥희네 집에 하숙을 하게 되고, 어머니와 사랑손님은 서로에게 마음이 끌리지만, 당시의 사회적 관습이나 분위기 때문에 서로의 마음을 받아들이지 못하고 결국 사랑손님은 떠나간다. 이 소설의 서술자인 어린 옥희는 어머니와 사랑손님 사이의 미묘한 감정은 알지 못한 채, 자기 눈에 비친 대로만 이야기하여 독자들에게 웃음을 주고 행간에 숨은 내용을 상상하며 읽을 수 있는 기회를 준다. 이 작품은 다소 통속적으로 흐를 수 있는 어른들의 사랑 이야기를 어린아이의 눈으로 바라보고 전달함으로써 아름답고 순수하게 승화시킨 소설이라는 점에서 의의가 있다.

|주제|

어머니와 사랑손님의 사랑과 이별

---

1 문어체는 '일상적인 대화에서 쓰는 말투가 아닌, 글에서 주로 쓰는 말투.'를 말한다. 이 글에서는 문어체가 아니라 '글에서 쓰는 말투가 아닌, 일상적인 대화에서 주로 쓰는 말투.'인 구어체를 사용하고 있다.

|오답 풀이|

① 여섯 살인 옥희가 서술자이다.

③ 옥희는 자신과 가족의 처지에 대해 자세하게 설명하고 있다.

④ 낯선 사람인 아저씨(사랑손님)의 등장은 앞으로 발생할 사건의 실마리가 된다.

⑤ 서술자인 옥희의 눈에 비친 외삼촌의 행동을 통해 외삼촌의 자유분방한 성격을 간접적으로 제시하고 있다.

2 〈보기〉는 장독간에 핀 봉선화를 보고 고향의 누님을 그리워하는 김상옥의 시조이다. 따라서 이 글의 '아버지'와 〈보기〉의 '누님'은 모두 그리움의 대상에 해당한다.

|오답 풀이|

② 이 글의 '아버지 사진'과 〈보기〉의 '봉선화'는 그리움의 대상이 아니라 그리움의 매개체에 해당한다.

③ 〈보기〉의 '비'는 시의 분위기를 형성하는 역할을 하는 소재이다.

④ 이 글의 '아버지 사진'은 그리움의 매개체에 해당하고, 〈보기〉의 '누님'은 그리움의 대상에 해당한다.

⑤ 이 글의 '책상'이나 〈보기〉의 '장독간'은 그리움의 매개체가 있는 곳으로 그리움과는 직접적인 연관이 없다.

3 '소작농(小作農)'은 '일정한 소작료를 지급하며 다른 사람의 농지를 빌려 짓는 농사. 또는 그런 농민.'을 말한다. 그런데 옥희네 소유의 땅에서 나는 추수로 밥이나 굶지 않게 된다고 하였으므로 옥희네는 소작농이라고 할 수 없다.

|오답 풀이|

① 청상과부(靑孀寡婦): 젊어서 남편을 잃고 홀로된 여자를 뜻한다.

② 자유분방(自由奔放): 격식이나 관습에 얽매이지 아니하고 행동이 자유로움을 의미한다.

③ 삯바느질: 삯을 받고 하여 주는 바느질을 말한다.

⑤ 유복녀(遺腹女): 태어나기 전에 아버지를 여읜 딸을 말한다.

4 이 글에서 옥희는 예배당에서 눈치 없이 행동하고, 느닷없이 벽장에 숨는 등 아이다운 엉뚱한 행동으로 갈등을 일으키고 사건을 만들고 있다.

|오답 풀이|

① 아저씨와 어머니의 얼굴이 빨갛게 변한 것이 성이 났기 때문이라고 생각하는 것으로 보아 옥희는 어른들의 심리를 제대로 파악하지 못하고 있다는 것을 알 수 있다.

③ 어른들의 세계를 관찰하고는 있지만 그를 통해 정신적 성숙을 이

루는 내용은 찾아볼 수 없다.

④ 옥희가 사건을 주관적으로 전달하고 있지만, 이 글에서는 아저씨와 어머니를 중심으로 사건이 전개되고 있다.

⑤ 옥희는 아저씨와 어머니가 서로 감정을 교류하는 데 도움을 주기보다는 두 인물의 모습을 관찰하는 역할을 하고 있다.

5 〈보기〉의 내용을 통해 여성의 재혼을 좋지 않게 생각하는 당시의 분위기를 파악할 수 있고, 어머니 역시 그러한 사회적 관습을 어기지 않으려는 가치관을 가지고 있음을 알 수 있다. 이를 통해 어머니와 아저씨는 서로에게 호감은 가지고 있지만 사회적 관습 때문에 주변 사람들의 시선을 의식하여 소극적으로 행동하고 있음을 알 수 있다.

| 오답 풀이 |

① 두 사람은 사회적 시선을 의식하고 있기 때문에 감정을 솔직하게 표현하지 못한다.

③ 두 사람은 사회적 관습 때문에 소극적으로 행동하고 있으므로, 사회적 관습보다 옥희의 눈을 더 의식하고 있다고 보기는 어렵다.

④ 사회적 관습이나 인식을 의식하는 정도로 보면 어머니가 아저씨보다 크다고 할 수는 있지만 아저씨가 이를 전혀 의식하지 않는다고 보기는 어렵다.

⑤ 아저씨와 어머니 둘 다 개인의 자유보다는 사회적 관습을 더 중시하고 있다고 볼 수 있다.

6 [A]에서 옥희가 예배당에서 아저씨를 보고 반가운 마음에 알은체를 하기 위해 팔까지 흔들자 어머니는 다른 사람들이 이를 눈치챌까 봐 옥희를 붙들고 끌어당겼다. 그런데 옥희가 이에 그치지 않고 어머니의 귀에다 대고 아저씨가 왔다고 이야기하자 당황한 어머니는 얼굴이 홍당무처럼 빨개지며 옥희의 입을 손으로 막고 끌어 잡다가 앞에 앉히고 고개를 누른 것이다. 따라서 이러한 상황에 처한 어머니의 심정과 어울리는 속담으로는 '갈수록 더욱 어려운 지경에 처하게 되는 경우를 비유적으로 이르는 말.'인 '갈수록 태산이다'가 적절하다.

| 오답 풀이 |

② 가재는 게 편이다: 모양이나 형편이 서로 비슷하고 인연이 있는 것끼리 서로 잘 어울리고, 사정을 보아주며 감싸 주기 쉬움을 비유적으로 이르는 말이다.

③ 달면 삼키고 쓰면 뱉는다: 옳고 그름이나 신의를 돌보지 않고 자기의 이익만 꾀함을 비유적으로 이르는 말이다.

④ 빈대 잡으려고 초가삼간 태운다: 손해를 크게 볼 것을 생각하지 아니하고 자기에게 마땅치 아니한 것을 없애려고 그저 덤비기만 하는 경우를 비유적으로 이르는 말이다.

⑤ 호미로 막을 것을 가래로 막는다: 커지기 전에 처리하였으면 쉽게 해결되었을 일을 방치하여 두었다가 나중에 큰 힘을 들이게 된 경우를 비유적으로 이르는 말이다.

7 옥희는 어머니가 자신이 달걀을 좋아하는 것을 알면서도 달걀 먹을 사람이 없다고 거짓말을 했다고 생각한다. 하지만 어머니가 달걀 먹을 사람이 없다고 말한 것은 옥희가

상처를 받을까 봐 의도적으로 거짓말을 한 것이 아니라, 아저씨에 대한 자신의 마음을 정리하기 위해 한 행동이다.

8 〈보기〉의 서술자(말하는 이)는 옥희의 외삼촌으로, 이 글의 서술자인 옥희에 비해 나이가 많기 때문에 사건의 정황과 어머니의 심리를 더 잘 이해하고 있을 가능성이 높다.

| 오답 풀이 |

① 〈보기〉의 서술자인 외삼촌은 이 글의 서술자인 옥희보다 어머니가 처한 상황을 더 정확하게 파악하고 있다.

③ 이 글은 상황을 제대로 파악하지 못하는 서술자인 옥희가 순수한 시선으로 인물과 사건을 바라보고 있어 자칫 통속적으로 느낄 수 있는 어른들의 사랑 이야기를 순수하고 아름답게 승화하여 전달하고 있다.

④ 이 글은 서술자인 옥희의 관점에서 서술되고 있고, 〈보기〉는 서술자인 옥희의 외삼촌의 관점에서 서술되고 있다.

⑤ 이 글에서는 옥희가 사건의 정황이나 인물의 심리를 잘 알지 못한 상태에서 어린아이답게 이야기를 전달하고 있어 천진난만한 분위기를 느낄 수 있다. 그러나 〈보기〉에서는 옥희의 외삼촌이 사건의 정황과 어머니의 심정을 더 잘 알고 있는 상태에서 이야기를 전달하고 있기 때문에 어쩔 수 없이 아저씨와 헤어져야 하는 어머니의 안타깝고 쓸쓸한 마음을 느낄 수 있다.

9 어머니의 얼굴이 아픈 것처럼 새파랗다는 것은 어머니가 아저씨와의 이별을 대단히 슬퍼한다는 것을 드러내므로 슬픔, 괴로움, 애달픔, 안타까움 등의 감정과 어울린다. 어머니는 풍금 뚜껑을 닫고, 찬송가 갈피에 두었던 마른 꽃을 버리고, 더 이상 달걀을 사지 않음으로써 아저씨에 대한 마음을 정리했기 때문에 혼란스러움과는 거리가 멀다.

04 하늘은 맑건만

42~51쪽

간단 확인

1 ○   2 ○   3 X   4 X

문제

1 ③   2 ②   3 ④   4 ①   5 ③
6 ④   7 ②   8 ⑤   9 ③

작품 독해

1 소심, 대담, 책임감
2 점순이, 삼촌, 협박
3 정직, 양심

사고력 키우기

예시 답

- 문기는 자신이 처한 곤란한 상황을 모면하기 위해 숙모의 돈을 훔쳐 수만이에게 건네주었다. 이로 인해 문기 대신 누명을 쓴 점순이는 심부름을 하던 집에서 쫓겨나게 되었다. 다른 사람의 돈을 훔친 것을 물론, 결과적으로 다른 사람에게 큰 피해를 준 문기의 행동은 비판받아 마땅하다. 문기는 일이 더 커지기 전에 자신의 잘못을 삼촌이나 숙모 또는 선생님께 빨리 고백하고 사태를 바로잡았어야 했다고 생각한다.
- 문기는 성격이 소심하기 때문에 수만이의 협박을 견디기 어려웠을 것이고, 삼촌과 숙모를 실망시킬까 봐 걱정스러워 자신의 잘못을 고백하지 못한 것이라고 생각한다. 문기가 숙모의 돈을 훔쳐 수만이에게 건네준 것은 분명 잘못된 행동이지만, 그럴 수밖에 없었던 문기의 마음에는 충분히 공감이 간다.

| 작품 해제 |

이 작품은 1938년 『소년』지에 실린 소설로, 주인공 문기가 숙모의 심부름을 갔다가 우연히 거스름돈을 잘못 받으면서 일어나는 이야기를 담고 있다. 문기는 잘못 받은 거스름돈을 친구 수만이와 함께 어울려 쓰면서 거짓말을 하고, 그 거짓말로 인해 또 다른 갈등 상황에 놓인다. 이 소설에서는 문기가 내면의 심리적 갈등과 수만이와의 외적 갈등을 해결하는 과정을 통해 인물의 성장 과정을 살펴볼 수 있다. 소설의 제목은 보통 주제와 깊은 연관을 가지는 경우가 많은데, 이 소설의 제목인 '하늘은 맑건만'은 떳떳하지 못한 행동을 저질러서 어둡고 무거운 문기의 마음과 대조를 이룬다. 그러면서 동시에 문기가 떳떳하게 하늘을 쳐다볼 수 있고, 남을 떳떳하게 대할 수 있는 마음을 갖고 싶게 하는 역할을 한다. 따라서 이 소설의 제목은 맑고 깨끗한 하늘처럼 양심을 지키며 정직하고 떳떳하게 살자는 작가의 생각을 내포하고 있는 것이라고 볼 수 있다.

| 주제 |
양심을 지키며 정직하게 사는 삶의 중요성

1 둥구미, 고깃간, 지전이나 은전과 같은 어휘를 통해 이 소설의 시대적 배경이 1930년대(일제 강점기)임을 알 수 있다. 또한 이 소설의 시점은 전지적 작가 시점으로 서술자가 인물의 말과 행동, 심리까지 모두 이야기하고 있다.

| 오답 풀이 |
ㄱ. 이 글은 서술자가 전지적 위치에서 인물의 행동과 심리, 감정 등은 물론 사건의 내용까지도 분석하여 서술하는 전지적 작가 시점으로 쓰인 소설이다.
ㄹ. 이 글은 '현재 → 과거'의 역행적 구성 방식을 통해 사건의 실마리를 제공하고 있다.

2 ㉠에서 문기는 불안감에서 벗어나기 위해 공이 없어진 이유를 거지나 동네 아이들에게서 찾고 있다. 이는 공이 없어진 상황을 자신에게 유리하게 해석하려는 심리로 볼 수 있다.

| 오답 풀이 |
① 문기는 공의 출처를 숙모가 알게 될까 봐 긴장되고 초조하다.
③ 문기는 서랍에 손을 댄 사람이 숙모나 작은아버지일까 봐 걱정되고 불안하다.
④ 문기는 수만이가 시켜서 한 일이기 때문에 자신의 책임이 없다고 생각하며 자기의 잘못을 합리화하고 있다.
⑤ 문기는 잘못된 행동을 하는 것에 양심의 가책을 느끼는 한편 잘못이 탄로 날까 봐 두려워하고 있다.

3 문기는 수만이가 시켜서 한 일이고, 수만이도 문기가 만든 돈을 쓴 것이기에 서로 책임이 없다고 생각한다. 그래서 둘은 마침내 손이 맞아 그 돈을 함께 쓰기로 결정한다. '손이 맞다.'는 '함께 일할 때 생각, 방법 따위가 서로 잘 어울리다.'라는 의미의 관용 표현이므로, 이 상황을 나타내는 한자 성어로는 '마음이나 뜻이 서로 맞음.'을 의미하는 '의기투합(意氣投合)'이 적절하다.

| 오답 풀이 |
① 견원지간(犬猿之間): 개와 원숭이의 사이라는 뜻으로, 사이가 매우 나쁜 두 관계를 비유적으로 이르는 말이다.
② 사면초가(四面楚歌): 아무에게도 도움을 받지 못하는, 외롭고 곤란한 지경에 빠진 형편을 이르는 말이다.
③ 오월동주(吳越同舟): 서로 적의를 품은 사람들이 한자리에 있게 된 경우나 서로 협력하여야 하는 상황을 비유적으로 이르는 말이다.
⑤ 초지일관(初志一貫): 처음에 세운 뜻을 끝까지 밀고 나감을 뜻한다.

4 삼촌이 "네 입으로 수만이가 줬다니 네 말이 옳겠지. 설마 네가 날 속이기야 하겠니."라고 말하는 것으로 보아 그가 문기에 대한 믿음을 가지고 있음을 알 수 있다.

| 오답 풀이 |
② 삼촌이 문기에게 차분하게 질문하여 상황을 파악한 후 잘못된 점

을 지적해 주는 것으로 보아 그는 문기가 스스로 잘못을 깨닫고 뉘우칠 수 있도록 이끌어 주는 역할을 하는 것으로 볼 수 있다.
③ 문기의 얼굴이 벌겋게 달아오른 이유는 삼촌의 말에 자신의 잘못이 떠올라 부끄러움과 죄책감을 느꼈기 때문이다.
④ 어머니가 돌아가셨고, 아버지의 상황도 좋지 않은 처지의 문기를 삼촌이 맡아 키우며 공부도 시키고 사람을 만들어 주기 위해 애를 쓴다는 것을 알 수 있다. 이러한 내용으로 볼 때 삼촌은 매우 책임감 있는 사람임을 알 수 있다.
⑤ 삼촌은 남이 준다고 덥적덥적 받는 것은 생각해 보아야 한다고 하면서 문기가 나쁜 데 빠질까 봐 걱정이 된다고 하였다. 이를 통해 볼 때 삼촌은 누군가 이유 없이 호의를 베푸는 것을 의심스러운 일이라고 생각함을 알 수 있다.

5 문기가 돈을 종이에 싸서 고깃간 집 안마당에 던진 이유는 삼촌의 훈계를 듣고 자신이 한 행동에 대해 부끄러움과 양심의 가책을 느꼈기 때문이다. 따라서 이 행동은 문기와 고깃간 주인과의 외적 갈등을 해소하기 위한 것이 아닌 문기 자신의 마음속 내적 갈등을 해소하기 위한 것으로 볼 수 있다.

| 오답 풀이 |
① 문기가 공을 버린 이유는 자신의 부끄러운 행동의 증거물을 버림으로써 마음속 갈등을 해결하기 위해서이다.
② 문기는 공을 버림으로써 자신의 양심을 찾고 내적 갈등에서 벗어나게 되었기 때문에 통쾌함을 느낄 수 있었다.
④ 문기는 자신의 행동을 반성하며 양심을 지키고자 하였으나, 수만이는 그런 문기를 믿지 않고 괴롭히고 있다. 문기가 수만이의 협박을 애써 무시하는 이유는 수만이와의 외적 갈등을 회피하려는 의도로 볼 수 있다.
⑤ 문기는 수만이와의 외적 갈등을 해결하기 위해 붙장 안에 있는 돈을 훔쳐 수만이에게 가져다준 것이다.

6 ㉠의 '쓰다(쓰는)'와 ㉣의 '쓰다(써서)'는 '어떤 일을 하는 데 시간이나 돈을 들이다.'의 뜻이다.

| 오답 풀이 |
① 어떤 일에 마음이나 관심을 기울인다는 뜻이다.
② 머릿속에 떠오른 곡을 일정한 기호로 악보 위에 나타낸다는 뜻이다.
③ 힘이나 노력 따위를 들인다는 뜻이다.
⑤ 합당치 못한 일을 강하게 요구한다는 뜻이다.

7 〈보기〉에서 소년은 자신의 부도덕한 행동을 훈계하지 않고 운이 텄다고 말하는 주인 영감에게 혐오감을 느끼면서 자신의 잘못을 깨닫고 내적 갈등을 겪는다. 그리고 도덕적인 삶을 살도록 당부하던 아버지를 떠올리며 고향으로 돌아갈 결심을 함으로써 내적 갈등에서 벗어나 한층 성숙해진 모습을 보인다. 따라서 이 글의 문기와 〈보기〉의 소년은 둘 다 갈등과 시련을 해결하는 과정을 통해 내적 성숙을 이루는 인물로 볼 수 있다.

| 오답 풀이 |
① 이 글의 시대적 배경은 1930년대이고, 〈보기〉의 시대적 배경은 1970년대이지만 둘 다 시대적 배경이 갈등의 원인이 되지는 않는다.

③ 이 글과 〈보기〉 모두 아이를 바르게 교육하려는 어른의 책임감 있는 모습이 그려지기는 하지만, 그것이 두 소설의 주제는 아니다.
④ 〈보기〉에만 해당하는 설명이다. 이 글에는 현대인의 이기적인 삶에 대한 내용은 나타나 있지 않다.
⑤ 〈보기〉에만 해당하는 설명이다.

8 소설의 구성 단계 중 [A]는 '절정'에 해당하고 [B]는 '결말'에 해당한다. 두 번의 잘못을 저지르며 점점 악화되는 상황에 괴로워하던 문기는 [A]에서 내적 갈등이 최고조에 이르러 방황하다가 교통사고를 당한다. [B]에서 문기는 자신이 벌을 받았다고 생각하며 삼촌에게 자신이 저지른 잘못을 모두 털어놓고 자신의 죄를 뉘우치는 것으로 모든 갈등이 해소된다. 따라서 [A]에서는 갈등 해소의 계기(문기가 교통사고를 당하는 것)가 나타나고, [B]에서 모든 갈등이 해소되는 것으로 볼 수 있다.

| 오답 풀이 |
① [A]는 갈등이 최고조에 달하는 절정 부분에 해당한다.
②, ③ 갈등의 실마리가 나타나는 부분은 문기가 고깃간에서 잘못된 거스름돈을 받는 부분이다.
④ [B]는 모든 갈등이 해소되는 결말 부분에 해당한다.

9 ㉢으로 인해 문기는 점순이에 대한 죄책감을 점점 더 크게 느끼게 된다. 따라서 ㉢은 문기의 내적 갈등을 심화시키는 역할을 한다고 볼 수 있다.

| 오답 풀이 |
① ㉠은 자신을 애써 위로하려는 문기의 마음이 드러나는 표현으로, 문기의 자기 합리화라고 할 수 있다.
② '발 없는 말이 천 리 간다'는 말은 비록 발이 없지만 천 리 밖까지도 순식간에 퍼진다는 뜻이므로 ㉡의 상황을 표현하기에 적절하다.
④ ㉣에서 '정직'에 대해 배우면서 문기의 죄책감은 점점 커진다. 따라서 ㉣은 문기의 내적 갈등을 심화시키는 계기가 된다.
⑤ '도둑이 제 발 저리다'는 지은 죄가 있으면 자연히 마음이 조마조마하여짐을 뜻하는 말이므로, ㉤의 상황을 표현하기에 적절하다.

간단 확인

1 ○   2 ○   3 X   4 ○

문제

1 ③   2 ③   3 ②   4 ③   5 ④
6 ④   7 ⑤   8 ④   9 ③

작품 독해

1 팔, 다리, 이대, 수난
2 불안함(불안감), 분노, 의지
3 협력

사고력 키우기

예시 답

• 마지막 장면에서 만도는 진수를 업고 외나무다리를 건너는데, 이는 만도와 진수가 화합하고 협력함으로써 현실적 어려움을 극복해 나가는 것을 의미한다고 볼 수 있다. 아마도 진수는 결혼을 하여 가정을 이루고 아이들도 낳았을 것이다. 불구의 몸이기 때문에 생기는 불편한 부분은 아버지를 비롯한 가족들과 서로 협력하여 해결하며 행복하게 살았을 것이다. 이와 같이 만도와 진수의 이후 이야기를 상상해 보았을 때, 개인은 국가의 수난과 같은 전체의 운명에 영향을 받을 수밖에 없지만, 개인들이 이에 좌절하지 않고 함께 화합하고 협력하면 결국 비극적 운명을 극복하고 새로운 삶을 개척해 나갈 수 있을 거라고 생각한다. 따라서 국가의 수난과 같은 문제가 발생하더라도 희망을 버리지 않고 사랑하는 사람들과 힘을 합하면 그 어떤 어려움도 충분히 극복해 낼 수 있을 것이다.

|작품 해제|

이 작품은 일제 강점기에 징용에 끌려가 한쪽 팔을 잃은 아버지와, 한국 전쟁에서 한쪽 다리를 잃은 아들의 이대(二代)에 걸친 수난을 그린 소설이다. 몸이 불구가 되는 불행이 아버지뿐만 아니라 아들에게도 이어지는 상황을 통해 한 개인의 고통을 넘어서 민족 전체의 고난과 시련을 보여 주고 있지만, 아버지와 아들이 협력하여 외나무다리를 건너는 결말을 제시함으로써 우리 민족이 현실의 고난과 시련에 처하더라도 화해와 협력으로 이겨 낼 수 있을 것이라는 희망과 미래의 낙관적 전망을 전달하고 있다. 특히 이 소설에서는 사투리와 비속어를 사용하여 인물의 성격과 분위기를 사실적으로 드러내고 있으며, '현재 → 과거 → 현재'의 역행적 구성 방식으로 일제 강점기의 수난과 한국 전쟁의 수난을 동시에 보여 주고 있다.

|주제|

❶ 민족의 비극과 그 극복 의지

---

❷ 협력을 바탕으로 한 수난 극복의 의지

1 만도가 겨드랑이가 가려워도 긁지 못하고 어깻죽지를 위아래로 움직이는 모습을 통해 팔 한쪽이 없는 만도의 상황을 해학적으로 표현하여 웃음을 유발하고는 있지만, 불구인 만도에 대한 조롱 섞인 시선이 드러난다고 볼 수는 없다.

|오답 풀이|

① '진수가 돌아온다.', '생각할수록 어깻바람이 날 일이다.' 등과 같이 짧은 문장을 사용하여 사건을 빠르게 전개하고 있다.
② '뭐할 끼고' 등과 같이 사투리를 사용하여 인물의 심리와 성격을 생생하게 표현하고 있다.
④ '삼대독자가 죽다니 ~ 이렇게야 되지 않았겠지.'와 같이 만도가 불안해하면서도 스스로를 위안하려고 생각하는 부분에서 진수가 불구의 몸으로 귀향할 수도 있음을 암시하고 있다.
⑤ '고등어'는 아들에 대한 만도의 애정이 드러나는 소재로, 이러한 소재가 이야기에 진실성을 부여하고 있다.

2 전쟁에 나갔던 아들이 돌아온다는 소식에 만도는 설렘과 기쁨을 느끼며 정거장에 마중을 간다. 그러면서도 한편으로는 병원에서 나온다는 소식을 떠올리며 불안해하고 있다. 만도는 엄살스러운 녀석이 무슨 일이 있었다면 견뎌 냈을 턱이 없다고 생각하는데, 이는 불안한 마음을 안심시키기 위한 것이지, 진수가 엄살을 부릴까 봐 미리부터 염려하는 것이 아니다.

|오답 풀이|

①, ② 정오가 되려면 멀었음에도 바쁘게 정거장을 향해 가는 만도의 모습과, 정거장에 도착해서 시계부터 바라보는 만도의 모습에서 아들을 만날 것에 대한 만도의 기대감, 설렘, 기쁨이 드러난다.
④, ⑤ 병원에서 나온다는 소식을 떠올리고, 왼쪽 팔이 없는 자신의 모습을 보면서 설마 그럴 리가 없다고 생각하는 부분에서 혹시나 아들도 불구가 되지는 않았을까 걱정하는 만도의 불안한 심리가 드러난다.

3 〈보기〉의 내용을 참고할 때, '고등어'는 '손'을 사용하여 수량을 표현함을 알 수 있다.

|오답 풀이|

① '쾌'는 북어 스무 마리를 나타내는 단위어이다.
③ '축'은 오징어 스무 마리를 나타내는 단위어이다.
④ '두름'은 물고기를 짚으로 두 줄 엮어 총 20마리인 경우에 쓰는 단위어이다. 왼쪽 팔이 없는 만도가 고등어를 사서 달랑달랑 들고 갔다는 표현에서 20마리를 산 것은 아님을 알 수 있다.
⑤ '송이'는 꽃의 수량을 나타내는 단위어이다.

4 이 글에서 만도는 불구가 되어 돌아온 진수를 보고 안쓰러운 마음이 들면서도 속상해서 진수에게 화를 낸다. 이러한 만도의 모습을 볼 때, 아들이 불구가 된 사실을 받아들이지 못하는 만도가 내적 갈등을 겪고 있음을 알 수 있다.

5 '머리를 숙이다.'는 '굴복하거나 저자세를 보이다.' 또는 '마음속으로 탄복하여 수긍하거나 경의를 표하다.'라는 의미의 관용 표현이다. 그러나 만도는 진수의 불구를 인정하거나 받아들이지 못하고 있으므로 이 표현은 적절하지 않다.

| 오답 풀이 |
① '눈이 나오다'는 '몹시 놀라다'라는 의미이므로 적절하다.
② '발걸음을 재촉하다.'는 '길을 갈 때에 빨리 서둘러 가다.'라는 의미이므로 적절하다.
③ '가슴이 무겁다.'는 '슬픔이나 걱정으로 마음이 가라앉다.'라는 의미이므로 적절하다.
⑤ '입술을 깨물다.'는 '북받치는 감정을 힘껏 참다.' 또는 '어떤 결의를 굳게 하다.'라는 의미이므로 적절하다.

6 ㉠의 앞뒤에 드러난 상황을 보면, 만도가 불구가 된 진수를 보고 기가 막힌 한편 안타까움을 느끼고 있다는 것을 알 수 있다. 또한 '만도의 입술에서 모질게 튀어나온 첫마디였다.'라는 부분을 통해 ㉠이 가벼운 농담으로 한 말이 아님을 알 수 있다.

| 오답 풀이 |
①, ③ 징용에 끌려가 팔을 잃은 자신의 처지와 마찬가지로 진수도 전쟁에 나가 다리를 잃은 것을 보고 만도는 현실을 원망하며 분노하고 있다.
②, ⑤ 불구가 된 진수를 보며 기가 막힌 한편 안타까운 마음이 들었기 때문에 만도는 진수에게 모진 소리를 하며 화를 낸 것이다.

7 이 부분은 소설의 구성 단계상 결말에 해당하는 부분으로, 만도와 진수가 협력하여 외나무다리를 건너며 삶의 새로운 의지를 다지는데, 이를 통해 주인공들의 운명이 분명해진다.

| 오답 풀이 |
① 인물과 배경 등이 소개되고 사건의 실마리가 제시되는 구성 단계는 발단이다.
② 사건이 진전되어 이야기가 복잡하게 얽히고 갈등이 발생하는 구성 단계는 전개이다.
③ 갈등이 점차 깊어지고 사건이 전환되는 계기가 발생하는 구성 단계는 위기이다.
④ 갈등과 긴장감이 최고조에 달하고 문제 해결의 실마리가 제시되는 구성 단계는 절정이다.

8 진수가 ㉣과 같이 속으로 중얼거린 것은 삶에 대한 의욕이 없기 때문이 아니라, 불구가 된 자신을 등에 업고 외나무다리를 건너는 아버지를 안쓰럽게 생각했기 때문이다.

| 오답 풀이 |
① ㉠은 만도와 진수가 극복해야 할 장애물로 우리 민족이 겪어야 했던 고난과 시련을 상징한다.
② ㉡은 만도와 진수가 화해와 협력을 통해 역경을 극복하며 살아갈 수 있음을 암시하는 것이다.
③ ㉢에는 아들에 대한 연민과 안쓰러움을 느끼는 아버지의 부성애가 드러나 있다.

⑤ ㉤의 용머리재의 시선에는 작가의 시선이 담겨 있다. 작가는 만도가 진수를 업고 외나무다리를 건너는 모습을 통해 현실이 비극적이어도 희망을 잃지 않고 극복할 수 있음을 말하고 있다.

9 '외나무다리'는 '나무다리'에 접사 '외–'가 붙어 만들어진 단어이다. 이때 '외–'는 '혼자인', '하나인', 또는 '한쪽에 치우친' 등의 뜻을 더하는 접두사이다. 그러나 '외삼촌'의 '외–'는 '모계 혈족 관계인'의 뜻을 더하는 접두사이다.

| 오답 풀이 |
① '외갈래'는 '오직 한 갈래.'라는 뜻으로, 이때 '외–'는 '하나인'의 뜻을 더하는 접두사이다.
② '외마디'는 '소리나 말의 단 한 마디.'라는 뜻으로, 이때 '외–'는 '하나인'의 뜻을 더하는 접두사이다.
④ '외아들'은 '다른 자식 없이 단 하나뿐인 아들.'이라는 뜻으로, 이때 '외–'는 '하나인'의 뜻을 더하는 접두사이다.
⑤ '외기러기'는 '짝이 없는 한 마리의 기러기.'라는 뜻으로, 이때 '외–'는 '하나인'의 뜻을 더하는 접두사이다.

해 전쟁의 상처를 넘어선 치유에 대해서 이야기하고 있다. 특히 이 소설은 등장인물의 말과 행동을 통해 전쟁의 참혹함을 잘 드러내고 있고, 지금까지도 고통받고 있는 이산가족의 처지와 소망을 사실적으로 표현하고 있다.

| 주제 |
한국 전쟁으로 인한 상처와 치유

간단 확인

1 ○   2 ○   3 X   4 X

문제

1 ④   2 ④   3 ⑤   4 ⑤   5 ③

6 ③   7 ④   8 ①   9 ⑤

작품 독해

1 전쟁, 남매지간(오누이 사이)

2 엄마, 오마니별, 해소

3 전쟁고아, 이산가족, 상처, 치유

사고력 키우기

예시 답

• 남한과 북한이 통일을 이루기 위해서는 문화 분야의 교류를 더욱 확대해야 한다고 생각한다. 지금도 실시되고 있지만 보다 많은 문화 교류가 이루어진다면 남과 북이 서로 알지 못했던 문화를 알 수 있고, 이를 통해 공감대를 형성하면 서로에 대한 적대감을 줄이고 친밀감을 높여 통일에 한 걸음 더 다가갈 수 있을 것이다.

• 남한과 북한이 통일을 이루기 위해서는 학술 또는 기술 분야의 교류를 확대해야 한다고 생각한다. 같은 한반도에서 생활하고 있지만 남과 북이 각자 보유하고 있는 학술이나 기술이 다르기 때문에 이를 공유하면 통일에 한 걸음 다가가는 것뿐만 아니라 세계적으로도 국가 경쟁력을 높일 수 있을 것이다.

• 남한과 북한이 통일을 이루기 위해서는 언어를 통일해야 한다고 생각한다. 언어는 그 언어를 사용하는 구성원들의 정신이 담겨 있는 것이기 때문에 진정한 통일을 이루기 위해서는 언어를 통일하는 것이 우선되어야 한다. 따라서 현재에도 남과 북이 언어의 통일을 위해 겨레말 큰사전 편찬 사업을 진행하는 것과 같이 언어의 통일을 위해 더 많은 노력을 기울여야 할 것이다.

| 작품 해제 |

이 작품은 전쟁 중 헤어진 남매가 다시 만나는 과정을 통해 한국 전쟁으로 인한 상처와 아픔을 드러내고 있는 소설이다. 안나 리 여사와 조평안은 평범한 가정에서 살아가는 남매였지만 전쟁으로 인해 아버지와 어머니를 잃고 전쟁고아가 되었을 뿐만 아니라, 서로를 잃고 헤어져 각자 살아가게 된다. 피란 중 겪었던 공포와 두려움, 삶에 대한 절박함과 가족과의 이별은 이들에게 깊은 상처를 남기며 전쟁 후의 삶에도 큰 영향을 미친다. 이러한 인물들의 삶을 통해 전쟁의 아픔과 고통을 환기시키며, 서로에 대한 공통의 기억과 가족애를 통

1 이 글은 전지적 작가 시점의 소설로, 이야기 밖에 있는 서술자가 사건이나 등장인물에 관한 모든 것을 알고 있으며 등장인물의 생각과 감정까지 들여다보며 서술하고 있다.

2 줄리 선생이 조평안의 사연을 듣고 연민을 나타내는 안나 리 여사의 말을 옮기지 않은 것은 안나 리 여사를 배려하고 대화의 분위기를 고려했기 때문이다. 또한 줄리 선생은 통역을 담당하며, 두 일행의 만남을 이끌어 가는 인물이기 때문에 내성적인 성격을 가진 인물이라고 보기는 어렵다.

| 오답 풀이 |

① 자녀가 없냐는 질문에 조평안을 대신하여 황 이장이 조 씨의 사연을 설명하는 부분에서 황 이장이 조 씨의 조력자이며, 사람들 앞에 나서기를 좋아하는 인물임을 파악할 수 있다.

② 조 씨를 처음 만난 자리에서 그를 찬찬히 살펴보는 안나 리의 모습에서 그녀가 주도면밀한 성격을 가진 인물임을 알 수 있다.

③ 전쟁 후 마을로 처음 들어온 조 씨가 자신의 이름도 모른 채 어머니와 누이만 찾았다는 황 이장의 말에서 조평안이 전쟁 중 받은 충격이 매우 크다는 것을 파악할 수 있다.

⑤ 전쟁이 나면 어쩌냐는 우려 때문에 조평안이 결국 혼자 살았다는 황 이장의 말에서 전쟁으로 인해 조평안의 성격이 소극적으로 변하였음을 알 수 있다.

3 자신에 대한 이야기를 주고받고 있음에도 불구하고 대화에 적극적으로 참여하지 않고 가만히 있는 조평안의 모습은 '여럿이 모여 이야기하는 자리에서 아무 말도 하지 않고 한옆에 가만히 있는 사람을 비유적으로 이르는 말.'인 '꾸어다 놓은 보릿자루'와 같다고 하는 것이 적절하다.

| 오답 풀이 |

① 약방에 감초: 한약에 감초를 넣는 경우가 많아 한약방에 감초가 반드시 있다는 데서, 어떤 일에나 빠짐없이 끼어드는 사람 또는 꼭 있어야 할 물건을 비유적으로 이르는 말이다.

② 누워서 침 뱉기: 남을 해치려고 하다가 도리어 자기가 해를 입게 된다는 것을 비유적으로 이르는 말이다. 또는 하늘을 향하여 침을 뱉어 보아야 자기 얼굴에 떨어진다는 뜻으로, 자기에게 해가 돌아올 짓을 함을 비유적으로 이르는 말이다.

③ 산 호랑이 눈썹: 살아 있는 호랑이 눈썹을 찾는다는 뜻으로, 도저히 구할 수 없는 것을 구하려고 함을 비유적으로 이르는 말이다.

④ 애호박에 말뚝 박기: 심술이 매우 고약함을 비유적으로 이르는 말이다.

4 안나 리 여사의 말에서, 참전국의 비인간적 행위가 있

었음에도 불구하고 피란민들이 아무런 저항 없이 학살당했던 당시의 시대적 상황을 파악할 수 있다.

| 오답 풀이 |

①, ②, ③, ④ 안나 리 여사가 조 씨에게 과거의 기억에 대해 물으며, 자신이 기억하는 장면을 이야기하는 부분에서 한국 전쟁 당시의 시대적 상황을 파악할 수 있다.

5 ⓒ은 조 씨가 기억을 떠올릴 수 있도록 안나 리 여사가 고통스러운 과거의 기억을 떠올려 얘기하는 부분으로, 상대에게 따지듯 말하고 있다고 보기는 어렵다.

| 오답 풀이 |

① 안나 리 여사가 조 씨가 동생인지 확인하기 위해 감정을 억제하며 당시 상황을 말하기 시작하는 부분이므로 '침착한 어조'가 적절하다.

② 안나 리 여사가 과거의 일을 떠올리며 이야기하는 부분으로 '회상적 어조'가 적절하다.

④ 안나 리 여사가 잘못된 사실을 말한다고 생각하여 황 이장이 불끈 나선 것이므로 '격앙된 목소리'가 적절하다.

⑤ 안나 리 여사와 황 이장의 이야기를 듣고 조평안이 전쟁 당시의 공포와 불안을 떠올리며 한 말이므로 '공포와 불안에 떨며'가 적절하다.

6 [A]는 조 씨가 갑자기 경련을 일으키며 태도 변화를 보이는 부분이다. 안나 리 여사가 이를 침착한 태도와 냉정한 표정으로 지켜보는 것으로 보아 조 씨에 대한 확신을 접는되는 계기가 되었다고 보기는 어렵다.

| 오답 풀이 |

①, ②, ④, ⑤ 이제껏 자신과는 상관없는 일인 듯 무심하게 관망하던 조 씨가 안나 리 여사와 황 이장의 과거 이야기를 듣던 중 갑자기 경련을 일으키며 격정에 사로잡힌 모습을 보인다. 이는 조 씨가 과거의 기억을 떠올렸음을 암시하는 것으로, 전쟁의 공포와 불안이 다시 살아나 예상치 못한 반응을 보였음을 나타낸다. 이로 인해 분위기가 전환되며 갈등은 절정으로 치닫는다.

7 침착하고 냉정한 태도를 유지하던 안나 리 여사가 결국 비탄을 터뜨리는 장면에서는 전쟁으로 인해 헤어질 수밖에 없었던 이산가족의 고단함과 슬픔을 느낄 수 있다.

| 오답 풀이 |

① 어른들이 모두 죽고 어린아이들만 남아 추위와 배고픔을 견디며 생존해야 했던 과거의 장면은 안타까움을 자아낸다.

② 어머니가 숨을 거둔 후, 아이들끼리 남아 서로를 껴안고 의지하며 '오마니별'을 바라보는 장면은 슬픔과 함께 아름다운 분위기를 형성한다.

③ 한국말을 입 밖에 내지 않던 안나 리 여사가 조평안이 기억을 찾아 주길 간절히 바라며 급박하게 한국말을 하는 장면에서 이산가족의 절박함을 느낄 수 있다.

⑤ '오마니별'이라는 실낱 같은 기억에 희망을 걸고 혈육을 찾으려고 애를 쓰며 비통해하는 사람들의 모습에서 전쟁의 비극성을 느낄 수 있다.

8 '오마니별'은 안나 리 여사와 조평안 두 사람만이 알고 있는 공통된 기억으로, 조평안이 이를 떠올림으로써 서로가 남매인 것을 확인하고 두 사람 사이의 재회가 가능해진다. 따라서 '오마니별'은 두 사람 사이를 연결해 주는 '매개체'라고 할 수 있다. 매개체는 '둘 사이에서 어떤 일을 맺어 주는 것.'을 의미한다.

| 오답 풀이 |

② 유기체: 각 부분과 전체가 필연적 관계를 가지는 조직체이다.

③ 복합체: 두 가지 이상의 물체가 모여서 된 물체이다.

④ 구성체: 부분이나 요소들이 모여 일정하게 짜 이룬 물체나 형체이다.

⑤ 결정체: 노력의 결과로 얻은 보람을 비유적으로 이르는 말이다.

9 [A]의 앞부분은 안나 리와 조평안이 어머니를 잃었던 날 밤의 과거 이야기이고, 뒷부분은 조평안이 안나 리 여사의 동생임이 확인되면서 재회하는 현재 이야기이다.

간단 확인

1 X　　2 ○　　3 X　　4 ○

문제

1 ④　2 ⑤　3 ②　4 ④　5 ②
6 ①　7 ③　8 ⑤　9 ⑤

작품 독해

1 해모수, 알, 활, 물고기들과 자라들, 고구려
2 고구려, 건국 신화, 자긍심(자부심)

사고력 키우기

|예시 답|

• 해모수와 유화 사이에서 탄생한 주몽은 천제의 손자이자 수신인 하백의 외손자이다. 그런데 주몽은 이러한 고귀한 혈통을 가지고 태어났음에도 불구하고 많은 위기와 시련을 겪는다. 알에서 태어나기도 전에 버림을 받아 죽을 고비를 넘기는가 하면, 알에서 태어난 후에도 그를 시기하는 사람들로부터 생명의 위협을 받는다. 하지만 주몽은 그럴 때마다 침착하고 지혜롭게 난관을 헤쳐 나간다. 자신에게 닥칠 위기에 대비하여 준마를 여위게 만들기도 하고, 내키지는 않았지만 마구간을 돌보는 일도 열심히 하여 금와왕에게 인정을 받았으며, 금와왕의 왕자들과 병사들이 쫓아오는 위기 상황에서도 당황하거나 좌절하지 않고 위기를 극복해 낸다. 그리고 결국 고구려라는 나라를 세우는 위업까지 달성한다. 이러한 주몽의 모습을 보았을 때 우리는 앞으로 닥칠 일을 미리 대비하는 태도, 하찮은 일일지라도 열심히 하는 성실하고 근면한 태도, 위기에 처한 상황에서도 자신을 믿고 침착하게 행동하는 태도 등을 배울 수 있다.

|작품 해제|

이 작품은 고구려의 건국 신화로, 주몽의 고귀한 혈통, 신이한 탄생 과정, 여러 가지 시련과 위기 극복을 통해 고구려를 건국하기까지의 이야기를 담고 있다. 보통 신화는 그것을 창작하고 향유한 집단의 문화를 반영하는데, 이 신화에서도 당시 사람들의 여러 가지 문화를 엿볼 수 있다. 천신(천제)과 수신(하백)에 대한 신성 의식은 우리 민족이 고대부터 천신과 수신을 숭배했음을 보여 준다. 그리고 주몽이 활쏘기에 능했다는 점에서 당시가 유목 사회였음을 알 수 있다. 또한 유화가 햇빛을 받고 잉태한 점, 유화가 태양의 동그란 모습을 닮은 알을 낳은 점 등을 통해 당시 고대인들이 하늘과 태양을 숭배하는 사상을 지녔음을 알 수 있다. 또한 이 작품은 영웅 일대기의 전형적인 모습을 보여 주는 것으로, '영웅의 일대기적 서사 구조'는 후에

「유충렬전」, 「홍길동전」 등 많은 영웅 소설에도 영향을 주었다. 대부분의 건국 신화 영웅들이 뚜렷한 시련을 겪지 않는 것과 달리, 주몽은 고구려를 건국하기까지 여러 차례 고난과 시련을 겪으며 위업을 달성하는 것이 특징적이다. 이 밖에도 「주몽 신화」는 웅대한 사건 구성, 광활한 작품 배경, 다채로운 갈등 양상이 돋보인다는 점에서 우리나라 문헌 설화 중에서도 가장 문학성이 뛰어난 작품으로 손꼽힌다.

|주제|

주몽의 탄생과 고구려의 건국

1 하백은 해모수가 유화를 두고 혼자 하늘로 올라가 버릴 것을 걱정하여 그 둘을 함께 하늘로 올려 보낼 꾀를 궁리해 냈다.

|오답 풀이|

① 유화는 물을 다스리는 신인 하백의 맏딸이었다.
② 해모수는 웅신산 아래에 있는 오룡거에 유화를 태우고 압록강 변의 작은 오두막집에 가서 그녀와 시간을 보냈다.
③ 하백은 해모수의 비범성을 확인한 후에 유화와 결혼을 시켰다.
⑤ 하백은 해모수와 유화를 함께 하늘로 보내기 위해 해모수를 술에 취하게 만들었다.

2 해모수는 천신(天神)인 천제의 아들이고, 유화는 수신(水神)인 하백(河伯)의 딸이다. 즉 천상의 인물인 해모수가 하강하여 지상의 인물인 유화와 결합해 주몽이 탄생하므로, 이를 천손 강림 화소로 볼 수 있다.

|오답 풀이|

① 난생 화소와 관련 있는 내용은 유화가 알을 낳고, 그 알에서 주몽이 태어나는 것이다.
② 조력 화소와 관련 있는 내용은 금와왕이 내다 버린 알을 새나 소, 말 등이 지키는 것이다.
③ 기아 화소와 관련 있는 내용은 금와왕이 유화가 낳은 알을 내다 버린 것이다.
④ 주력 화소, 조력 화소와 관련 있는 내용은 주몽이 하늘에 도움을 구해 물고기들과 자라들이 다리를 만들어 준 것이다.

3 하백은 딸 유화를 완전한 해모수의 사람으로 만들기 위해 해모수와 유화를 함께 오룡거에 태운 것이다. 그런데 술에서 깬 해모수가 유화를 버리고 혼자 하늘로 올라가 버리고 말았다. 이처럼 애써 하던 일이 실패로 돌아가 어찌할 도리가 없게 되었을 때 '닭 쫓던 개 지붕 쳐다보듯'과 같은 속담을 사용할 수 있다.

4 금와왕은 말들을 잘 돌본 주몽에게 상으로 마구간에서 가장 여윈 말을 선물로 주었다. 이 말은 사실 주몽이 마구간에서 본 말 중 가장 뛰어난 말이었으나, 앞날을 대비하여 미리 혀뿌리에 바늘을 꽂아 일부러 여위게 만든 것이었다.

① 유화가 아이의 이름을 '주몽'이라고 지은 이유는 아이의 활 쏘는 솜씨가 뛰어났기 때문이다.

② 일곱 왕자와 신하들이 금와왕의 신임을 얻었다는 내용은 이 글에 나타나 있지 않다.

③ 태자 대소가 금와왕에게 주몽을 없앨 것을 부탁하자 금와왕은 주몽에게 마구간 일을 맡긴다. 태자 대소가 직접 마구간 일을 하게 해 달라고 부탁한 내용은 이 글에서 찾을 수 없다.

⑤ 주몽이 떠난 이유는 금와왕의 일곱 아들들과 신하들이 그를 없애려 한다는 사실을 유화가 알려 주었기 때문이다.

5 금와왕은 유화가 낳은 알이 상서롭지 못하다 하여 알을 돼지우리와 들판, 길바닥에 던져 버리게 하였으나, 동물들이 알을 피하자 나중에는 그 알을 깨뜨리려고도 하였다. 그러나 그러한 시도가 모두 실패하여 어쩔 수 없이 유화에게 알을 돌려준 것이므로 금와왕은 주몽의 조력자로 보기 어렵다.

6 주몽은 자신에게 위기가 닥칠 것을 미리 알고 이를 대비하기 위해 마구간에서 가장 좋은 말을 골라 혀뿌리에 몰래 바늘을 찔러 두어 여위게 만든 후에 그 말을 타고 길을 떠난다. 따라서 '어떤 일이 일어나기 전에 미리 앞을 내다보고 아는 지혜.'를 뜻하는 '선견지명(先見之明)'이 ㉠과 관련 깊은 한자 성어이다.

7 「주몽 신화」에 나타난 영웅의 일대기적 서사 구조의 특징을 정리하면 다음과 같다.

고귀한 혈통	천신의 아들인 해모수와 수신의 딸인 유화의 결합으로 탄생함.
기이한 출생 (어려서 죽을 고비를 넘김.)	햇빛이 유화를 비추어 잉태하였고, 유화가 알을 낳음. 금와왕이 알을 버리게 함. 동물들이 알을 보호함. 주몽이 알을 깨고 나옴.
비범한 능력	지혜롭고 총명함. 활 쏘는 솜씨가 뛰어남. 자신에게 닥칠 시련을 예측함.
위기와 시련	일곱 왕자에게 쫓기다가 강에 가로막힘.
위기 극복	물고기와 자라들이 나타나 다리를 만들어 줌.
위업 달성	졸본부에 이르러 고구려를 건국함.

「주몽 신화」는 건국 신화이므로 '위업'은 '건국'으로 볼 수 있다. 따라서 '위업 달성'에 들어갈 내용은 주몽이 고구려라는 나라를 세운 것이다.

①, ②, ⑤ 물고기들과 자라들의 도움으로 주몽 일행이 무사히 강을 건너고, 뒤를 쫓던 병사들이 강에 이르자 물고기들과 자라들이 흩어진 것은 '위기 극복'에 해당하는 내용이다.

④ 주몽이 해모수의 아들이자 하백의 외손자로 태어난 것은 '고귀한 혈통'에 해당하는 내용이다.

8 [A]에서 주몽은 오이, 마리, 협보와 함께 남쪽으로 도망치다 엄체수에 이르러 꼼짝없이 붙잡힐 위기에 처한다. 이때 주몽이 자신은 천자의 아들이자 하백의 외손자임을 하늘에 알려 도움을 청하자 물고기들과 자라들이 다리를 만들어 준다. 이는 하늘이 주몽을 돕고 있음을 보여 주는 것으로, 주몽의 신성성을 나타냄과 동시에, 고구려 건국의 정당성을 드러내는 예로 볼 수 있다. 다만, 이 내용을 증명할 수 있는 구체적인 증거물은 없으며, 신화는 허구성을 가미한 이야기이므로 사실성을 강조하는 것과는 거리가 멀다.

① 주몽의 말이 끝나자마자 물고기들과 자라들이 다리를 놓아 주는 것으로 보아 그가 주술적 능력을 지닌 신성한 존재임을 알 수 있다.

② 주몽은 물고기들과 자라들의 도움으로 무사히 강을 건너 위기를 극복할 수 있었다. 따라서 '물고기'와 '자라'는 주몽의 조력자로 볼 수 있다.

③ 천우신조(天佑神助)는 하늘이 돕고 신령이 돕는다는 뜻으로, 주몽의 외침에 하늘이 그를 도와 위기에서 벗어나게 하는 상황이 드러난 [A]와 관련이 있다.

④ 위기가 닥쳤을 때 당황하지 않고 침착하게 하늘에 도움을 청하여 위기를 해결하는 주몽의 모습을 엿볼 수 있다.

9 주몽은 천신과 수신의 결합으로 이루어진 고귀한 혈통, 비범한 용모와 능력을 가진 인물로 그려지고 있다. 하늘이 그를 위해 이레 만에 훌륭한 궁궐을 지은 것도 주몽이 그만큼 신성한 존재임을 나타내고자 한 것이다. 주몽이 궁궐을 지은 것이 아니므로 ⑤는 적절하지 않다.

①, ②, ③, ④ '활을 잘 쏘는 비범한 능력, 천제의 후손인 고귀한 혈통, 영토 확장에 힘써 나라의 기틀을 잡은 업적, 하늘의 도움'과 같은 내용은 주몽의 모습을 신격화하는 것에 해당한다. 이처럼 건국 신화에서는 건국 시조의 모습을 신격화하여 나타냄으로써 집단 구성원들이 신성한 존재가 다스리는 나라의 백성이라는 자부심을 느끼도록 하는데, 그것은 국가의 결속력을 강화하는 원동력이 된다.

간단 확인

1 X　　2 O　　3 X　　4 O

문제

1 ②　　2 ⑤　　3 ①　　4 ②　　5 ④

6 ③　　7 ⑤　　8 ③　　9 ⑤

작품 독해

1 서얼, 양반, 순응

2 적서

3 입신양명

사고력 키우기

예시 답

• 나는 길동의 행동이 정당하다고 생각한다. 길동이 집을 떠난 것은 서얼로 천대를 받는 것이 서러웠기 때문이고, 활빈당의 우두머리가 되어 탐관오리의 재산을 빼앗은 것은 자신이 부귀영화를 누리기 위해 한 일이 아니라, 탐관오리들에게 수탈을 당했던 백성들을 도와주기 위해서 한 일이기 때문이다.

• 나는 길동의 행동이 정당하지 않다고 생각한다. 길동과 같은 처지의 사람이 많음에도 불구하고 그들과 달리 길동은 그 설움을 이기지 못하고 집을 떠나 부모님의 마음을 아프게 하였기 때문이다. 또한 길동은 힘겹게 살아가는 백성들을 위하고자 하는 마음에 탐관오리들의 재산을 빼앗아 나누어 주었지만, 남의 재산을 빼앗는 것은 의도를 불문하고 범죄에 해당하기 때문이다.

| 작품 해제 |

이 작품은 조선 시대 광해군 때의 허균이 지었다고 전하는 한글 소설로서 '영웅의 일생'이라는 신화나 영웅 소설의 구조를 기본으로 하고 있다. 이 작품에서 제기하고 있는 문제 중 가장 핵심적인 문제는 적서 차별의 문제이다. 홍길동은 뛰어난 재주를 지녔지만 시비 춘섬의 몸에서 태어난 서얼이었기 때문에 호부호형을 할 수가 없었으며, 가정에서도 천대를 받았다. 그래서 홍길동은 출가하여 도적의 우두머리가 되고 활빈당의 무리를 이끌어 전국을 소란스럽게 한다. 작가는 이러한 홍길동의 반항적 행동을 통해 뛰어난 재주를 지녔음에도 불구하고 신분이 미천하다는 이유로 인재로 등용하지 않는 당시 사회의 부조리에 문제를 제기하고 있다. 그리고 홍길동이 임금으로부터 병조 판서를 제수받은 후 조선 사회를 떠나 율도국이라는 새로운 사회를 건설하는 것을 통해 이상 사회 실현을 동경하는 마음 또한 드러내고 있다. 이처럼 「홍길동전」은 인재를 차별하는 당시 사회의 모순을 제기한 작품이면서, 동시에 뛰어난 인재가 나라를 다스려야

만 이상 세계의 실현이 가능하다는 작가의 의식이 짙게 배어 있는 작품이다.

| 주제 |

적서 차별에 대한 저항과 입신양명에의 의지

1 길동이 열 살이 넘도록 감히 부형(父兄)을 부르지 못하고 종들로부터 천대받는 것을 뼈에 사무치게 한탄하면서 마음 둘 바를 몰랐다고 하였다.

| 오답 풀이 |

① 서얼인 길동은 호부호형을 하지 못했다.

③ 길동은 어린 시절부터 총명하기가 보통이 넘어 하나를 들으면 백 가지를 알 정도였다.

④ 길동은 서얼이므로 문관으로 출세하기 어렵다는 것을 알고 있었기 때문에 무관이 되어 나라에 큰 공을 세우고 이름을 만대에 빛내고자 하였다.

⑤ 홍 판서는 총명한 길동을 귀여워하였지만 출생이 천했기 때문에 길동이 아버지니 형이니 하고 부르면 즉시 꾸짖어 그렇게 부르지 못하게 하였다.

2 길동의 어머니인 춘섬과 홍 판서는 적서 차별이라는 당대의 현실에 대해 같은 관점을 가지고 있으며 현실에 순응하는 태도를 보이고 있다.

| 오답 풀이 |

① 길동은 서얼이기 때문에 차별을 받아야 하는 현실에 불만을 표현하고 있다.

② 이 글에서 길동이 처한 현실은 엄격한 신분 제도 때문에 서얼이 차별을 받는 현실이라고 할 수 있다.

③ 길동의 어머니는 차별을 받는 계급에 속하지만 현실의 모순을 개선하기보다는 현실에 순응하고 있다.

④ 홍 판서는 길동을 불쌍하게 여기면서도 그가 현실에 순응할 수 있도록 가르치기 위해 일부러 꾸짖는다. 이는 홍 판서가 현실 순응적인 인물이기 때문이다.

3 나라에 큰 공을 세우고 이름을 만대에 빛내는 것은 '출세하여 이름을 세상에 떨침.'을 의미하는 '입신양명(立身揚名)'과 관련이 깊다.

| 오답 풀이 |

② 대기만성(大器晩成): 큰 그릇을 만드는 데는 시간이 오래 걸린다는 뜻으로, 크게 될 사람은 늦게 이루어짐을 이르는 말이다.

③ 온고지신(溫故知新): 옛것을 익히고 그것을 미루어서 새것을 앎을 뜻한다.

④ 괄목상대(刮目相對): 눈을 비비고 상대편을 본다는 뜻으로, 남의 학식이나 재주가 놀랄 만큼 부쩍 늚을 이르는 말이다.

⑤ 일취월장(日就月將): 나날이 다달이 자라거나 발전함을 뜻한다.

4 길동이 자신을 음해하려는 세력인 초란 일당을 처단한 것은 자신의 목숨을 지키기 위한 것이므로 이기적인 성격 때문이라고 보기는 어렵다. 그리고 초란은 홍 판서가 사랑

하는 여자라고 생각했기 때문에 처단하지 않고 본인이 집을 나가기로 한다.

| 오답 풀이 |

① 길동은 자신을 죽이려는 초란 일당에 맞서 싸운다.

③ 길동은 부모님께서 낳아 길러 주신 은혜를 만분의 일이나마 갚고자 하였다고 말하였다.

④ 길동은 자신의 신세가 뜬구름과 같이 마음을 두고 머무를 곳이 없고, 자신은 홍 판서의 버린 자식이라고 생각하고 있다.

⑤ 길동은 특재를 처단하기 위해 도술을 부린다.

5 ㄹ의 '소인'은 '신분이 낮은 사람이 자기보다 신분이 높은 사람을 상대하여 자기를 낮추어 이르던 일인칭 대명사.'를 의미한다.

6 길동이 표면적으로 겪고 있는 갈등은 호부호형을 하지 못하는 데에 있다. 하지만 이런 갈등의 근본은 적서 차별이라는 신분 제도가 존재하는 현실이라고 할 수 있다. 따라서 〈보기〉의 설명에서와 같이 홍 판서가 길동에게 호부호형을 허락하였음에도 불구하고 길동이 집을 나서는 것은 길동의 표면적인 갈등은 해소되었지만 근본적인 갈등은 남아 있기 때문으로 볼 수 있다.

| 오답 풀이 |

① 홍 판서가 호부호형을 허락한 후에도 길동이 집을 떠나 정의롭지 못한 사회를 바로잡으려고 하는 것으로 보아 모든 갈등이 해소되었을 것이라고 보기 어렵다.

② 홍 판서가 호부호형을 허락했기 때문에 길동과 홍 판서의 갈등이 더욱 악화되지 않을 것임을 짐작할 수 있다.

④ 형과의 갈등이 심화될 여부는 이 글과 〈보기〉만으로는 알 수 없다.

⑤ 홍 판서가 호부호형을 허락하여 길동의 개인적인 갈등은 해소되었지만, 사회적인 갈등은 해소되지 않았기 때문에 길동은 이를 바로잡기 위해 집을 떠나 활빈당을 조직한 것이다.

7 이 글에서 조정 신하들이 길동이 죄가 없음을 임금에게 고하는 내용은 찾아볼 수 없다.

8 자신들을 꾸짖던 중 피를 토하며 엎어져 기절을 한 홍 판서를 본 여덟 길동은 일시에 눈물을 흘리며 그에게 환약을 먹여 정신을 차리게 한다. 이 부분에서는 아버지인 홍 판서를 걱정하는 여덟 길동의 효심을 엿볼 수 있으므로, 이와 같은 여덟 길동의 태도와 관계 깊은 속담은 '효성이 극진하면 어떤 조건에서도 자식 된 도리를 다할 수 있다는 말.'을 의미하는 '효성이 지극하면 돌 위에 꽃이 핀다'가 가장 적절하다.

| 오답 풀이 |

① 부모가 착해야 효자 난다: 부모가 착하여야 자식도 부모를 따라 착한 사람이 된다는 뜻으로, 윗사람이 잘하여야 아랫사람도 잘함을 비유적으로 이르는 말이다.

② 깨물어서 아프지 않은 손가락 없다: 열 손가락 중 어느 하나도 깨

물어서 아프지 않은 손가락이 없듯이, 자식이 아무리 많아도 부모에게는 모두 소중하다는 말이다.

④ 아비 죽은 지 나흘 후에 약을 구한다: 매우 행동이 느리고 뜨다는 말이다.

⑤ 부모 말을 들으면 자다가도 떡이 생긴다: 부모의 말을 잘 듣고 순종하면 좋은 일이 생긴다는 말이다.

9 여덟 명의 홍길동이 알고 보니 풀로 만든 허수아비였다는 것은 현실 세계에서는 일어날 수 없는 괴상하고 기이한 비현실적인 모습이다. 이러한 것을 고전 소설의 특징 중 '전기적 요소'라고 한다.

| 오답 풀이 |

① 고전 소설은 대체로 주인공이 원하는 바를 얻으며 이야기가 마무리된다.

② 고전 소설은 대체로 주인공의 출생부터 죽음에 이르기까지 시간적 순서에 따라 사건이 전개된다.

③ 고전 소설에는 대체로 어떤 집단이나 계층을 대표하는 인물(전형적 인물)과 이야기의 처음부터 끝까지 성격이 변하지 않는 인물(평면적 인물)이 등장한다.

④ 고전 소설에서는 대체로 사건의 전개가 우연적으로 이루어지는 경우가 많다.

1 ○   2 X   3 X   4 ○

문제

1 ③   2 ④   3 ③   4 ⑤   5 ②

6 ②   7 ④   8 ⑤   9 ③

작품 독해

1 효심(효성), 사랑, 수양딸, 생계

2 효심(효성), 이별

3 효심(효성)

사고력 키우기

예시 답

• 심청이 아버지께 매일 밥을 차려 드리고, 필요할 때 도움을 드린다고 하더라도, 눈이 보이지 않는 아버지에게 가장 필요한 '눈'이 되어 드리는 것은 불가능하다. 게다가 심 봉사는 공양미 삼백 석을 시주하면 눈을 뜰 수 있다는 이야기를 듣고 단박에 시주할 것을 약속할 만큼 눈을 뜨고 싶어 하는 마음이 간절하다. 당시 상황으로 볼 때 심청이 아버지의 소원을 이루어 줄 수 있는 유일한 방법은 뱃사람들에게 제물값으로 공양미 삼백 석을 받아 시주하는 것뿐이었다. 자신의 목숨을 바쳐 부모가 진정으로 원하는 것을 해 줄 수 있다면 그것보다 더 큰 효도는 없을 것이다. 이는 아무나 할 수 없고, 깊은 효심이 있어야만 할 수 있는 일이라는 점에서 심청의 행동은 진정한 효도로 볼 수 있다.

• 심청의 행동은 진정한 효도로 볼 수 없다. 왜냐하면 심청의 행동은 자식을 자신보다 아끼는 부모의 마음을 헤아리지 못하고 큰 상처를 주는 철없는 행동이기 때문이다. 심 봉사는 태어난 지 초이레 안에 어미를 잃은 어린 심청을 안고 이 집 저 집 다니며 동냥젖을 먹여 키울 만큼 심청에 대한 사랑이 대단하다. 그래서 심청이 자신을 위해서 죽으러 간다는 사실을 알게 된 후 심청을 사겠다고 한 뱃사람들에게 분노를 표현하고, 자신도 같이 죽겠다고 하며 심청을 절대로 보낼 수 없다고 절규한 것이다. 부모의 가장 큰 행복은 자식이 잘되는 것이다. 따라서 부모가 주신 목숨을 버리려는 심청의 행동은 오히려 슬픔만 안겨 주는 잘못된 효도로 보아야 할 것이다.

작품 해제

이 작품은 판소리 「심청가」가 소설로 정착된 판소리계 소설이다. 앞을 보지 못하는 아버지를 위해 공양미 삼백 석에 자신의 몸을 팔아 인당수에 몸을 던진 심청이 용궁에서 환생하여 황후가 되고, 아버지도 다시 만나게 된다는 줄거리의 고전 소설로, 부모에 대한 지극한 효심을 이야기하고 있는 작품이다. 이 작품은 현실 세계가 중심을 이루는 전반부와 환상의 세계가 중심을 이루는 후반부로 크게 나뉜다. 전반부에서는 눈 먼 아버지를 위해 자신을 제물로 파는 심청의 모습을 통해 부모에 대한 효성이라는 윤리적 가치를 느낄 수 있고, 후반부에서는 인당수에 빠졌지만 다시 살아나 황후가 되어 아버지를 만나는 심청의 모습을 통해 효에 대한 인과응보라는 주제 의식을 느낄 수 있다. 한편 「심청전」에는 유교 사상을 중심으로 하여 여러 가지 사상이 혼재되어 나타나는 특징이 있다. '효'를 강조하는 '유교 사상', 부처님의 신통력으로 눈을 뜰 수 있다고 믿는 '불교 사상', 용왕이나 옥황상제가 등장하여 심청을 구원하는 '도교 사상', 뱃사람들이 파도를 잠재우기 위해 처녀를 제물로 바쳐 제사를 지내는 '민간 신앙' 등이 그것에 해당한다.

주제

부모에 대한 심청의 지극한 효심(효성)

1 〈보기〉는 편집자적 논평에 대한 설명이다. 이 글의 '심청같이 타고난 효녀가 어찌 아버지를 속이랴마는'에서는 서술자가 심청을 '타고난 효녀'라고 직접 평가하고 있으므로 이 부분을 편집자적 논평이 드러난 부분으로 볼 수 있다.

오답 풀이

① 심청이 다른 이에게 전해 들은 말이다.

② 뱃사람의 말을 그대로 옮긴 것이다.

④ 심청의 말을 그대로 옮긴 것이다.

⑤ 심 봉사의 말을 그대로 옮긴 것이다.

2 심 봉사가 ㉣과 같이 기뻐한 이유는 자기 대신 심청이 공양미 삼백 석을 마련해 주었기 때문이 아니라, 심청이 부잣집 수양딸이 되면 가난에서 벗어나 잘살 수 있을 것이라 여겼기 때문이다.

3 〈보기〉에서 심청은 자신의 몸을 제물로 바치기로 한 약속을 이미 돌이킬 수 없는 것으로 판단하고 자신의 내적 갈등을 끝내기로 결심한다. 따라서 ⓐ에 가장 어울리는 속담은 '한번 저지른 일은 다시 고치거나 중지할 수 없음을 비유적으로 이르는 말.'인 '쏘아 놓은 화살'이다.

오답 풀이

① 우물 안 개구리: 넓은 세상의 형편을 알지 못하는 사람을 비유적으로 이르는 말, 또는 견식이 좁아 저만 잘난 줄로 아는 사람을 비꼬는 말이다.

② 누워서 떡 먹기: 하기가 매우 쉬운 것을 비유적으로 이르는 말이다.

④ 아닌 밤중에 홍두깨: 별안간 엉뚱한 말이나 행동을 함을 비유적으로 이르는 말이다.

⑤ 같은 값이면 다홍치마: 값이 같거나 같은 노력을 한다면 품질이 좋은 것을 택한다는 말이다.

❹ 인물의 외양 묘사를 통해 심리를 파악하는 것은 작품 자체의 내적인 요소에 집중하여 작품을 해석한 것으로, 내재적 접근 방법에 의한 해석으로 볼 수 있다.

│ 오답 풀이 │

① 문학 작품을 읽고 독자가 얻는 교훈이나 감동은 무엇이고, 그것을 유발한 요소는 무엇인지를 살피며 해석하는 것은 외재적 접근 방법에 의한 해석으로 볼 수 있다.

②, ③ 작품에 나타난 현실이 실제 시대적 상황을 어떻게 반영하고 있는지에 중점을 두고 해석하는 것은 외재적 접근 방법에 의한 해석으로 볼 수 있다.

④ 작가의 생애, 체험, 사상, 감정 및 의도를 중심으로 문학 작품을 해석하는 것은 외재적 접근 방법에 의한 해석으로 볼 수 있다.

❺ [A]는 닭이 울어 날이 밝으면 아버지와 영영 이별해야 하는 심청의 애절한 심정을 표현한 부분이므로, '닭 우는 소리'는 심청이 원하지 않는 소리이다. 반면 '맹상군'은 위급한 상황에서 '닭 우는 소리' 때문에 위기를 모면한 사람이므로, 그에게 이 소리는 반갑고 기다려지는 소리일 것이다.

│ 오답 풀이 │

① 아침이 오면 아버지와 영영 이별해야 하는 심청으로서는 닭 우는 소리가 원망스럽게 느껴졌을 것이다.

③ 심청은 자신이 죽는 것은 서럽지 않으나 의지할 곳 없는 아버지를 잊고 갈 수 없다고 말하고 있다.

④ 반복법, 돈호법('닭'을 부름), 연쇄법(네가 울면 날이 새고, 날이 새면 나 죽는다), 설의법(어찌 잊고 가자는 말이냐?)과 같이 여러 가지 표현 방법을 사용하여 심청의 절박한 심정을 효과적으로 표현하고 있다.

⑤ 심청이 닭에게 울지 말라고 하는 이유는 닭이 울면 아침이 되어 아버지와 이별하고 죽으러 가야 하기 때문이다.

❻ 심 봉사는 심청이 죽게 되는 것을 알지 못하고 있으므로 그의 고뇌가 꿈으로 드러났다고 보기는 어렵다.

│ 오답 풀이 │

① 심 봉사가 꾼 꿈은 심청이 죽을 것을 예견하는 일종의 복선에 해당한다.

③ 심 봉사가 꾼 꿈은 심청의 죽음을 암시하는 것이므로, 심청의 신상에 변화가 생길 것을 예견하는 꿈으로 볼 수 있다.

④ 심청은 자신이 꿈에서 큰 수레를 타고 한없이 가는 것을 자신의 죽음이라고 생각할 것이므로, 심 봉사의 꿈에 나타난 '수레'를 자신을 죽음으로 데려다 주는, 즉 이승과 저승을 연결해 주는 매개체로 파악할 것이다.

⑤ 심 봉사는 꿈에서 심청이 '수레'에 탄 것을 심청에게 좋은 일(장 승상 댁의 수양딸이 되어 잘살게 되는 것)이 생길 징조라고 생각한다.

❼ 심청이 장 승상 댁 부인에게 부모를 위해 공을 드리는 일에 명분 없는 재물을 바랄 수 없다고 말하는 것과, 뱃사람들과 한 약속을 어길 수는 없다며 호의(공양미 삼백 석을 뱃사람에게 되돌려 주겠다고 함.)를 거절하는 것을 통해 그녀가 실리보다는 명분과 신의를 더 중요하게 여김을 알 수

있다.

│ 오답 풀이 │

① 심 봉사는 "네 이놈 상놈들아!"라고 하며 심청을 산 뱃사람에게 분노하기도 하고, 양화가 없겠느냐고 하며 그들을 저주하기도 한다.

② 심 봉사는 심청이 없으면 눈을 떠도 아무 소용이 없으므로 함께 죽자고 말한다. 이를 통해 심청에 대한 지극한 애정을 느낄 수 있다.

③ 뱃사람들은 심청의 효심에 감동하여 심 봉사에게 쌀 이백 석과 돈 삼백 냥, 무명 삼베 각 한 동씩을 마을에 들여놓고 동네 사람들에게 당부하여 심 봉사가 혼자서도 잘 살아갈 수 있도록 생계를 마련해 주고 있다.

⑤ 장 승상 댁 부인은 "네가 살아 세상에 있는 것만 같겠느냐?", "당치 않은 말 다시 말라."라고 말하며 심청의 행동이 오히려 부모에게 아픔을 주는 불효임을 지적하면서 심청을 책망하고 있다.

❽ 뱃사람들이 심 봉사의 딱한 형편을 보고 마을에 돈을 내어 이자를 받게 해 주자고 제안한 것일 뿐, 그것을 형편이 어려운 사람을 마을에서 공동으로 돌보는 제도가 있었다고 보기는 어렵다. 아울러 그런 제도가 있었다면 심 봉사가 심청을 키우기 위해 구차하게 동냥젖을 얻지 않았을 것이다.

│ 오답 풀이 │

① 심청이 자신을 제물로 판 것은 심 봉사의 눈을 뜨게 하기 위해서 절에 시주할 쌀이 필요했기 때문이다.

② 뱃사람들이 처녀를 구하러 다닌 이유는 순탄한 항해를 하기 위해서 사람을 제물로 바쳐야 한다는 민간 풍습을 믿었기 때문이다.

③ 뱃사람들이 심 봉사가 생계를 꾸릴 수 있도록 쌀의 일부를 빚을 주어 이자를 받도록 하자고 한 것으로 보아 당시에도 대부업이 있었음을 짐작할 수 있다.

④ 심청이 심 봉사를 위해 목숨을 바치기로 한 것과, 뱃사람과 장 승상 댁 부인이 그러한 심청의 마음에 감동하는 것을 통해 당대 사람들이 '효'와 같은 유교적 가치관을 중시했음을 짐작할 수 있다.

❾ '결초보은(結草報恩)'은 '죽은 뒤에라도 은혜를 잊지 않고 갚음을 이르는 말.'로, 이와 비슷한 의미를 가진 한자 성어로는 '죽어서 백골이 되어도 잊을 수 없다는 뜻으로, 남에게 큰 은덕을 입었을 때 고마움의 뜻으로 이르는 말.'인 '백골난망(白骨難忘)'이 있다.

│ 오답 풀이 │

① 각골통한(刻骨痛恨): 뼈에 사무칠 만큼 원통하고 한스러움. 또는 그런 일을 뜻한다.

② 결자해지(結者解之): 맺은 사람이 풀어야 한다는 뜻으로, 자기가 저지른 일은 자기가 해결해야 함을 이르는 말이다.

④ 삼고초려(三顧草廬): 인재를 맞아들이기 위하여 참을성 있게 노력함을 뜻한다.

⑤ 와신상담(臥薪嘗膽): 불편한 섶에 몸을 눕히고 쓸개를 맛본다는 뜻으로, 원수를 갚거나 마음먹은 일을 이루기 위하여 온갖 어려움과 괴로움을 참고 견딤을 비유적으로 이르는 말이다.

간단 확인

1 X   2 O   3 X   4 X

문제

1 ③   2 ①   3 ④   4 ④   5 ⑤

6 ①   7 ①   8 ④   9 ②

작품 독해

1 만족함, 불안함, 두려움, 간절함

2 성장

사고력 키우기

예시 답

• '나'는 에밀에게 자신의 잘못을 고백하고 용서를 구했지만 오히려 무시와 경멸을 당하며 상처를 받았다. 하지만 '나'는 이 일을 통해 한번 잘못된 일은 바로잡을 수 없다는 큰 깨달음을 얻어 정신적으로 성숙할 수 있었다. 그런데 만약 '나'가 에밀에게 자신의 잘못을 사실대로 말하지 않았다면 죄책감과 부끄러움에서 벗어나기 어려웠을 것이고, 점박이 나비를 못 쓰게 망가뜨린 기억이 계속 자신을 괴롭혔을 것이다. 따라서 '나'는 정신적으로 성숙할 수 있는 기회를 놓쳐서 자신의 행동에 책임을 지지 않거나, 자신의 잘못을 인정할 줄 모르는 사람으로 성장할 가능성이 높다고 생각한다.

|작품 해제|

이 작품은 나비 수집하는 것을 좋아했던 '나'가 친구인 에밀의 점박이 나비를 도둑질하는 사건을 겪으며 깨달음을 얻는 과정을 그린 성장 소설이다. 어린 시절 나비 잡기에 열중했던 '나'는 에밀이 자신이 너무도 가지고 싶어 했던 점박이 나비를 가졌다는 소문을 듣고 그것을 꼭 한번 보고 싶어 에밀의 집에 찾아갔다가 결국 유혹을 뿌리치지 못하고 점박이 나비를 훔친다. 순간 양심의 가책을 느낀 '나'는 점박이 나비를 제자리에 되돌려 놓으려 했지만, 점박이 나비는 산산이 부서져 버린다. '나'는 에밀에게 찾아가 자신의 잘못을 고백하고 용서를 구하지만 에밀은 '나'를 무시하고 경멸하며 용서해 주지 않는다. 이 사건을 계기로 '나'는 한번 저지른 일은 어떻게 해도 바로잡을 도리가 없다는 것을 깨닫는다. 그리고 집으로 돌아와 자신이 수집했던 나비들을 모두 끄집어내어 손끝으로 비벼서 못 쓰게 가루를 내어 버림으로써 욕망의 세계에서 사회적 규범과 도덕의 세계로 진입하며 정신적으로 성장하는 모습을 보여 준다. 이 소설에는 나비를 도둑질하며 겪는 '나'의 심리 변화와 갈등이 생생하게 묘사되어 있고, 부끄러움과 자책감을 느끼며 정신적으로 성장하는 '나'의 모습이 잘 드러나 있기 때문에 청소년들의 필독서로 평가받는다.

|주제|

나비 사건으로 겪은 갈등과 깨달음을 통한 성장

1 소설은 허구성, 진실성, 서사성, 예술성, 산문성, 개연성 등과 같은 특징을 지닌다. 이 글은 현실에서 일어날 수 있는 일을 담았다.

| 오답 풀이 |

① 허구성: 작가의 상상력을 바탕으로 현실 세계에 있음 직한 일을 새롭게 꾸며 쓴 이야기이다.

② 산문성: 주로 서술, 대화, 묘사에 의해 기술되는 산문 문학이다.

④ 서사성: 일정한 시간의 흐름에 따라 이야기가 전개된다.

⑤ 진실성: 허구의 세계를 통하여 삶의 참된 모습과 진실을 추구한다.

2 '나'는 자신이 채집한 나비를 자신만 보려고 한 것이 아니라 동무들에게 즐겨 보여 주기도 하였지만, 동무들이 가진 도구에 비해 자신의 도구가 초라했기 때문에 자신의 나비를 자랑할 수 없게 된 것이다. 하지만 평소 부러워하면서도 미움을 갖고 있던 이웃집 아이인 에밀에게만은 자랑하고 싶은 마음에 푸른 날개의 나비를 보여 준다.

| 오답 풀이 |

② '나'의 부모님께서는 좋은 도구를 마련해 주지 않았기 때문에 '나'는 고급스러운 채집 장비를 갖추고 있지는 못했다.

③ '나'는 모범적인 소년인 에밀을 부러워하면서도 속으로는 미움을 갖고 있다고 하였다.

④ '나'는 에밀에게 푸른 날개의 나비를 보여 주었다가 혹평을 들은 적이 있다.

⑤ '나'는 우리 고장에서 보기 드문 푸른 날개의 나비를 잡아 에밀에게 보여 준 적이 있다.

3 '센세이셔널'은 '세상을 놀라게 하는, 돌풍을 일으키는, 선풍적인'이라는 의미를 가진 외국어이다. 문맥을 살펴 우리말로 고쳤을 때 가장 적절한 것은 '놀랄 만큼 독특한'이다. '센세이셔널'의 원래 의미를 고려해 볼 때, '값비싼, 흔한, 꺼려하는, 평범한'과 같은 말과는 의미가 유사하다고 보기 어렵다.

4 '나'는 에밀의 집에서 점박이 나비를 훔쳐 층계를 내려오던 중에 아래편에서 올라오던 하녀와 엇갈렸다. 하지만 하녀를 속였다는 내용은 나타나 있지 않고, 점박이 나비를 가지고 나오지 않고 다시 에밀의 방으로 갔다.

| 오답 풀이 |

① '나'는 에밀의 방에서 점박이 나비를 본 후 손에 넣고 싶은, 견딜 수 없는 욕망으로 난생처음 도둑질을 했다고 하였다.

② '나'는 점박이 나비를 망가뜨릴 의도가 없었기 때문에 산산이 부서진 나비를 보고 괴로움을 느꼈다.

③ '나'는 해서는 안 될 일을 했다는 부끄러움, 돌려 놓아야 한다는 마음으로 괴로움, 혹시 사람의 눈에 뜨이지나 않을까 하는 두려움을 느꼈다.

⑤ '나'는 망가진 점박이 나비를 원형대로 고쳐 놓을 수만 있다면 그 대신 자신이 가진 어떠한 물건이든지를 기꺼이 버릴 수 있었을 것이라고 하였다.

5 '나'는 자신이 도둑질을 했다는 생각보다도, 그 아름답고 찬란한 나비를 망가뜨렸다는 것이 더 괴로운 일이었다고 하였다.

6 ㉠에서 '나'는 에밀의 점박이 나비를 보는 순간 그것을 갖고 싶다는 강한 욕망을 느끼고 결국 훔치기까지 하였다. 이를 나타내는 한자 성어는 '어떠한 실물을 보게 되면 그것을 가지고 싶은 욕심이 생김.'의 의미를 가진 '견물생심(見物生心)'이다.

| 오답 풀이 |
② 견리사의(見利思義): 눈앞의 이익을 보면 의리를 먼저 생각함을 뜻한다.
③ 견문발검(見蚊拔劍): 모기를 보고 칼을 뺀다는 뜻으로, 사소한 일에 크게 성내어 덤빔을 이르는 말이다.
④ 견문일치(見聞一致): 보고 들은 바가 꼭 같음을 뜻한다.
⑤ 견강부회(牽强附會): 이치에 맞지 않는 말을 억지로 끌어 붙여 자기에게 유리하게 함을 뜻한다.

7 '나'는 자신의 잘못을 에밀에게 고백하고 용서를 빌었지만 에밀은 '나'를 무시하며 경멸하였다. 그 순간 '나'는 에밀의 멱살이라도 잡고 늘어지고 싶었지만 '나'가 저지른 잘못 때문에 발생한 일이므로 그렇게 할 수 없었다. 이를 통해 '나'는 한번 저지른 일은 어떻게 해도 바로잡을 도리가 없다는 것을 깨닫는다.

8 점박이 사건 이후에 에밀에게 자신의 잘못을 고백했지만 용서를 받지 못한 '나'는 한번 저지른 일은 어떻게 해도 바로잡을 도리가 없다는 것을 깨닫는다. 이후 집으로 돌아온 '나'는 자신이 수집한 나비들을 하나하나 끄집어내어 손끝으로 비벼서 못 쓰게 가루를 내어 버린다. 이는 점박이 사건을 통해 부끄러움과 자책감을 느낀 '나'가 욕망의 세계에서 사회적 규범과 도덕의 세계로 진입하며 정신적으로 성장했다는 것을 의미하는 것으로, 어린 시절에서 어른의 세계로 한 단계 성숙하였음을 보여 주는 장면이다. 따라서 〈보기〉에서 설명하고 있는 성장 소설의 특징과 관련 깊은 장면은 ④이다.

9 '나'는 자신의 잘못을 친구에게 솔직히 고백하고 사과했지만 용서를 받기는커녕 오히려 무시와 경멸을 당하여 의기소침한 상태로 집에 돌아왔다. 이때 어머니께서 '나'에게 조언을 한다면 '비에 젖어 질척거리던 흙도 마르면서 단단하게 굳어진다는 뜻으로, 어떤 시련을 겪은 뒤에 더 강해짐을 비유적으로 이르는 말.'인 '비 온 뒤에 땅이 굳어진다'를 활용하는 것이 가장 적절하다.

| 오답 풀이 |
① 백지장도 맞들면 낫다: 쉬운 일이라도 협력하여 하면 훨씬 쉽다는 말이다.
③ 누울 자리 봐 가며 발을 뻗어라: 어떤 일을 할 때 그 결과가 어떻게 되리라는 것을 생각하여 미리 살피고 일을 시작하라는 말이다.
④ 가지 많은 나무에 바람 잘 날이 없다: 가지가 많고 잎이 무성한 나무는 살랑거리는 바람에도 잎이 흔들려서 잠시도 조용한 날이 없다는 뜻으로, 자식을 많이 둔 어버이에게는 근심, 걱정이 끊일 날이 없음을 비유적으로 이르는 말이다.
⑤ 콩 심은 데 콩 나고 팥 심은 데 팥 난다: 모든 일은 근본에 따라 거기에 걸맞은 결과가 나타나는 것임을 비유적으로 이르는 말이다.

Ⅱ 시

기본 개념 114~117쪽

01 운율, 압축   **02** ②   **03** ④   **04** ③
05 ③   **06** ④   **07** (1) 직유법 (2) 은유법 (3) 의인법
08 상징

01 답 운율, 압축
시는 마음속에 떠오르는 생각이나 느낌을 운율이 있는 언어로 압축하여 나타낸 문학 갈래이다.

02 답 ②
시에 사용된 말을 일컫는 시의 형식적 요소는 '시어'이다.

03 답 ④
시의 운율에는 시의 표면에 뚜렷하게 드러나는 외형률도 있지만, 시 안에서 은근히 느껴지는 내재율도 있다.

04 답 ③
제시된 시에서는 4음보의 반복과 3·4조의 글자 수 반복을 통해 운율을 느낄 수 있다.

05 답 ③
③은 코로 냄새를 맡는 감각과 관련된 심상인 후각적 심상이 나타나 있고 나머지 시구에는 눈으로 보는 감각과 관련된 심상인 시각적 심상이 주로 나타나 있다.

06 답 ④
시를 읽을 때 마음속에 떠오르는 감각적인 모습이나 느낌은 '심상'이다.

07 답 (1) 직유법 (2) 은유법 (3) 의인법
(1)은 '~처럼'을 통해 '눈'을 '봄빛'에 직접 빗대어 표현하고 있다. (2)는 'A는 B이다.'의 형식으로 '나'는 '나룻배', '당신'은 '행인'에 빗대어 표현하고 있다. (3)은 자연물인 '나무'를 사람인 것처럼 표현하고 있다.

08 답 상징
표현하고자 하는 원관념은 숨기고 보조 관념만 제시하여, 추상적인 사물이나 관념을 구체적으로 나타내는 방법을 '상징'이라고 한다. 상징을 활용하면 추상적이고 관념적인 대상을 보다 정확하고 효과적으로 전달할 수 있고, 작품을 다양하고 깊게 해석할 수 있도록 도와준다.

01 돌담에 속삭이는 햇발 118~121쪽

문제
1 ②   **2** ②   **3** ⑤

작품 독해
1 하늘, 햇발, 부끄럼
2 순수한
3 세, 소리, 음악적

사고력 키우기
예시 답

• 이 시의 시적 화자가 바라보고 싶어 하는 하늘은 땅에서는 누릴 수 없는 평화롭고 아름다운 세계로, 시적 화자가 소망하는 세계라고 할 수 있다. 시인은 이러한 소망을 표현하기 위해서 밝고 따뜻하거나 맑고 깨끗한 느낌이 드는 시어를 활용하였고, 음악적 효과와 부드럽고 경쾌한 느낌을 주기 위해 행을 세 마디씩 끊어 읽을 수 있게 하거나 같은 음과 문장 구조를 반복하였다.

> **ㅣ작품 해제ㅣ**
> 이 작품은 1930년 『시 문학』 제2호에 「내 마음 고요히 고흔 봄길 우에」라는 제목으로 발표되었다가 1935년 시 문학사에서 간행된 『영랑 시집』과 1949년 간행된 『영랑시선』에 「돌담에 소색이는 햇발」로 바뀌어 수록된 작품이다. 이 시에서는 3음보의 율격, 같은 소리와 문장 구조의 반복, 'ㄴ, ㄹ, ㅁ, ㅇ'과 같은 울림소리의 반복적 사용을 통해 운율을 형성하고 있다. 또한 자신의 마음을 '햇발같이', '샘물같이'처럼 직유법을 이용하여 표현하고, '새악시, 보드레한'과 같은 세련된 시어를 활용함으로써 언어의 아름다움과 음악성을 잘 살린 작품으로 평가받는다.

> **ㅣ주제ㅣ**
> 봄 하늘에 대한 동경과 예찬

1 이 시에서 '애달픔', '우울함', '어수선함', '쓸쓸함'과 같은 분위기는 드러나지 않는다. '햇발', '고운 봄 길', '보드레한', '실비단' 등의 시어를 통해 따뜻하고 부드러운 분위기가 드러난다.

2 이 시에서는 일정한 글자 수를 반복함으로써 형성되는 운율은 찾아볼 수 없다. 대신, 일정한 간격으로 끊어 읽을 수 있도록 3음보로 시행을 배치하였다.

3 '시의 가슴'은 시와 관련된 순수한 마음을 뜻하는 시어로 '시의 순수한 마음, 시의 정서가 가득한 마음, 시에 대한 애정으로 가득한 마음' 등과 관련 깊다.

02 진달래꽃

122~125쪽

문제

1 ⑤　**2** ⑤　**3** ④

작품 독해

1 진달래꽃
2 3음보
3 반어법, 강조

사고력 키우기

예시 답

- 이 시에서 '진달래꽃'은 임을 사랑하는 화자의 마음으로 볼 수 있고, '즈려밟다'는 위에서 내리눌러 밟는다는 의미이므로 '짓밟다'와 의미가 유사하다고 볼 수 있다. 따라서 이 시의 화자가 떠나는 임을 축복하기 위해 따다 뿌린 진달래꽃을 즈려밟고 가는 것은 임을 사랑하는 화자의 마음을 짓밟고 간다는 의미로 해석할 수 있다. 이러한 것으로 볼 때, 이 시의 화자는 임이 자신을 떠난다고 할지라도 그를 축복하지만, 그가 자신을 떠나는 행동은 자신의 마음을 짓밟는 것이기 때문에 임을 보내는 자신의 속마음이 그저 편안하고 즐겁지만은 않다는 것을 간접적으로 드러내기 위한 표현이라고 생각한다.

| 작품 해제 |

이 작품은 7 · 5조의 음수율, 3음보의 민요적 율격이라는 간결하고 소박한 가락, '진달래꽃'이라는 전통적인 소재를 바탕으로 서정적인 화자를 통해 이별의 정한을 절절하게 형상화한 시이다. 1연과 4연을 비슷한 구조로 반복하는 수미상관의 구성으로 운율을 형성하여 시에 구조적(형태적) 안정감을 부여하고 있으며, '드리우리다', '흘리우리다'와 같은 각운을 통해 운율을 형성하고 있다. 이 시는 사랑하는 임이 떠나는 시적 상황을 가정하여 이별의 슬픔과 임에 대한 사랑을 드러내고 있다. 첫 연에서 화자는 임이 자신이 싫어져 떠나게 된다면 이별을 받아들이겠다고 말하고 있다. 두 번째 연에서 화자는 떠나는 임을 위해 꽃을 뿌리는 행동을 통해 임이 자신을 떠날지라도 계속해서 임을 축복하겠다는 의지를 표현하며 이별의 슬픔을 승화시키고 있다. 이러한 시적 화자의 마음은 마지막 연에서 더욱 구체화되어 나타나는데, 임이 자신을 떠나면 죽어도 눈물을 흘리지 않겠다는 반어적 표현을 통해 '임을 향한 사랑'이라는 주제를 강조하는 한편 사랑하는 사람을 떠나보내는 슬픔과 서러움을 더욱 애절하게 드러내고 있다.

| 주제 |

❶ 임을 향한 사랑
❷ 이별의 정한과 승화

1 이 시에서는 전통적인 3음보의 율격을 사용하여 시의 애상적인 분위기를 형성하는 한편, 시적 화자의 슬픔과 서러움을 더욱 효과적으로 드러내고 있다.

| 오답 풀이 |

① 1연의 '가실 때에는'으로 볼 때 미래의 상황을 가정하여 시상을 전개하고 있음을 알 수 있다.
② 자연물인 '진달래꽃'을 소재로 하여 '임을 향한 사랑, 이별의 정한과 승화'라는 주제 의식을 형상화하고 있다.
③ 첫 연과 마지막 연에 '나 보기가 역겨워 / 가실 때에는'을 반복하는 수미상관을 통해 이별을 슬퍼하는 화자의 정서를 강조하는 한편 시에 구조적 안정감을 주고 있다.
④ '나 보기가 역겨워 / 가실 때에는'과 '-우리다'와 같은 시구를 반복하여 리듬감을 형성하고 있다.

2 이 시의 '진달래꽃'은 시적 화자의 헌신적인 사랑을 표상하기 위한 분신으로, 임에 대한 희생과 순종, 사랑, 이별의 슬픔 등과 같은 의미가 담겨 있는 소재이다.

3 ㉠은 임을 떠나보내는 자신의 슬픔이 너무 크지만 그것을 말로 다 표현할 수가 없기 때문에 임과의 이별이 너무 슬퍼서 눈물을 펑펑 흘릴 것이라는 속마음을 반대로 표현한 것이다. 즉, ㉠은 반어적 표현이 사용된 것으로, 화자의 슬픔과 서러움을 더욱 애절하게 느끼게 한다. ④에서 아버지가 시험을 못 본 종수에게 "정말 잘했구나."라고 말한 것은 종수를 꾸짖는 자신의 마음을 강조하기 위하여 사용한 반어적 표현으로 볼 수 있다.

| 오답 풀이 |

① "우리 누나와 같이 생긴 꽃이군."은 '꽃'을 '우리 누나'에 직접 비유하였으므로 '직유'의 표현 방법에 해당한다.
② "이것은 소리 없는 아우성이군."은 겉으로는 앞뒤가 맞지 않는 듯 보이지만, 그 속에는 깊은 뜻을 담고 있는 '역설'의 표현 방법으로 볼 수 있다.
③ "하루 종일 숨도 쉬지 못했어."는 '과장'의 표현 방법에 해당한다.
⑤ "길이 없는 곳에도 길이 있었구나."는 겉으로는 앞뒤가 맞지 않는 듯 보이지만, 그 속에는 깊은 뜻을 담고 있는 '역설'의 표현 방법으로 볼 수 있다.

문제

1 ②　　2 ④　　3 ①

작품 독해

1 희생적, 무정
2 수미상관, 믿음
3 조국

사고력 키우기

예시 답

• 이 시의 내용으로 볼 때 시인은 이 시를 통해 참된 사랑의 본질인 희생과 믿음에 대해 이야기하려는 것임을 알 수 있다. 이와 같은 주제를 독자들에게 효과적으로 전달하기 위해서는 강인한 목소리보다는 부드럽지만 호소력 있는 목소리가 더 적절하다고 판단했기 때문에 시인은 경어체를 사용하는 사람을 시적 화자로 설정하였을 것이다.

| 작품 해제 |

이 작품은 1926년 『님의 침묵』에 수록된 것으로 '임'에 대한 기다림과 헌신적 사랑이 잘 느껴지는 시이다. 이 시에서는 '나'와 '당신'을 각각 '나룻배'와 '행인'에 비유하고 있다. '당신'은 흙발로 '나'를 짓밟거나, 물만 건너면 '나'를 돌아보지도 않고 가 버리지만, '나'는 그런 '당신'을 인고의 자세로 기다리며 언제든지 다시 돌아올 것을 굳게 믿는다. 또한 4연에서 1연의 내용을 반복함으로써 시에 구조적 안정감을 주고, 평범하고 쉬운 우리말과 경어체를 활용하여 깊이 있는 사랑의 감정을 노래하고 있다.

| 주제 |

참된 사랑의 본질인 희생과 믿음

---

1 이 시에서는 '-ㅂ니다', '-요'와 같은 경어체를 활용하고 있다. 이러한 경어체는 단정적이고 확신에 찬 강한 어조라기보다는 부드럽고 호소력이 있는 어조라고 할 수 있다.

2 〈보기〉의 두 번째 문단에서 '당신'은 강을 건너기 위해 '나'를 필요로 하는 나약한 존재이며, 반대로 '나'는 사랑의 힘을 통해 어떤 역경도 이겨 낼 수 있는 강인한 존재라고 하였다.

3 '나'가 '당신'을 기다리면서 낡아 갈 수 있는 것은 '당신'이 반드시 돌아올 것이라는 기대와 확신이 있기 때문이다.

문제

1 ⑤　　2 ③　　3 ③

작품 독해

1 시장, 비
2 어른
3 유년, 외로움

사고력 키우기

예시 답

• 유년 시절의 '나'는 열무를 팔러 시장에 간 엄마를 기다린다. 날은 저물고 비까지 내리지만 엄마가 집으로 돌아오지 않아 외로움과 슬픔을 느낀다. 이러한 화자의 상황으로 볼 때, 이 시의 제목인 '엄마 걱정'은 시장에 열무를 팔러 가신 엄마가 무사히 돌아오기를 바라는 유년 시절 '나'의 마음을 의미하는 것 같다.

| 작품 해제 |

이 작품은 어른이 된 화자가 자신의 유년 시절을 회상하며 느끼는 외로움과 슬픔을 표현한 시이다. 1연에서는 다양한 시적 표현을 통해 유년 시절 당시 화자의 처지와 정서를 효과적으로 드러내고 있고, 2연에서는 어른이 된 화자가 유년 시절을 떠올리며 슬픔을 느끼는 모습을 보여 줌으로써 유년 시절의 외로움과 슬픔이 성인이 된 지금까지도 영향을 미치고 있음을 나타내고 있다.

| 주제 |

빈방에서 혼자 엄마를 기다리던 유년 시절의 외로움과 슬픔

---

1 이 시에서는 어른이 된 화자가 자신의 유년을 떠올리며 '빈방에 혼자 엎드려 훌쩍거리던', '내 유년의 윗목'과 같은 표현을 사용하였다. 이는 유년 시절에 느낀 외로움과 슬픔에 대해 말하고 있는 것이다.

2 '숙제'라는 시어만으로는 화자가 자신의 유년 시절을 어떤 관점으로 바라보는지 파악하기 어렵다.

| 오답 풀이 |

①, ②, ④, ⑤ '찬밥', '윗목', '빈방', '빗소리'는 차갑고, 쓸쓸하고, 처량하고 슬픈 분위기를 자아낸다.

3 〈보기〉는 성탄절 무렵 각박한 도시에서 내리는 눈을 보던 화자가 어린 시절 열이 나는 자신을 위해 눈 속을 헤치고 산수유 열매를 따 오신 아버지의 헌신적인 사랑을 그리워하는 내용의 시이다. 이 시와 〈보기〉의 시는 모두 과거 회상에서 현재 시점으로 시상이 전개되고 있다.

문제

1 ③　　**2** ③　　**3** ④

작품 독해

1 진눈깨비, 함박눈, 새살
2 위로, 희망
3 긍정적, 이웃

사고력 키우기

예시 답

• 이 시의 시인과 같이 힘들고 어려운 삶을 살아가는 사람들에게 위로와 희망을 주는 삶을 살고 싶은 소망을 주제로 시를 쓴다면 '진눈깨비'와 '함박눈'을 대신하여 '센바람'과 '산들바람'을 소재로 선택할 것이다. '산들바람'은 더위에 지친 사람들에게 평안과 휴식을 제공하는 긍정적 측면이 있는 반면 '센바람'은 농작물을 망가뜨리거나 추위에 떨고 있는 사람들을 더 움츠리게 하는 부정적인 측면이 있기 때문이다. 이러한 속성을 바탕으로 삶에 지친 사람들을 더 힘들게 하는 존재는 '센바람'에 빗대고, 삶에 지친 사람들에게 휴식과 평안이 되는 존재는 '산들바람'에 빗대어 주제를 효과적으로 드러낼 것이다.

|작품 해제|

이 작품은 힘겨운 현실에 상처받고 괴로워하는 이웃에게 위로가 되고 희망을 주고자 하는 마음이 잘 드러난 시이다. 이 시에는 가장 낮은 곳까지 고루 내리는 '함박눈'의 이미지와, 내릴 듯 말 듯 흩날리다가 녹아서 땅을 질척이게 만드는 '진눈깨비'의 이미지가 대조적으로 제시된다. 이 시어들은 이미지를 통해 유추할 수 있는 상징적 의미를 담고 있으며, 이를 통해 주제를 효과적으로 드러내는 역할을 한다. 또한 이 시는 '우리가 눈발이라면'이라는 가정적 표현과 '−자'라는 청유형 어미를 반복함으로써 독자들이 시를 감상하는 것에 그치지 않고 힘든 현실로 인해 고통받거나 슬퍼하는 소외된 이웃까지 포용할 수 있는 삶을 살 것을 권유하고 있다.

|주제|

어려운 이웃에게 위로가 되고 희망을 주는 삶을 살고 싶은 소망

1 화자의 특성은 화자가 현실을 인식하고 대상을 바라보는 태도를 통해 파악할 수 있다. 이 시의 화자는 쭈뼛쭈뼛 흩날리는 '진눈깨비'가 되지 말고, 어렵고 소외된 사람들에게 위로와 희망을 줄 수 있는 '함박눈, 편지, 새살'이 되자고 말하고 있으므로 ③은 적절하지 않다.

|오답 풀이|

① '세상이 바람 불고 춥고 어둡다 해도'라는 시구에서 화자가 세상을

인식하는 태도가 드러나며, 이러한 현실을 견디며 살아가는 이웃을 떠올리고 있음을 알 수 있다.

② 어려운 이웃에게 위안과 희망이 되는 '편지', '새살'과 같은 존재가 되자고 말하는 부분에서 이 시의 화자는 누군가에게 희망을 줄 수 있는 삶을 가치 있게 여김을 알 수 있다.

④ '함박눈, 편지, 새살'이 되자고 말하는 것을 통해 어려움을 겪고 있는 이웃에게 서로 위안이 되는 삶을 살기를 바라는 화자의 태도가 드러난다.

⑤ '사람이 사는 마을 / 가장 낮은 곳으로 / 따뜻한 함박눈이 되어 내리자'라는 시구에서 가장 불행하고, 어렵고, 소외된 이웃까지 포용하려는 화자의 태도를 파악할 수 있다.

2 '편지'는 힘든 현실 때문에 괴로워하는 사람('잠 못 든 이')에게 위로와 희망을 주는 존재를 의미한다. 괴로운 사연을 담고 있는 것은 아니다.

|오답 풀이|

① '함박눈'은 사람이 사는 마을 가장 낮은 곳에 따뜻하게 내리는 것으로, 소외된 이웃을 따뜻하게 감싸고 포용하는 사람을 의미한다.

② '진눈깨비'는 쭈뼛쭈뼛 흩날리는 것으로, 어려운 이웃에게 위안이 되지 못하는 사람을 의미한다.

④ '깊고 붉은 상처'는 힘든 현실 때문에 겪는 고통, 슬픔, 괴로움 등을 의미한다.

⑤ '새살'은 힘든 현실 때문에 시련을 겪거나 고통스러워하는 사람을 다독이고 위로하는 존재를 의미한다.

3 이 시에서는 어려운 이웃에게 위로가 되고 희망을 주는 삶을 살고 싶은 화자의 소망을 '함박눈'과 '진눈깨비'라는 대조적 시어를 통해 드러내고 있다. 또한 〈보기〉에서도 순수한 삶을 살고자 하는 화자의 소망을 '눈'과 '가래'라는 대조적 시어를 통해 드러내고 있다. 그러나 이 시에는 '~면'이라는 가정적 표현이 사용되었지만, 〈보기〉에는 가정적 표현이 사용되지 않았다.

|오답 풀이|

① 이 시에서는 '우리가 눈발이라면, ~자'라는 시구를, 〈보기〉에서는 '눈은, 살아 있다, 기침을 하자'라는 시구를 반복하여 운율을 형성하고 있다.

② 이 시에서는 '함박눈'과 '진눈깨비'를, 〈보기〉에서는 '눈'과 '가래'라는 대립적인 소재를 활용하여 주제 의식을 드러내고 있다.

③ 이 시에서는 '되지 말자, 내리자, 되자'라는 청유형 표현을 사용하였고, 〈보기〉에서는 '기침을 하자, 마음껏 뱉자'라는 청유형 표현을 사용하였다. 이러한 표현을 통해 독자에게 함께 행동할 것을 권유하고 있다.

⑤ 이 시에서는 '눈'을 '진눈깨비'와 '함박눈'으로 대비하여 바람직한 삶의 가치를 드러내고 있고, 〈보기〉에서는 '눈'과 '가래'의 대비를 통해 순수한 삶에 대한 의지를 드러내고 있다.

문제

1 ③   **2** ⑤   **3** ⑤

작품 독해

1 드렁칡, 죽음
2 타협, 충성심
3 회유, 고려

사고력 키우기

예시 답

• 정몽주는 조선의 건국을 반대하는 인물로, 다른 신진 사대부들에게도 큰 영향력을 미치는 사람이었다. 이방원의 입장에서 볼 때 정몽주와 같은 반대 세력이 존재하는 한 새로운 나라를 세우는 일은 계속 어려움을 겪을 것이며, 새로운 나라를 세우더라도 반대 세력이 사사건건 국정 운영에 간섭하여 걸림돌이 될 것 또한 불을 보듯 뻔한 일이라고 생각했을 것이다. 따라서 이방원은 조선 건국에 협조하지 않는 세력들을 협박하거나 회유하기 위해서 정몽주를 죽인 것이라고 생각한다. 이러한 이방원의 행동은 새로운 나라를 세우고 국정 운영을 원활하게 하기 위해 할 수 있는 최선의 선택이었다고 생각한다.

• 당시 시대 상황으로 볼 때, 고려 왕조는 정몽주의 의지와는 상관없이 무너져가고 있었으므로, 이방원이 조금 더 여유를 가지고 기다렸더라면 굳이 정몽주와 같은 충신을 죽이지 않고서도 새로운 나라를 세울 수 있었을 것이다. 오히려 정몽주를 죽임으로써 그를 따르던 세력들이 조선 건국의 부당함을 주장할 수 있는 여지만 남기게 되었다. 또한 자신의 뜻과 다르다고 하여 사람을 죽이는 이방원의 모습을 본 지지 세력들도 그를 진심으로 따르지 않게 될 수도 있다. 이처럼 아무리 좋은 결과를 얻더라도 그 과정이 공정하지 못하다면 그것은 반쪽짜리 성공이라고 생각하기 때문에 이방원이 새로운 나라를 세우기 위해 정몽주를 죽인 행동은 잘못된 선택이었다고 생각한다.

작품 해제

「하여가」는 고려 말, 조선 건국의 뜻을 세웠던 이성계의 아들 이방원이 고려의 충신 정몽주의 마음을 떠보고 회유하기 위해 지은 시조이다. 이방원은 이 시조를 통해 잘 휘고 굽어지는 '만수산 드렁칡'과 같이 변화하는 삶에 맞추어 조선을 건국하는 데 동참하면 자신과 함께 오래도록 복락(福樂)을 누리고 살 수 있음을 부드러운 어조를 통해 우회적으로 정몽주를 설득하고 있다.

「단심가」는 이방원이 「하여가」를 지어 회유하자 이에 답하기 위해 정몽주가 지은 시조이다. 그는 '죽음'이라는 극단적인 상황을 반복적

이고 점층적으로 제시함으로써 고려 왕조(혹은 당시 고려의 임금인 공양왕)에 대한 충성된 마음이 어떠한 상황에도 변하지 않을 것임을 단호하고 직설적인 어조로 드러내고 있다.

주제

가 「하여가」: 고려 왕조에 충성을 다하려는 충신 회유(정적(政敵)에 대한 회유)

나 「단심가」: 고려 왕조(임금)에 대한 변함없는 충성과 절개

1 칡은 잘 휘고 굽어져서 한 자리에 고정적으로 있지 않고 얽혀져 뻗어 가는 특성을 가지고 있다. 따라서 '드렁칡'은 변화하는 상황에 맞춰 살아가는 조화롭고 유연한 삶의 태도를 비유한 것으로 볼 수 있다.

2 인간사는 인간 생활에서 일어나는 이러저러한 일로, 이와 대비되는 자연의 모습은 이 시조에서 찾을 수 없다.

오답 풀이

① '가실 줄이 있으랴'는 절대 가시지(사라지지) 않음을 강조한 설의적 표현으로, 단호한 어조를 사용하여 거부의 의사를 강하게 드러내고 있다.
② 사람이 죽는 것에서 넋이 있는지 없는지도 모르는 상황까지 점층적으로 표현하여 극단적인 상황을 드러냄으로써 정서가 효과적으로 드러나고 있다.
③ 물음의 형식인 설의법을 활용하여 자신의 충성심이 절대로 변하지 않을 것임을 강조하고 있다.
④ '죽어'를 반복함으로써 죽음이 온다고 할지라도 자신의 충성심은 변하지 않는다는 의지를 강조하여 드러내고 있다.

3 〈보기〉는 「하여가」와 「단심가」의 창작 배경을 설명한 글이다. (나)의 '일편단심'은 고려 왕조에 대한 충성심을 상징하며, 이는 정몽주를 비롯하여 조선 건국의 부당함을 주장하던 사람들의 마음으로 볼 수 있다.

오답 풀이

① '만수산'은 개성 송악산의 다른 이름으로, 영원한 복락을 상징한다. 조선 건국에 동참하여 오래도록 복락을 누리며 살자는 이방원의 의도가 담겨 있다.
② '우리'는 정몽주와 함께 어울리고자 하는 이방원의 의지가 담겨 있는 표현이다.
③ '누리리라'는 조선 건국에 동참하여 오래도록 복락을 누리며 살자는 이방원의 의도가 담겨 있다.
④ '임'은 당시 고려의 임금이었던 공양왕 또는 고려 왕조를 뜻한다.

Ⅲ 수필·극

기본 개념
144~145쪽

01 일상, 형식   **02** ⑤   **03** ③   **04** 지시문

01 답 일상, 형식
수필은 글쓴이가 일상에서 체험하거나 느낀 바를 내용이나 형식에 제한을 받지 않고 자유롭게 표현하는 산문 문학의 한 갈래이다.

02 답 ⑤
수필은 자유로운 형식의 글로 제재 또한 매우 다양하다. 전문적인 작가가 아니더라도 누구나 쓸 수 있으며, 글쓴이가 자신의 이야기를 쓰기 때문에 글쓴이의 개성이 잘 드러난다.

| 오답 풀이 |
① 육하원칙에 맞게 써야 하는 것은 일반적으로 기사문의 특성에 해당한다.
② 수필은 전문적인 작가가 아니더라도 누구나 쓸 수 있는 비전문적인 글이다.
③ 정확한 사실이나 지식을 전달하는 것은 설명문의 특성에 해당한다.
④ 현실에 있을 법한 일을 상상하여 꾸며 쓰는 글은 소설이다.

03 답 ③
다른 산문 양식에 비해 길이가 짧은 것은 수필의 특성에 해당하는 설명이다.

04 답 지시문
등장인물의 동작이나 표정, 말투, 입장 및 퇴장 등을 지시하는 것은 행동 지시문, 무대 장치 및 효과를 지시하는 것은 무대 지시문이라고 하고, 이 둘을 가리켜 '지시문'이라고 한다.

문제

1 ③   **2** ②   **3** ⑤   **4** ④   **5** ④
6 ⑤

작품 독해
1 새똥, 목발, 훌륭한 부모님, 입을 것, 긍정적
2 하필이면, 긍정적

사고력 키우기

예시 답

• 목이 말라 물을 마시려고 할 때, 컵에 물이 반쯤 담겨 있다고 생각해 보자. '물이 반이나 있다.'고 생각하며 물을 마신 사람이 '물이 반밖에 없다.'고 생각하며 마신 사람보다 만족감이 더 클 것이다. 이처럼 우리가 대상을 바라볼 때 어떻게 인식하느냐에 따라 삶의 의미가 달라질 수 있으므로, 긍정적 인식은 미래에 대한 희망과 발전 가능성을 높여 줄 것이다. 이런 점으로 미루어 볼 때 긍정적 인식이 삶에 긍정적 의미를 부여할 수 있다는 글쓴이의 생각에 동의한다.

• 요즘 우리 사회에 유행하는 말 중, '희망 고문'이라는 말이 있다. 안 될 것을 알면서도 될 것 같다는 희망을 주어서 상대를 고통스럽게 하는 것을 뜻하는 말이다. 이처럼 현대 사회에는 아무리 상황을 긍정적으로 인식하고 긍정적인 의미를 발견하려고 해도 현실이 달라지지 않는 경우가 종종 발생한다. 이런 경우에는 삶에 대한 긍정적 인식의 중요성을 이야기하는 것이 오히려 더 큰 박탈감을 불러 올 수도 있다고 생각한다. 따라서 희망 고문처럼 들리는 삶에 대한 긍정적 인식보다는 삶에 대한 현실적이고 객관적인 인식이 삶에 새로운 의미를 부여할 수 있다고 생각한다.

| 작품 해제 |
이 작품은 글쓴이가 '하필이면'이라는 말을 긍정적으로 사용한 조카와의 만남을 통해, 이제까지 부정적으로 여기던 자신의 삶이나 운명을 긍정적으로 인식하게 된 일상의 소회를 담은 수필이다. 이 작품의 전반부에는 '하필이면'이라는 단어를 통해 자신의 운명과 삶을 부정적으로 인식한 글쓴이의 경험이 드러나며, 후반부에는 '하필이면'이라는 단어를 긍정적으로 사용한 조카와의 만남을 통해 삶을 긍정적으로 성찰하고 행운을 발견하게 된 깨달음이 드러난다. 이처럼 이 작품은 일상 속에서 겪은 경험을 바탕으로 깨달음을 진솔하게 드러내고 있어 독자들에게 친근한 느낌을 주며 공감을 불러일으킨다.

| 주제 |
'하필이면'이라는 말을 통한 삶의 긍정적 성찰

1 이 글은 수필로 글쓴이의 일상적인 경험과 진솔한 깨달음이 잘 드러나 있다.

| 오답 풀이 |
① 글쓴이는 일상 속에서 대화하듯 편안하게 이야기하고 있어 독자에게 친근감을 주고 있다.
② 대상에 대하여 글쓴이의 주장을 논리적으로 전개하는 글은 논설문에 해당한다.
④ 현실에서 일어날 만한 일을 글쓴이가 상상하여 이야기를 꾸며 낸 것은 소설에 대한 설명이다.
⑤ 이 글에서는 사회의 문제점을 비판적으로 제시하고 있는 내용을 찾아볼 수 없다.

2 바퀴가 터진 고물차를 타고 비포장도로를 가고 있다고 말한 것은 글쓴이의 실제 경험이 아닌, 다른 사람의 처지에 비해 자신의 처지가 초라하고 보잘것없음을 비유적으로 표현한 것이다.

| 오답 풀이 |
①, ③, ④, ⑤ 이렇다 할 행운은커녕, 자신에게만 유독 한심하고 어이없는 상황이 일어나 인생이 꼬이기만 한다는 것을 일상 속 경험을 통해 드러낸 예이다.

3 '손가락으로 꼽다.'는 '어떤 단체나 무리 중에서 몇 되지 아니하게 특별하다.'라는 뜻의 관용어로, 길거리를 걸어가다가 우연히 새똥을 맞는 사람이 극히 드물다는 의미를 드러내고 있다.

| 오답 풀이 |
① 호박이 넝쿨째로 굴러떨어졌다: 뜻밖에 좋은 물건을 얻거나 행운을 만난 상황을 비유적으로 드러낸 속담이다.
② 기를 쓰다: 기운의 의미를 지닌 단어 '기(氣)'와 '쓰다'가 결합하여 있는 힘을 다한다는 의미를 드러낸 관용어이다.
③ 열에 아홉: 거의 모두를 의미하는 관용어이다.
④ 망연자실: 멍하니 정신을 잃음을 의미하는 한자 성어이다.

4 '하필이면'은 부정적 상황에 어울리는 단어인데 글쓴이의 조카가 이를 오히려 긍정적인 상황에서 사용했기 때문에 부적합하게 쓰인 예라고 말한 것이다.

| 오답 풀이 |
① '하필이면'은 평서문, 의문문에 모두 쓸 수 있다.
② 글쓴이는 '하필이면'의 의미를 잘 알고 있기 때문에 글쓴이의 조카가 '하필이면'이라는 말을 부적합하게 썼다고 한 것이다.
③ 글쓴이의 조카는 이모가 준 선물이 무척 마음에 들었으나, 외국에서 살다 와서 우리말이 서툴기 때문에 이를 부정적 단어를 통해 표현한 것이다.
⑤ '하필이면'은 부사로 문장에서 자리 옮김이 비교적 자유로운 편이기 때문에 반드시 문장의 제일 앞에 올 필요는 없다.

5 글쓴이는 '하필이면'이라는 단어의 사전적 의미에 따라 자신의 삶과 운명을 부정적인 것으로 바라보았다. 그러나 조카 아름이와의 만남을 통해 '하필이면'이라는 단어를 긍정적으로 인식하면서 자신의 삶과 운명 속에서도 감사와 행운을 발견하게 된다.

| 오답 풀이 |
①, ②, ③, ⑤ 이 글에서의 글쓴이의 깨달음으로 보기 어렵다.

6 글쓴이에게 '하필이면'이라는 말은 한심하고 슬픈 말이었으나, 조카 아름이를 만난 후 '하필이면'이라는 말을 긍정적인 의미로 받아들이자 자신의 운명이 찬란한 빛을 발하고, 자신이 누리는 행복이 참으로 가당찮고 놀라운 것으로 변한다고 하였다. 따라서 '재앙과 근심, 걱정이 바뀌어 오히려 복이 됨.'을 뜻하는 '전화위복(轉禍爲福)'이 [A]의 상황과 가장 잘 어울린다.

| 오답 풀이 |
① 욕속부달(欲速不達): 일을 빨리하려고 하면 도리어 이루지 못함을 이르는 말이다.
② 살신성인(殺身成仁): 자기의 몸을 희생하여 인(仁)을 이룬다는 뜻으로, 자기의 몸을 희생하여 옳은 도리를 행함을 이르는 말이다.
③ 낭중지추(囊中之錐): 주머니 속의 송곳이라는 뜻으로, 재능이 뛰어난 사람은 숨어 있어도 저절로 사람들에게 알려짐을 이르는 말이다.
④ 근묵자흑(近墨者黑): 먹을 가까이하는 사람은 검어진다는 뜻으로, 나쁜 사람과 가까이 지내면 나쁜 버릇에 물들기 쉬움을 비유적으로 이르는 말이다.

02 폭포와 분수

문제

1 ①　2 ①　3 ⑤

작품 독해

1 폭포수, 분수, 낙하, 자연, 인공적, 도시, 거부
2 대조, 문화적

사고력 키우기

예시 답

• 과거의 경우 동양은 운명과 질서에 순응하는 문화를 가지고 있었고, 서양은 운명과 질서를 거부하고 투쟁하는 문화를 가지고 있었다고 볼 수 있다. 하지만 현대는 자본주의 사회로 무한한 경쟁의 시대이다. 누구나 태생적 한계를 극복하고 노력을 통해 기회를 얻어 발전하고 성공하려고 한다. 즉, 현대 사회에서 상당수의 사람들은 글쓴이가 말하는 서구적 세계관을 갖고 살아간다고 볼 수 있다. 이러한 관점에서 볼 때, 자연에 순응하는가, 자연의 질서를 거부하고 도전하는가는 동양과 서양으로 구분되는 세계관이 아닌, 삶을 바라보는 개개인의 가치관이자 태도에서 비롯되는 것이라고 생각한다.

• 현대는 과거와 달리 교통수단과 과학 기술의 발전으로 동양과 서양 국가 간의 교류가 매우 활발하게 일어나고 있다. 무역과 같은 경제적인 목적으로 이루어지는 교류도 많지만 여행을 목적으로 이루어지는 교류 또한 큰 비중을 차지하고 있다. 그런데 서양의 다른 국가를 방문해 보면 동양과는 다른 서양인들의 행동과 문화에서 이질감을 느끼기도 하고, 반대로 동양의 국가를 방문하는 서양인들도 마찬가지로 동양인의 행동을 보고 신기하게 여기거나 새롭게 느끼기도 한다. 이는 근본적으로 동양과 서양의 문화에 차이가 있기 때문에 느끼는 자연스러운 감정이라고 생각한다. 따라서 동양과 서양의 교류가 활발해졌음에도 불구하고 여전히 사람들이 동양과 서양의 문화적 차이를 느끼는 것으로 볼 때, 동양과 서양의 문화를 바라보는 글쓴이의 관점은 타당하다고 생각한다.

│작품 해제│

이 작품은 폭포수와 분수의 특성을 바탕으로 동서양의 문화적인 차이를 비교하여 설명하는 수필이다. 글쓴이는 물의 천성 그대로 낙하하는 폭포수는 자연의 질서와 섭리에 순응하려는 동양인의 세계관을 반영하고 있으며, 물의 본성을 거슬러 역류하려는 분수는 자연적인 것을 거부하고 인공의 힘으로 투쟁하고 도전하려는 서양인의 세계관을 반영하고 있다고 말한다. 이처럼 이 글은 폭포수와 분수의 차이점을 중심으로 대상의 구체적인 특성을 밝히고, 이를 바탕으로

보편적인 의미를 추론하는 사유의 과정이 돋보인다.

│주제│

폭포수와 분수를 통해 바라본 동양과 서양의 문화적 차이

1 '폭포수'는 자연이 만든 물줄기로, 중력에 따라 위에서 아래로 흐르는 물의 천성을 따른다. '긴장'은 자연의 질서를 거부하고 인위적인 힘에 의해 역류하고자 할 때 발생하는 것으로 '분수'의 특성에 해당한다.

│오답 풀이│

② '낙하'는 아래로 떨어진다는 뜻으로, 중력에 의해 위에서 아래로 떨어지는 폭포수의 특성을 드러낸다.
③ '순응'은 환경이나 변화에 적응하여 익숙하여지거나 체계, 명령에 따른다는 뜻으로, 자연의 질서에 따라 아래로 떨어지는 폭포수의 특성을 드러낸다.
④ 폭포수는 자연이 만든 물줄기이므로 '자연'은 폭포수의 특성을 드러낸다.
⑤ '천성'은 본래 타고난 성격이나 성품으로, 자연 그대로의 법칙에 따라 위에서 아래로 떨어지는 폭포수의 특성을 드러낸다.

2 이 글의 글쓴이는 글의 주제를 효과적으로 드러내기 위해 폭포수와 분수의 차이를 중심으로 두 대상의 특성을 설명하고, 이를 통해 동서양 문화의 차이를 드러내는 방식으로 내용을 전개하고 있다.

│오답 풀이│

② 폭포수는 심산유곡에서 볼 수 있고 분수는 도시의 번화한 곳에서 볼 수 있다고 설명하였는데, 이는 장소를 기준으로 폭포수와 분수의 특성을 설명하는 것이지 우리 주변에 아름다운 풍경이 많이 있음을 알려 주는 것은 아니다.
③ 서양인들이 분수를 만드는 과정은 언급하고 있지 않다.
④ 폭포수와 분수의 특성을 통해 동양과 서양의 문화와 세계관의 차이점에 대해 이야기하고 있다.
⑤ 폭포수와 분수의 특성 중 하나로 물의 방향을 언급하고 있으나, 다양한 물의 종류에 대한 이해를 돕기 위해 구분 지어 설명한 것은 아니다.

3 서양인들이 분수를 좋아하는 것은 물의 천성을 거부하고 아래에서 위로 솟구치는 힘의 동력 때문이므로, 땅으로 떨어지는 모습 때문에 좋아한다고 볼 수는 없다.

│오답 풀이│

①, ②, ③, ④ 분수는 위에서 아래로 떨어지는 물의 속성(자연의 질서, 운명, 본성)을 거역하고 중력과 투쟁하여 역류하고자 하는 힘의 동력을 보여 준다. 서양인들은 이러한 분수의 모습에서 끝없는 도전을 통해 운명과 본성으로부터 벗어나려는 인간의 힘을 느끼기 때문에 이를 좋아한다.

03 이옥설

문제

1 ①　　**2** ④　　**3** ④

작품 독해

1 행랑채, 몸, 좀
2 유추, 잘못

사고력 키우기

예시 답

• 이 수필의 주제를 표현하기에 적절한 속담은 '호미로 막을 것을 가래로 막는다'라고 생각한다. 이는 더 커지기 전에 처리하였으면 쉽게 해결되었을 일을 방치하여 두었다가 나중에 큰 힘을 들이게 된 경우를 의미하는 속담이기 때문에, 개인의 삶이나 나라의 정치에 있어서도 작은 잘못이라도 그냥 덮어 둘 것이 아니라 더 커지기 전에 미리미리 고쳐 나가는 것이 바람직하다는 이 수필의 주제를 나타내기에 적절하다.

|작품 해제|

이 작품은 고려 시대 무신 정권 시기에 최고의 벼슬을 지냈고, 민족 서사시인 「동명왕편」을 지은 이규보의 작품으로, 한문학의 한 형식인 '설(說)'로 된 고전 수필이다. 퇴락한 행랑채를 수리한 글쓴이의 경험을 바탕으로 얻은 깨달음을 사람과 정치의 경우에 적용하여 교훈을 전달하고 있는 글이다. 비가 샌 행랑채를 수리하는 과정에서 비가 샌 즉시 수리한 곳의 재목은 완전했지만 비가 샌 지 오래된 곳의 재목은 모두 썩어 많은 경비를 지출하게 되었던 것과 같이, 사람의 몸과 나라의 정치도 이와 같아서 잘못이 발견된 즉시 이를 고치면 다시 좋은 사람이 되거나 백성들이 도탄에 빠지지 않게 될 것이라고 말하고 있다.

|주제|

잘못을 미리 알고 그것을 고쳐 나가는 자세의 중요성

1 이 글에서 글쓴이는 행랑채를 수리했던 경험을 통해 사람의 몸이나 정치에 있어서도 잘못을 알았을 때 곧바로 고치려고 하면 잘못을 쉽게 고칠 수 있어 좋은 방향으로 나아갈 수 있다고 말하고 있다.

|오답 풀이|

⑤ 이 글에서는 잘못된 것을 고쳐야 한다는 내용을 언급하고는 있지만 주제는 노력하면 고칠 수 있다는 것이 아니라 잘못된 것을 아는 즉시 이를 고쳐야 한다는 것이다.

2 이 글에서는 행랑채를 수리했던 경험을 통해 얻은 깨달음을 사람의 몸에 적용하고, 이를 다시 나라의 정치에 적용하고 있다. 이는 두 개의 사물이 여러 면에서 비슷하다는 것을 근거로 다른 속성도 유사할 것이라고 추론하는 유비 추리 즉 유추의 방법에 해당한다.

|오답 풀이|

① 다양한 사례를 바탕으로 주장을 이끌어 내는 방법을 '귀납'이라고 한다.
② 대전제와 소전제를 바탕으로 결론을 이끌어 내는 방법을 '삼단 논법'이라고 하는데 이는 '연역'의 일종이다.
③ 일반적 원리를 바탕으로 개별적 사실을 이끌어 내는 방법을 '연역'이라고 한다.
⑤ 대상을 부정하고 원래 있던 대상과는 다른 결론을 이끌어 내는 정-반-합의 추론 과정을 '변증법'이라고 한다.

3 이 글은 고려 시대 무신 정권 시기의 문인이었던 이규보가 지은 글이다. 이 글에서는 고려 왕조의 정치가 혼란스러워 백성들의 고통이 늘자, 집을 수리하는 경험에서 얻은 깨달음을 나라의 정치에 적용하여 고려의 정치가 올바르게 나아가기를 바라는 글쓴이의 마음이 드러나 있다. 따라서 〈보기〉의 내용을 참고로 할 때 글쓴이가 말한 집을 수리한다는 것은 백성을 좀먹는 무리에 대한 대처를 뜻하는 것으로 이해할 수 있다.

30 · 중학 국어 문학 독해 1

문제

① ② ② ②,④ ③ ② ④ ① ⑤ ①
⑥ ⑤ ⑦ ⑤ ⑧ ② ⑨ ③

작품 독해

1 소유, 물질주의적, 시간
2 넥타이, 무대, 관객, 주제
3 빌린, 사랑

사고력 키우기

예시 답

• 남녀가 만나 결혼하여 행복한 삶을 살기 위해서는 경제력이 필요하다. 어느 정도의 기본적인 경제력이 없으면 행복한 삶을 살기는 쉽지 않다. 두 사람이 만나서 가정을 꾸리고, 자녀를 키우면서 행복한 생활을 하기 위해서는 반드시 돈이 필요하기 때문이다. 기본적인 의식주가 유지되지 않으면 행복한 삶을 살기가 어렵다고 생각한다.

• 남녀가 만나 결혼하여 행복한 삶을 살기 위해서는 서로의 말을 경청해 주는 자세가 필요하다. 서로 다른 두 사람이 함께 살다 보면 많은 갈등 상황이 발생할 수 있다. 그럴 때마다 이 작품 속 하인과 같이 상대의 말을 듣지 않고 자기 생각대로만 행동한다면 결혼 생활은 결코 행복하지 않을 것이다. 여자와 남자처럼 상대방의 말에 귀를 기울인다면 서로의 마음을 이해할 수 있기 때문에 좀 더 행복한 삶을 살 수 있을 것이라고 생각한다.

|작품 해제|

이 작품은 빈털터리인 남자가 소유의 본질과 진정한 사랑의 의미를 깨닫고 결혼에 성공하는 이야기를 다양한 실험적 기법을 통해 보여 주는 희곡이다. 이 작품에는 세 명의 인물이 등장한다. 남자는 가난한 사기꾼으로 결혼을 하기 위해 많은 물건을 빌려 부자 행세를 하고, 여자는 남자의 맞선 상대자로 물질을 중시하지만 남자의 설득으로 진정한 사랑에 눈을 떠 남자의 청혼을 받아들인다. 하인은 시간이 되면 남자가 빌린 물건들을 회수해 가는 역할을 한다. 작가는 이러한 인물들의 모습을 통해 물질 만능주의 시대를 살아가는 현대인들의 모습을 보여 줌으로써 관객들이 자신의 삶을 되돌아볼 수 있는 기회를 마련해 주고 있다. 또한 이 작품은 남자가 읽는 이야기책 속 사건을 극 중 상황으로 바꾸어 관객에게 설명하는 독특한 구성 방식을 취하고 있고, 별다른 무대 장치를 사용하지 않을 뿐만 아니라 관객과 무대의 절대적 구분도 없어 관객이 극에 참여할 수 있도록 유도하기도 한다. 작가는 이러한 기법과 결혼이라는 소재를 통해 세상 모든 것이 누군가에게 빌린 것에 지나지 않는다는 주제 의식을 전달하면서 더불어 진정한 사랑이란 물질적인 것이 아니라 진실한 태도와 마음에서 나오는 것임을 이야기하고 있다.

|주제|

소유의 본질과 진정한 사랑의 의미

1 여자의 어머니는 여자에게 맞선 상대가 빈털터리 같거든 되돌아오고, 부자거든 꼭 붙들라고 하였다. 그리고 그런 어머니의 말에 여자는 오른손을 들고 그렇게 하겠다고 하였다. 이로 미루어 볼 때 여자와 여자의 어머니는 둘 다 결혼 상대자의 조건으로 경제력을 중요하게 생각함을 알 수 있다.

|오답 풀이|
① 여자는 남자의 저택을 본 순간 황홀함을 느꼈다.
③ 남자는 하인이 자신더러 잘해 보라는 말을 실제로 한 것은 아니라고 관객에게 말하였다.
④ 여자가 결혼 상대자의 조건으로 외모를 중요하게 생각한다는 내용은 이 글에 나타나 있지 않다.
⑤ 남자가 하인에게 큰 소리로 넥타이를 가져오라고 했지만 하인은 묵묵부답이었고, 특히 남자가 사정을 해도 반응을 보이지 않는 것으로 보아 하인이 겁을 먹어 위축되었다고 보기는 어렵다.

2 [A]는 남자가 관객에게 직접 이야기하는 부분으로, 무대에 등장하는 다른 배우에게는 들리지 않는 것으로 약속된 대사인 '방백'에 해당한다. 방백은 무대와 객석의 경계를 좁혀 관객을 극으로 끌어들이기 위한 장치로 볼 수 있다. 남자는 관객에게 넥타이를 빌림으로써 관객의 참여를 유도하고 있다.

|오답 풀이|
① [A]는 무대와 객석의 구분을 없애는 역할을 한다.
③ 희곡의 대사 중 '대화'에 해당하는 설명이다.
⑤ 희곡의 대사 중 '독백'에 해당하는 설명이다.

3 이강백의 「결혼」은 무대와 객석의 경계를 없애 버리는 등 실험성이 돋보이는 작품으로, 관객에게 소품을 빌리거나 대화를 하는 등의 방법을 통해 관객의 적극적인 참여를 유도함으로써 주제를 효과적으로 전달하고 있다. 따라서 이 희곡에서 절대적으로 필요한 것은 바로 '관객'이다.

4 여자는 아버지도 자신과 같이 덤처럼 이 세상에 태어나지 않았을까 추측하고 있지만, 실제로 여자의 아버지 또한 덤처럼 이 세상에 태어난 것인지는 확인할 수 없다.

|오답 풀이|
② 여자는 '덤'이라는 말 속에는 뭔가 그리운 것이 있다고 하였다. 그리고 자신을 버리고 간 아버지를 미워하지 않는다고 한 것으로 미루어 볼 때, 여자가 '덤'이라는 단어를 통해 아버지를 떠올리고 있음을 추측할 수 있다.
③ 남자는 여자의 이야기 속에 나타난 아버지의 모습이 자신과 너무 똑같은 모습(많은 재산을 잠시 빌린 것일 뿐 실제로는 빈털터리인 사기꾼)이어서 자신의 실체를 들킨 것 같아 뜨끔했을 것이다.
④ 여자의 아버지가 어머니에게 여자를 덤으로 주었다는 것으로 보아, 여자가 부모의 계획 없이 태어난 자식임을 추측할 수 있다.

⑤ 여자는 '덤'과 관련된 이야기를 다른 남자에게는 한 번도 하지 않았다고 하였다. 따라서 여자가 남자에게 처음으로 덤 이야기를 들려준 이유는 여자가 남자에게 호감을 느꼈기 때문으로 볼 수 있다.

5 남자는 여자에게 사랑을 느끼면서도 자신이 빈털터리라는 것을 밝히고 싶지 않기 때문에 여자에게 ㉠과 같이 말하며 허세를 부리고 있는 것이다. 〈보기〉의 꽃 역시 어린 왕자에게 허세를 부리며 말하고 있다.

| 오답 풀이 |
② 〈보기〉에서 어린 왕자가 꽃이 겸손하지 않다고 생각하는 것으로 보아 꽃이 상대방을 배려하며 말하고 있다고 보기 어렵다.
③ 남자와 꽃은 둘 다 자신의 주관적인 생각이나 느낌을 전달하고 있다.
④ '역설'은 겉으로는 모순되어 보이나 그 속에 참된 진리를 담는 표현 방법으로, 남자와 꽃의 말 어디에서도 역설적 표현은 나타나 있지 않다.
⑤ 남자와 꽃은 자신의 처지와 반대되는 이야기를 하고 있다.

6 남자가 깨달은 진실은 소중한 모든 것들은 한동안 빌려 쓰는 것일 뿐 영원히 소유할 수는 없다는 것이다. 즉 남자는 소유가 삶의 목적, 결혼의 조건이 될 수 없음을 깨닫는다.

| 오답 풀이 |
① 이 글에서는 진정한 소유의 의미에 대해 이야기하고 있다.
② 남자는 모든 것이 결국 완전한 소유가 될 수 없는, 빌린 것임을 깨달았다.
③ 남자는 아무리 소중한 것이라고 해도 결국 그것을 소유할 수 없음을 깨달았다.
④ 남자가 깨달은 바로 볼 때 결혼을 하더라도 상대방의 소유가 되는 것은 아님을 알 수 있다.

7 남자는 관객들에게 자신이 깨달은 진정한 소유의 의미와 진실한 사랑에 대해 이야기하고 있다. 이것은 작가가 작품을 통해 말하고자 하는 주제이므로 관객이 남자의 말에 동의하는 반응을 보이도록 유도하는 것이 바람직하다.

| 오답 풀이 |
① 하인이 구두를 신은 이유는 남자를 발로 차서 집에서 쫓아내기 위함이다. 따라서 이 부분은 갈등이 최고조에 달하는 부분에 해당하므로 남자의 압박감이 느껴지도록 구두를 크게 만드는 것이 극의 긴장감을 높이고 재미도 살릴 수 있다.
② 극의 마지막 부분에서 여자는 남자의 진실한 사랑을 느끼고 자신의 마음을 바꾼다. 따라서 여자가 남자를 부축하고 포옹하는 장면은 행복한 결말을 암시하는 것이므로, 따뜻하고 밝은 분위기의 음악이 나오는 것이 적절하다.
③ 남자는 처음과 달리 진정한 소유의 의미와 진실한 사랑에 대해 깨닫게 되었으므로, 진심이 느껴지는 말투로 여자에게 청혼하는 것이 적절하다.
④ 여자는 남자와의 대화를 통해 그에게 사랑을 느끼고 있다. 그런데 남자가 빈털터리이기 때문에 이별해야 하는 상황이므로, 슬프고 안타까운 표정을 짓는 것이 적절하다.

8 이 글의 남자는 사람이 가진 것은 모두 빌린 것이라고 이야기하고 있고, 〈보기〉의 글쓴이 역시 사람들이 가진 모든 것이 영원한 것이 아니라 잠시 빌려 가진 것이라고 말하고 있다. 따라서 남자와 〈보기〉의 글쓴이는 공통적으로 소유에 집착하는 마음을 버려야 한다고 생각하고 있다고 할 수 있다.

| 오답 풀이 |
①, ③, ④, ⑤ 이 글과 〈보기〉에서 모두 찾을 수 없는 내용이다.

9 ㉠의 '가고'는 '시간' 따위와 함께 쓰여 '지나거나 흐르다.'의 의미로 쓰였다. 이와 같은 의미로 사용된 것은 ③의 '가고'이다.

| 오답 풀이 |
① 밑줄 친 '가고'는 '일정한 목적을 가진 모임에 참석하기 위하여 이동하다.'를 의미한다.
② 밑줄 친 '가고'는 '금, 줄, 주름살, 흠집 따위가 생기다.'를 의미한다.
④ 밑줄 친 '가고'는 '물건이나 권리 따위가 누구에게 옮겨지다.'를 의미한다.
⑤ 밑줄 친 '가고'는 '어떤 일에 대하여 납득이나 이해, 짐작 따위가 되다.'를 의미한다.

빠작ON⁺

빠작온플러스와 함께 독해력 플러스!

빠작ON⁺ 는
빠작 중학 국어(비문학 독해, 문학 독해)에서
제공되는 온라인 학습 서비스입니다!

온라인 학습 콘텐츠

빠른 채점 ─ 지문/작품 해제 ─ 배경지식 영상 ─ 추가 어휘 퀴즈 ─ 학습 이력 관리

내신과 수능의 빠른시작!
중학 국어 빠작 시리즈

비문학 독해 0~3단계

독해력과 어휘력을
함께 키우는
독해 기본서

문학 독해 1~3단계

필수 작품을 통해
문학 독해력을 기르는
독해 기본서

빠작 ON⁺와 함께
독해력 플러스!

문학X비문학 독해 1~3단계

문학 독해력과
비문학 독해력을 함께 키우는
독해 기본서

고전 문학 독해

필수 작품을 통해
고전 문학 독해력을 기르는
독해 기본서

어휘 1~3단계

내신과 수능의
기초를 마련하는
중학 어휘 기본서

한자 어휘

중학 국어 필수 어휘를
배우는 한자 어휘 기본서

서술형 쓰기

유형으로 익히는
실전 TIP 중심의
서술형 실전서

첫 문법

중학 국어 문법을
쉽게 익히는 문법 입문서

문법

풍부한 문제로 문법 개념을
정리하는 문법서